本书是2023年度国家社会科学基金青年项目
“规范数字经济领域收入分配秩序的财税协同机制研究”
（项目编号：23CFX029）的阶段性研究成果

南湖
法 学 文 库

国际税收情报交换中的纳税人保护制度研究

李乔彧 著

法律出版社
LAW PRESS·CHINA
北京

图书在版编目（CIP）数据

国际税收情报交换中的纳税人保护制度研究 / 李乔彧著. -- 北京 ：法律出版社，2024. -- ISBN 978 - 7 - 5197 - 9557 - 3

Ⅰ. F812.42

中国国家版本馆 CIP 数据核字第 2024ZW2459 号

国际税收情报交换中的纳税人保护制度研究
GUOJI SHUISHOU QINGBAO JIAOHUANZHONG DE NASHUIREN BAOHU ZHIDU YANJIU

李乔彧 著

责任编辑 王雅楠
装帧设计 贾丹丹

出版发行 法律出版社
编辑统筹 学术·对外合作出版分社
责任校对 王 丰
责任印制 胡晓雅 宋万春
经　　销 新华书店

开本 A5
印张 7.75　**字数** 236 千
版本 2024 年 11 月第 1 版
印次 2024 年 11 月第 1 次印刷
印刷 北京建宏印刷有限公司

地址：北京市丰台区莲花池西里 7 号(100073)
网址：www.lawpress.com.cn
投稿邮箱：info@lawpress.com.cn
举报盗版邮箱：jbwq@lawpress.com.cn

销售电话：010 - 83938349
客服电话：010 - 83938350
咨询电话：010 - 63939796

书号：ISBN 978 - 7 - 5197 - 9557 - 3　**定价**：38.00 元

凡购买本社图书，如有印装错误，我社负责退换。电话：010 - 83938349

总　序

历经几回寒暑，走过数载春秋，南湖畔的中南法学在不断精心酿造中步步成长。中南法学的影响与日俱增，这离不开长江边上这座历史悠久、通衢九州的名城武汉，更离不开中南法律人辛勤耕耘、励精图治的学术精神。中南学子源于各地聚集于此，又再遍布大江南北传播法学精神，砥砺品格、守望正义的同时也在法学和司法实践部门坚持创新、止于至善，作出了卓越的贡献。

纵观中南法学的成长史，从1949年12月成立中原大学政治学院，到1953年4月合并中山大学、广西大学、湖南大学的政法系科，成立中南政法学院，后至1958年成为湖北大学法律系，1977年演变为湖北财经学院法律系，转而于1984年恢复中南政法学院，又经2000年5月的中南财经大学与中南政法学院合并至今，中南财经政法大学法学院已然积淀了70余年的办学历史。2005年9月，学校进入国家"211工程"重点建设高校行列；2017年9月、2022年2月，法学学科相继入选首轮和第二轮国家"一流学科"建设名单。虽经几度分合，但"博学、韬奋、诚信、图治"的人文精神经过一代又一代中南学人的传承而日臻完善，笃志好学的研习氛围越发浓厚。中南法学经过几十年的积累，其学术成果屡见丰硕。"南湖法学文库"这套丛书的编辑出版，就是要逐步展示中南法学的学术积累，传播法学研究的中南学派之精神。

中南法学经过数十载耕耘，逐渐形成了自成一格的中南法学流派。中南法律人在"为学、为用、为效、为公"教育理念的引导下，历练出了自有特色的"创新、务实"的学术精神。在国际化与跨地区、跨领域交流日益频繁的今天，中南法学以多位中南法学大家为中心，秉承多元化的研究模式与多样性的学术理念，坚持善于批判的学术精神，勇于探讨、无惧成论。尤其是年轻的中南法学学子，更是敢于扎根基础理论的研习，甘于寂寞；同时也关注热点，忧心时事，活跃于网络论坛，驰骋于法学天地。

从历史上的政治学院到21世纪的法学院，前辈们的学术积淀影响深远，至今仍给中南法学学子甚至中国法学以启迪；师承他们的学术思想，沐浴其熠熠生辉的光泽，新一辈的中南法律人正在法学这片沃土上默默耕耘、坚忍不拔。中南财经政法大学法学院推出这套“南湖法学文库”，作为中南法学流派的窗口，就是要推出新人新作，推出名家精品，以求全面反映法学院的整体科研实力，并使更多的学者和学子得以深入了解中南法学。按照文库编委会的计划，每年文库将推出5~6本专著。相信在中南法律人的共同努力下，文库将成为法学领域学术传播与学术交流的媒介与平台，成为中南法律人在法学研习道路上的阶梯，成为传承中南法学精神的又一个载体，并为中国法学研究的理论与实践创新作出贡献。

晓南湖畔书声琅，希贤岭端佳话频。把握并坚守了中南法学的魂，中南法律人定当继续开拓进取，一如既往地迸发出中南法学的铿锵之声。

是为序。

吴汉东

2011年2月1日

2024年10月16日改定

序 一

为了应对跨境逃避税现象，多国通过建立和完善国际税收情报交换制度，以求消除税务机关在获取域外涉税信息时的系统性盲点。在该制度的推进过程中，国际社会已对国际税收情报交换两类主要方式的具体标准达成共识，并要求各参与国在国内法和协定两个层面予以落实。不可否认，这些新的制度发展极大地增强了各参与国税务机关的域外信息获取能力，为应对跨境逃避税现象发挥着重要的制度保障作用。但同时，我们也应该看到，国际税收情报交换制度的深度发展为纳税人的保护问题带来了新的情境，致使既有立足于国内税收征管环境下的纳税人保护制度设计难以有效应对新的挑战，需要进一步研究和完善。乔彧博士的《国际税收情报交换中的纳税人保护制度研究》一书就立足于此，该书是在其博士论文的基础上修订而来的，对于国际税收情报交换中的纳税人保护问题进行了较为深入系统的分析，应该说为该问题的妥善回应做出了积极有益的理论贡献。

全书共分为五个章节，分别围绕国际税收情报交换中纳税人保护的正当性论证、主要诉求廓清和完善对策展开研究。首先，该书从价值和现实角度对于国际税收情报交换中应当考虑纳税人保护问题的观点进行论证，有力地驳斥了“国际税法仅关注国与国之间的权利义务，并不关注纳税人保护问题”的错误理念。其次，该书对于国际税收情报交换中纳税人保护制度的核心诉求进行提炼，对于涉税信息的安全保障与相关主体的有效参与这两类诉求的保护现状进行梳理，并通过回溯国际税收情报交换制度的发展历程，反思纳税人保护在此发展过程中未得到充分重视的理念原因。最后，该书在第四章和第五章分别探讨了纳税人信息安全诉求和纳税人有效参与诉求的保障措施该如何建构和完善的问题。

作为乔彧的博士生导师，我很高兴看到他从读书到工作期间的努力和成长。自入学伊始，乔彧博士便呈现出对于国际税法研究的热情和能力。入学后，乔彧博士积极参与到由我主持的国际税收情报交换课题研究之中，并从中明确博士论文的研究方向。读博期间，乔彧博士以联合培养博士研究生的身份前往维也纳经济大学学习，不仅为本书的写作搜集了大量的一手宝贵文献，还进一步开阔了他的研究视野，这些都十分值得肯定。毕业后，他选择入职中南财经政法大学工作，在完成教学任务的同时，还能够持续产出新的研究成果，并于2023年主持一项国家社科基金青年项目。在本书出版之际，应乔彧博士之邀为其写序，希望他能够再接再厉、潜心研究，也希望以此种方式向学界同仁推荐这本著作。

是为序！

廖益新

厦门大学教授、博士生导师

中国法学会财税法学研究会副会长

序　二

如果从制度演进的角度来看，纳税人保护的制度实践在1993年前后经历过一次转折。改革开放后，快速发展的非公有制经济使得纳税主体的范围不断扩大，加强和完善纳税人保护的制度建设有了更为急迫的现实需求。然而，彼时的纳税人保护问题主要是从间接的角度得到落实的。举例来说，工商税制的改革虽然着眼于理顺税制关系，推动我国税收秩序的良性发展，但这些改革措施在客观上也发挥着完善纳税人保护制度的作用。只是说，在1993年之前，我国纳税人保护制度的发展更多是依附于"以法治税"的宏观背景，既未形成自身独立的演进逻辑，也未成为制度建构过程中的独立命题。1993年，随着《税收征收管理法》将"保护纳税人的合法权益"列为立法宗旨之一，纳税人保护制度在税制中的"独立性"得到了立法的明确。随后，国家税务总局于2009年发布《关于纳税人权利与义务的公告》，详细列举纳税人可享有的14项权利，纳税人保护已经成为税法制度建设中的重要一环。

与此同时，在摆脱"纳税义务论"的负面影响后，纳税人保护问题也逐渐发展成为我国税法学界理论研究中的独立命题，相关成果快速增加，不断推动税法从"征税之法"向"纳税人权利保护之法"的转向。从既有成果来看，我国税法学界对于纳税人保护的既有研究主要是从夯实理论基础、明确权利内涵外延、丰富权利类型和保护方式等角度展开的。我也曾经在此方面有所探讨，在借鉴其他国家纳税人权利制度的基础上，对于纳税人权利法律体系的构建提出过自己的观点。不可否认的是，学界现有的这些研究视野开阔，对于立法和执法实践也发挥着积极影响。但是，随着税收制度实践的不断推进和变化，纳税人保护问题必然面临着新的情境和新的问题，有待理论界对于纳税人保护制度建构时所面临的新挑战予以进一步回应。

乔彧博士的《国际税收情报交换中的纳税人保护制度研究》一书正是对于纳税人保护制度面临新挑战的回应之作。与传统有关纳税人保护问题的探讨主要立足国内征管不同，该书以国际税收情报交换为切入点，将纳税人保护问题放置于跨境税收征管的视野之下，进一步拓宽了纳税人保护问题的研究场域。该书沿着国际税收情报交换中纳税人保护的必要性论证、主要诉求分析、现实环境阐释与具体制度完善展开论述，提出纳税人保护问题是国际税收情报交换制度的发展和实施过程中必须考虑的问题，并将主要关切划分为涉税信息的安全保障和相关主体的有效参与两个部分。从中可以看出，该书不仅是希望回应国际税收情报交换这一具体语境下的纳税人保护问题，还在尝试建构跨境语境下探讨纳税人保护问题时的宏观分析框架与思路，可以为后续的研究提供有益参考和启发。

作为乔彧博士的硕士导师，我见证了他一路以来的求学和工作过程。乔彧博士以初试成绩第一名的成绩进入中南财经政法大学经济法专业，在攻读硕士期间便呈现出对于财税法问题的浓厚兴趣和热情。在硕士论文的写作过程中，他能够较好地将目光流转于实践和理论之间，展现出非常优秀的科研能力，他的硕士论文获评“湖北省优秀硕士毕业论文”。在厦门大学攻读财税法学博士学位期间，他的研究领域也从国内税法拓展至国际税法，并在国外求学一年。视野的开阔为他日后的学术研究工作打下了一个良好的基础，也使他的研究能够更有张力，本书就是其中一个例证。自厦门大学毕业以后，乔彧博士顺利入职中南工作，回到我的研究团队之中。我很高兴地看到，乔彧博士在展现他优秀教学能力的同时，还能够继续努力产出新的研究成果，并主持一项国家社科基金青年项目。在本书出版之际，我受乔彧博士之邀为其做序，在表示祝贺的同时，也希望他能够在未来的教学研究工作中再接再厉，一步步实现自己的学术梦想！

黎江虹
中南财经政法大学教授、博士生导师
湖北省法学会财税法学研究会会长

缩略语

AEOI	Automatic Exchange of Information	自动情报交换
APA	Advanced Pricing Arrangements	预约定价安排
ATR	Advanced Tax Rulings	预先税收裁定
BEPS	Base Erosion and Profit Shifting	税基侵蚀与利润转移
CRS	Common Reporting Standards	通用报告标准
DPD	Data Protection Directive	《数据保护指令》
DTC	Double Taxation Convention	《避免双重征税协定》
ECHR	European Convention on Human Rights	《欧洲人权公约》
ECJ	European Court of Justice	欧洲法院
ECtHR	European Court of Human Rights	欧洲人权法院
EOIR	Exchange of Information on Request	应请求的情报交换
FATCA	Foreign Account Tax Compliance Act	《海外账户税收遵从法案》
FATF	Financial Action Task Force	金融行动特别小组
GDPR	General Data Protection Regulation	《通用数据保护条例》
IFA	International Fiscal Association	国际财政协会
IGA	Inter – governmental Agreement	政府间协议
JAHGA	Joint Ad Hoc Group on Accounts	会计问题联合特别行动小组
MAATM	Convention on Mutual Administrative Assistance in Tax Matters	《多边税收征管互助公约》

续表

MAP	Mutual Agreement Procedure	相互协商程序
MCAA	Model Competent Authority Agreement	《主管当局协定范本》
MDR	Mandatory Disclosure Rules	强制披露规则
OECD	Organization for Economic Co – operation and Development	经济合作与发展组织
TIEA	Agreement on Exchange of Information on Tax Matters	税收情报交换协定

目 录

导论

一、研究背景与意义

全球化的不断深化在促进跨境交易繁荣发展的同时,也使跨境逃避税在全球范围内的蔓延成为现实。当下,跨国集团和高净值人士从事跨境逃避税活动时,可利用的"资源"或"优势"主要包括以下两个方面。其一,各国国内税法规则或国家间税收协定中存在的法律漏洞或错配现象;其二,各国税务机关在开展跨境税收管理时缺乏充足的境外涉税信息[1]获取能力。鉴于此,各国税务机关纷纷引入应对措施或完善既有制度,其中既包括BEPS行动计划等着眼于实体法规则的完善措施,也涵盖了国际税收情报交换等[2]着眼于增强各国税务机关信息获取能力的制度完善。

国际税收情报交换主要是指"各国的税务主管当局之间为税收征管目的而彼此交换情报的过程"[3]。该制度旨在帮助居民国税务机关获取居民纳税人的海外财产状况、经营状况以及其他相关的涉税信息,从而

〔1〕 在有关国际税收情报交换的中文研究成果中,既有采用"情报"的概念表述方式,也有采用"信息"的概念表述方式。本书认为,情报和信息所对应的英语词汇均是"information",二者在本质上所指代的具体内容并无差异,区别仅系由研究者个人语言习惯的不同所致。因此,本书在行文过程中,并未严格区分"情报/信息""涉税情报/涉税信息"等概念,而是视行文语境择一适用。

〔2〕 除国际税收情报交换制度之外,目前一些国家已开始尝试其他旨在提高税收征管能力的制度措施,如联合审计(joint audit)等。与国际税收情报交换制度一样,该制度在增强税务机关征管能力的同时,也将产生相应的纳税人保护的问题。See Nevia Čičin – Šain, Tina Ehrke – Rable & Joachim Englisch, *Joint Audits: Applicable Law and Taxpayer Rights*, World Tax Journal, Vol. 10:4(2018).

〔3〕 廖益新主编:《国际税法学》,高等教育出版社2008年版,第301页。

缓解税务机关在开展跨境税源管理时的信息不对称劣势。当下,为助力各国税务机关有效应对跨境逃避税的问题,经济发展与合作组织(以下简称经合组织)、全球税收论坛以及诸多参与国围绕该制度的发展出台了一系列的相关措施,大致而言可分为两个部分:其一,统一与扩大各国税务机关基于国际税收情报交换协定条款而产生的信息提供义务,其中备受关注的是对于应请求的情报交换和自动情报交换方式下信息涵盖范围的基本统一和不断拓展;其二,落实一系列国内法层面的措施,以确保各国税务机关在履行协定义务时不会受到国内法的掣肘,其中备受关注的重点是国内银行保密制度的修订与受益所有人身份信息登记制度的引入等内容。从效果上来看,国际税收情报交换制度的发展和实施极大地提升了各国对于国内税收利益的保护能力和保护程度。

然而,当观察视角从税务机关转向纳税人时,一个显而易见的事实是纳税人在国际税收情报交换中的保护问题并未随着该制度的发展而同步得到重视。一方面,由于国际税收情报交换制度的核心关切在于确保情报交换的顺利开展,是故协定层面除涉税信息保密条款外,并无其他指涉纳税人保护问题的条款规定,对于纳税人的保护措施仍然主要是停留在国内法层面的应对;[1]另一方面,为了确保国际税收情报交换制度的实施效率,国际税收透明度标准中对于各国国内法上纳税人保护措施的设计施加了诸多限制,以避免纳税人保护措施可能对国际税收情报交换制度的实施造成阻碍。那么,此等状况是否具有充分的合理性?

一般而言,与涉税信息相关的征管制度均应当以实现纳税人和税务机关的利益平衡为核心追求。为此,各国国内税法中往往谨慎设计涉税信息情报制度的具体细节,并存在与该制度下征管权力相匹配的纳税人保护体系。然而,国际税收情报交换制度的快速发展与制度特色打破了国家税收利益和个人利益之间的平衡,国际税收透明度标准的提出和落实使得围绕涉税信息利益权衡的天平骤然倒向国家一方。于此之时,有必要对于该语境下纳税人保护制度的设计思路和实践效果重新加以评估,并提出相应的补充措施。遗憾的是,现行纳税人保护制度的思路设计

〔1〕 See Baker Philip & Pasquale Pistone, *General Report, in the Practical Protection of Taxpayers' Fundamental Rights*(*IFA Cahiers 2015, Vol. 100B*), IBFD Online Books, 2015, p. 58.

延续了国内税收征管语境下的思路，并未充分重视国际税收情报交换与国内税收征管所处的不同环境，使得纳税人在国际税收情报交换制度的实施过程中处于明显不利的地位。因此，有必要从纳税人保护的视角出发，重新审视国际税收情报交换制度在未来的发展和实施过程中所应当关注的缺漏之处。鉴于此，本书的研究具有以下价值和意义。

1. 鉴于国际税收情报交换已有的制度实践和理论关注大多集中于税务机关的赋权分析，本书以征纳关系的另一方为研究对象，有助于厘清该制度的发展和实施过程中对于纳税人一方所带来的不利影响及其具体表现，从而避免该制度因过分侵害纳税人利益而逐步丧失正当性基础。同时，考虑到我国在开展国际税收情报交换时也将面临类似的问题，本书对于纳税人保护思路的建构将有助于加快此领域相关制度建设的中国进程。

2. 传统的纳税人保护问题研究主要局限于国内法语境中，对于跨境语境下的纳税人保护问题关注不足。是故，本书的研究以国际税收情报交换制度为具体抓手，尝试探讨和拓展纳税人保护问题研究的视野与场域。本书沿着国际税收情报交换中纳税人保护的必要性论证、主要诉求分析、现实环境阐释与具体运用检讨展开，不仅是对于国际税收情报交换这一具体语境下纳税人保护问题的回应，还尝试建构在跨境语境下探讨纳税人保护问题时的宏观分析框架与思路。

二、国内外文献综述

（一）国内文献

在我国，纳税人保护的问题研究起步较晚。受传统的“纳税义务论”支配，纳税人更多是以义务主体的面貌出现在税法规范中，致使纳税人保护或纳税人权利保护并未成为独立的学术命题。[1] 然而，随着市场经济、法制建设的不断推进，税收法律制度也逐步得以完善，继而催生出一种新型税收征纳关系。“在这个前提下，纳税人的权利问题也日益引起社

---

〔1〕 参见洪小东：《改革开放四十年纳税人权利保护考察——基于“学术史”与“制度史”的双重视角》，载《理论月刊》2019年第1期。

会各界的重视，并事实上成为税收立法、税务司法的一个重要议题。"[1]

作为该问题的场景化延伸，国际税收情报交换语境下的纳税人保护问题深受此等宏观背景的影响。面对国际税收征管合作制度的迅猛发展，我国学者也积极投身其中，为我国该制度的完善贡献诸多智力支持。然而，长期以来，我国学者的关注重点往往集中于国际税收情报交换制度发展背景下我国税务机关应当如何作为的问题探讨，[2]其间对于牵涉其中的纳税人保护问题往往只是一笔带过，或是仅表达出国际税收情报交换制度的发展将为纳税人保护带来挑战的担忧。[3] 此种研究成果显然不能充分满足纳税人保护制度建构的理论需要。为此，一些学者逐步立足纳税人保护视角，直面国际税收情报交换中的纳税人保护问题，并提出诸多有益建议。鉴于在税收跨境征管时纳税人的涉税信息安全和参与权的保护均面临极大的压力，是故，学者分别从这两个角度展开研究，提出相应的对策。

在涉税信息安全保护方面，王佳宜等认为我国构建税收情报交换制度时应该坚持国库主义和纳税人主义的"二元立场"，落实纳税人信息权，构建涉税信息一体分层的保护机制。[4] 许多奇等认为在税收情报的收集环节、处理环节、使用环节和存储以及二次使用环节中，纳税人均应当享有与信息保护相关的各项权利，如知情权、拒绝权、保密权、修改权、异议权、删除权以及申诉和提起诉讼等权利。[5] 彭岳以税收情报自动交换的制度发展为背景，梳理了国际法和我国在情报交换中可能的伙伴国（主要是欧盟国家）国内法上对于个人数据保护的要求，提出我国可考虑

---

[1] 缪慧频：《关于纳税人权利问题的若干思考》，载《税务研究》1994 年第 1 期。

[2] 参见邱冬梅：《税收情报自动交换的最新发展及我国之应对》，载《法学》2017 年第 6 期；邱冬梅：《晚近跨境税收情报交换规则的最新发展及对我国的回应之反思》，载《武大国际法评论》2013 年第 1 期；崔晓静：《美国海外账户税收合规制度及我国的应对之策》，载《法商研究》2013 年第 1 期。

[3] 参见邱冬梅：《晚近跨境税收情报交换规则的最新发展及对我国的回应之反思》，载《武大国际法评论》2013 年第 1 期。

[4] 参见王佳宜、史晓慧：《税收情报交换中纳税人信息权保护的理念跃升与制度调适》，载《税务研究》2023 年第 5 期。

[5] 参见许多奇、廉洁：《国际税收情报交换中的纳税人信息权保护》，载《税务研究》2018 年第 5 期。

在现有分散规定的基础上，将其统合为一部综合性的个人数据保护立法，并根据我国国情考虑个人数据保护的水准，从而实质性地提高中国的个人数据保护水准。[1] 陈红彦、张耀斌一文立足现行税收条约规定，指出现行条约中缺乏对于“商业秘密”和“隐私”的界定，且我国《税收征收管理法》对此也并无规定，加大了纳税人主张权利的难度。[2]

在参与权的保护方面，我国学者多从对比经合组织 1994 年发布的《经合组织成员国间的税收情报交换：对现行实践的调查》和我国的《国际税收情报交换工作规程》角度出发进行论述，并针对性地提出完善建议。对比可知，经合组织调查报告中提出纳税人在税收情报交换过程中应当享有参与权，具体可分为被通知权、磋商权与介入权三种。此三种权利的赋权既有助于纳税人维护自身权益，同时也有助于预防税务机关所交换或获取的信息错误等情形发生。然而，我国《国际税收情报交换工作规程》仅规定了纳税人的被通知权。对此，陈哲认为我国有关参与权的规定存在两个方面的缺憾：首先，仅规定了被通知权，缺少了对于磋商权和介入权的规定。该学者指出，被通知权是磋商权和介入权行使的前提，磋商权和介入权是被通知权设置的目的。同时，介入权不同于征管法上规定的救济权利，其价值在于使纳税人可以在情报交换之前即终止税收情报交换程序，从而避免因错误或不合法的情报交换而导致的人力物力浪费、经济损失等。其次，该规定采用“可以”二字，将纳税人本应享有的“被通知权”转化为了税务机关的裁量内容，在可以与否的判断标准不明的情况下，此种表述降低了此项权利发挥其本源功能的确定性。[3] 这一观点也得到了陈红彦、张耀斌的认可，陈红彦教授认为，此三种权利的设置可以有效地实现对于纳税人的“事前救济”，在税收情报交换中，事前救济对于保护纳税人的商业秘密等权利尤为重要。[4]

---

〔1〕 参见彭岳：《税收情报自动交换中的个人数据保护问题》，载《法学》2018 年第 1 期。

〔2〕 参见陈红彦、张耀斌：《刍议税收情报交换制度中纳税人权利保护和救济机制的完善》，载《国际税收》2015 年第 8 期。

〔3〕 参见陈哲：《自动情报交换中我国纳税人权利保护的完善》，载《税收经济研究》2018 年第 3 期。

〔4〕 参见陈红彦、张耀斌：《刍议税收情报交换制度中纳税人权利保护和救济机制的完善》，载《国际税收》2015 年第 8 期。

在具体的保护措施方面,学者的看法主要包含以下方面。广西国家税务局课题组认为,应当参考国外的立法实践,通过国内法的修订,为纳税人权利保护提供最本质的法律基础。[1] 陈红彦、张耀斌认为,应当从三个方面共同着手。首先,完善国内税收征管程序,明确税收情报交换发生争议时的救济渠道;其次,引入国家赔偿制度,以补充现行《税收征收管理法》中所规定的责任体系;最后,制定专门的法律法规,明确规定纳税人的权利内容、救济机制等,并协调国际税收征管互助与国内既有立法之间的潜在冲突。[2] 陈哲认为,完善的保护路径应当包含实体法和程序法的两方面改进。具体而言,在实体法方面,可进一步细分为三个方面。其一,对于国际税收情报交换制度予以专门规定,具体形式可参照以下三种方式:考虑制定专门的《国际税收行政合作实施法》,或修订《税收征收管理法》,或修改现行的《国际税收情报交换工作规程》。其二,增加并细化责任制度。其三,完善相关权利体系。在程序法方面,应当建立信息泄露报告制度,落实信息搜集监督制度,并引入税收仲裁制度。[3]

(二)域外文献

由于国外对纳税人保护理念的重视程度更高,加之税法领域的研究人数更多,域外文献中围绕国际税收情报交换中纳税人保护问题的讨论较之我国显得更为充分。具体而言,大致可分为以下两类。

第一类研究以回应具体问题为主要特征。鉴于国际税收情报交换的制度发展可能威胁纳税人已经享有的保密权、避免自证其罪等权利,[4] 一些学者以本国现有的纳税人保护制度为起点,探索是否应当以及如何拓展纳税人保护制度的内容。有学者认为,鉴于自动情报交换标准的落实,纳税人的权利体系受到严重侵蚀,各项情报交换法律工具中均缺乏对

---

〔1〕 参见广西国家税务局课题组等:《纳税人权利保护的国际比较研究——基于国际税收情报自动交换新标准》,载《经济研究参考》2017 年第 35 期。

〔2〕 参见陈红彦、张耀斌:《刍议税收情报交换制度中纳税人权利保护和救济机制的完善》,载《国际税收》2015 年第 8 期。

〔3〕 参见陈哲:《自动情报交换中我国纳税人权利保护的完善》,载《税收经济研究》2018 年第 3 期。

〔4〕 See Pasquale Pistone & Dennis Weber eds., *The Implementation of Anti - BEPS Rules in the EU: A Comprehensive Study*, IBFD, 2018, p. 189.

于纳税人参与权的规定，故应当以人权公约为依据，重新“补足”税收情报交换语境下的纳税人权利体系。[1] 亦有学者指出，各国对于数据保护的现状不同，且自动情报交换制度中也鲜有考虑到纳税人数据保护的问题，因此有必要从数据保护的角度，识别纳税人权利保护的最低标准，具体分为提供基本的安全保障措施，保密制度，被告知权和数据泄露通知权，对数据的接触、修正、删除权，数据二次使用和进一步流转的保障措施，法律救济权和损害赔偿权等几个方面。[2] 此外，还有学者结合欧洲法院的相关判例，探讨在税收情报交换过程中如何保护纳税人的抗辩权等问题。[3]

第二类的研究视角虽然也以国际税收情报交换中纳税人保护问题为起点，但视角更为宏大，主要关注于如何实现在跨境语境下各国纳税人保护程度的基本一致，并根据路径不同可区分为两种。第一种观点为“权利公约”路径。持此种观点的学者认为，通过在全球范围内制定“纳税人权利公约”，可协调各国的保护措施，但具体路径有所差别。Sawyer 认为，由于没有任何国际性的纳税人权利公约，不同国家之间对于纳税人的权利保护难以连贯，因此应当制定税收行政和纳税人权利的国际标准，以促进经济全球化的进一步发展。[4] Cockfield 认为，鉴于不断强化的税收情报交换制度给纳税人的隐私权保护带来了极大的挑战，各国政府应当考虑采用多边公约的方式，以确保跨境流动的涉税信息均能得到最低限

---

〔1〕 See Niels Diepvens & Filip Debelva, *The Evolution of the Exchange of Information in Direct Tax Matters: The Taxpayer's Rights under Pressure*, EC Tax Review, Vol. 24:4(2015); also see Menita Flora, *Protection of the Taxpayer in the Information Exchange Procedure*, Intertax, Vol. 45:6(2017); Blaise Krähenbühl, *Personal Data Protection Rights within the Framework of International Automatic Exchange of Financial Account Information*, European Taxation, Vol. 58:8(2018); Carlos Weffe, *The Right to Be Informed: The Parallel between Criminal Law and Tax Law, with Special Emphasis on Cross - Border Situations*, World Tax Journal, Vol. 9:3(2017).

〔2〕 See Blaise Krähenbühl, *Personal Data Protection Rights within the Framework of International Automatic Exchange of Financial Account Information*, European Taxation, Vol. 58:8(2018).

〔3〕 See Jose Carrero & Alberto Seara, *The Taxpayer's Right of Defence in Cross - border Exchange of Information Procedures*, Bulletin for International Taxation, Vol. 68:9(2014).

〔4〕 See Adrian J. Sawyer, *A Comparison of New Zealand Taxpayers' Rights with Selected Civil Law and Common Law Countries—Have New Zealand Taxpayers Been Short - Changed*, Vanderbilt Journal Transnational Law, Vol. 32:5, p. 1349(1999).

度的法律保护。[1] 第二种观点为“司法路径”。持此种观点的学者认为除最佳实践和最低标准的立法路径外，还应当基于各国宪法、欧盟基本权利宪章以及欧洲人权公约中所蕴含的法律价值，利用现行的双边协商程序或行政互助程序，对纳税人的权利予以救济。[2] 同样地，一些学者认为，在国际税收情报交换过程中，一方面，与纳税人权利保护相关的规范依据（包括软法和硬法依据）十分多样，在解释适用中可能引发冲突，造成权利保护依据的“碎片化”；另一方面，由于裁判主体的多元化以及不同主体对同一份规范文件的差异化理解适用，此种权利保护的碎片化现状亦会不断加重。因此，除立法层面的协调外，还应当加强司法裁判主体之间的互动。[3]

（三）简要评价

总结而言，长期以来，国际税法学界和实务界对于国际税收情报交换制度的关注重点在于寻求国际税收情报交换网络的完善之道，以及在落实国际税收情报交换标准中本国的应对措施，其落脚点均在于助力税务机关域外信息获取能力的增强。然而，随着这一制度进程的推进，纳税人保护问题却未能相应地得到增强。从既有的理论研究成果来看，现有文献的探讨虽然在一定程度上有助于廓清在国际税收情报交换中纳税人保护所面临的障碍，但对于我国的相关体系建设和理论建构而言尚存在两个方面的不足。

其一，从目前的研究来看，域外研究成果中存在以下三个方面的问题。首先，针对国际税收情报交换背景下的纳税人保护问题研究仍然呈

〔1〕 See Arthur J. Cockfield, *Protecting Taxpayer Privacy Rights under Enhanced Cross – Border Tax Information Exchange*: *Toward A Multilateral Taxpayer Bill of Rights,* UBC Law Review, Vol. 42:2(2010).

〔2〕 See Philip Baker & Pasquale Pistone, *BEPS Action* 16: *The Taxpayers Rights to An Effective Legal Remedy Under European Law in Cross – Border Situations,* EC Tax Review, Vol. 25:5 (2016).

〔3〕 See Richard G. Antón, *The Fragmentation of Taxpayers' Rights in International Dispute Resolution Settings*: *Healing Anxieties through Judicial Dialogue*, World Tax Journal, Vol. 10:1 (2018).

现零散化的特征，且不同学者的观点之间存在不一致之处，对于如何协调纳税人保护与国际税收情报交换制度之间的冲突缺乏系统且逻辑连贯的思考。其次，研究视野较为局限。一些学者将此问题完全局限于国际层面，致力于实现在跨境语境下各国纳税人保护程度一致的探索。此种做法虽然看起来能够"一劳永逸"地消除国际税收情报交换中各国纳税人保护程度不一致的问题，但在当下的国际环境中并不具有现实的可能性。与此同时，一些学者将此问题完全局限于国内层面，致力于国内法体系的制度回应，但忽视了该问题中的"跨国"特性。最后，域外文献虽然对于我国在此问题上的理论研究和实践探索有着一定的借鉴意义，但从其研究思路来看，这些研究的回应性特点决定了相关研究深深根植于本国既有的纳税人保护制度，是故相关的分析和对策对于我国在此方面的借鉴意义有限。

其二，我国诸多学者虽然已经意识到了该问题的存在，并申明此问题对于国际税收情报交换制度顺利运行的重要性，但整体而言，我国学者对于该问题的研究相较于国外的研究成果呈现明显不足的状况。目前来看，有关此领域的研究成果寥寥，其间所关注的内容较为零散，且研究思路主要体现为"从制度到制度"的明显特征，缺乏对于该问题所关联的基础理论和相关利益冲突的探讨，显然无法满足我国在此领域的理论需要。

三、研究思路与方法

本书以纳税人保护制度[1]为研究对象，以国际税收情报交换为限定语境，其核心目的在于探求如何实现国际税收情报交换过程中纳税人

---

[1] 需要说明的是，本书之所以采用"纳税人保护"的概念，而未采用与此概念具有高度关联的"纳税人权利保护"概念，主要基于以下原因：纳税人保护所涵盖的范围大于纳税人权利保护的涵盖范围。税法作为公法的具体类型之一，对于纳税人的保护路径除了可依托建构完善的纳税人权利体系并采取有效的保护措施之外，还包括对税务机关义务的合理规定。与民法不同，对于税务机关的义务性规定虽并不一定对应性地赋予纳税人以相应的权利类型，其直接目的更在于公共利益的维护，但仍可在实践过程中发挥保护纳税人的客观效果，经合组织 DTC 范本第 26 条第 3 款即属此类。鉴于此，本书在行文过程中对于相关诉求的保护形式是否能够"权利化"并未予以特别关注，更关注的则是相应的保护形式或保护制度是否能够充分有效地保护纳税人的相关利益。

合理诉求得到充分保护的问题。为此，本书主体部分共分五章内容，彼此之间层层递进，环环相扣。

第一章是全书分析的逻辑起点，旨在回应国际税收情报交换中为何要考虑纳税人保护以及为何要完善相应配套制度的问题。长期以来，“国际税法机制基本无涉纳税人保护问题”的观点一直弥漫于国际税法的理论研究和实践演进之中。循此观点，本书的选题似乎建立在“空中楼阁”之上，将存在弱联系的两组概念强行关联。对此，本书第一章首先从价值角度对于国际税收情报交换中应当考虑纳税人保护的观点予以论证，提出纳税人保护是国际税收情报交换制度实现正当性的必要内容，进而通过回溯第三次税制改革以来的税法制度实践，揭示国际税收情报交换中考虑纳税人保护制度的潜在收益，从而有力地对于前述观点予以驳斥，并为后续章节的展开奠定基础。

第二章是全书分析的内容限定，旨在回应国际税收情报交换语境下纳税人保护制度所应当关注的核心内容，避免后续讨论的分散。作为税收征管制度的类型之一，国际税收情报交换的制度设计和实施过程可能与纳税人保护问题的多个方面产生互动。但是，由于该制度的实施过程中仅涉及纳税人涉税信息的获取、保存与提供，在实际上与纳税人的诸多利益诉求并未产生较强烈的关联，是故应当将纳税人保护制度的讨论对象予以限定。鉴于此，本章结合国际税收情报交换的制度特点和实践状况，提出并论证此过程中应当重点关注纳税人的两大核心诉求，即涉税信息的安全保障与相关主体的有效参与。同时，在厘清两大诉求的基础上，本章继续梳理了国际税收情报交换中纳税人的保护思路及其具体落实体现，并予以反思。

第三章从现实角度展开，聚焦于国际税收情报交换中纳税人保护的制度困境及其反思。在论述过程中，本章并未拘泥于对制度细节的分析。鉴于纳税人保护制度系国际税收情报交换制度的组成部分，现行保护思路的设计必然受到支撑国际税收情报交换制度发展的核心理念的影响，是故，本章通过回溯国际税收情报交换制度的整体发展历程，提炼出支撑该制度发展的核心理念，并在基于对此理念反思的基础上提出纳税人保护思路的完善之道。

在完成前三章的论证之后，本书第四章和第五章转向制度层面的细节性探讨,针对国际税收情报交换中纳税人两大诉求的保障措施予以分别讨论,并最终落脚到我国的具体应对。

第四章以涉税信息安全保护为主要关注对象,主要分析现阶段国际税收情报交换中纳税人涉税信息安全保障方面所存在的问题,对应性地提出应当依托现行税收情报交换条款,建立双层保护规范体系,并分别结合情报提供环节和情报使用环节下涉税信息安全保护体系中存在的问题提出应对措施。

第五章以纳税人的有效参与为主要关注对象,主要分析现阶段国际税收情报交换中纳税人对该过程无法参与或参与不足的现状,并在梳理保障该诉求的现实路径的基础上,对于阻碍该诉求得到充分保障的原因进行提炼和反思,进而从理论和实践两个层面提出相应对策。

为完成前述论证任务,本书在行文过程中采用了多种研究方法,其中较为突出的类型主要有以下三种。

其一,规范分析方法。作为法学研究最为基础的研究方法,规范分析方法是对于与此论文主题相关的法律法规进行分析和检讨的方法。本书论述过程中对此方法的使用痕迹比比皆是,集中体现在对于税收协定条款的分析和检讨之中。借助此方法的适用,本书较为清晰地展现出了现行规范体系对于纳税人保护问题的忽视,从而为规范体系完善的提出奠定了逻辑上的前提基础。

其二,比较分析方法。作为国内法学研究中最为常见的方法之一,比较研究方法既包括横向比较与纵向比较,还包括文本比较和功能比较等。鉴于本书所关注之问题系各国在开展国际税收情报交换时所面临之共性问题,是故通过运用比较分析方法,既可以有效地展现此问题的全貌及本质,又可使本书在完善对策部分所提出的观点更具有现实性与可行性。具体而言,本书在揭示国际税收情报交换中纳税人保护制度在不同时期的发展部分采用了纵向比较方法,在对于当下问题分析的阶段则采用横向比较方法,对主要国家的制度实践进行比较分析。同时,本书在第四章和第五章的分析过程中,除列述一些国家的规范文本进行比较之外,还突破各国既有之法律概念与规范体系,秉持"功能性原则",以回应本国所面临之具体问题。

其三,案例分析方法。较之于文本分析,案例分析可以更为直观地展现出本书所关注之主题在实践过程中所存在的问题。鉴于西方国家在国际税收情报交换及其纳税人保护领域起步较早,且已有较多实践案例。为此,本书在写作过程中,较多地使用国外案例,以便更详细且清晰地论述各国在该领域所面临之共通性问题。

第一章　国际税收情报交换中纳税人保护制度的逻辑起点

自1998年经合组织发起遏制有害税收竞争（harmful tax competition）的倡议活动中将"未开展有效的国际税收情报交换"作为一国税收实践是否"有害"的认定标准之一以来，[1]经历20多年的迅速发展后，国际税收情报交换的制度大厦已经颇具规模。在此过程中，国际社会针对各国税务机关开展税收情报交换之时的税收情报范围形成了两项最低标准共识，并围绕标准的落实完善了相应的平台、机制以及法律工具，整体性地提升各国在开展跨境税收管理时的信息获取能力。进一步观察可知，虽然国际税收情报交换的过程显然涉及情报提供国、情报获取国、纳

〔1〕 经合组织在1998年发布的《有害税收竞争：一个正在出现的全球现象》报告中将有害税收实践分为两种，即避税港和有害优惠税制。其中，避税港的认定标准主要有4个，分别是：①零税率或只有名义税率；②其法律或税收行政实践阻碍了与其他国家的有效税收情报交换；③缺乏透明度；④不要求活动满足实质性要求。而对于有害优惠税制，经合组织提出了"4+8"的认定标准，即4个核心认定标准和8个相关的辅助性认定标准。其中，4个核心认定标准为：①对有关收入适用零税率或较低的实际税率；②其法律或税收行政实践阻碍了与其他国家的有效税收情报交换；③缺乏透明度；④存在"环形篱笆"因素。See OECD：Harmful Tax Competition：An Emerging Global Issue, OECD Publication, Paris, 1998.

税人以及其他类型主体[1],但现行国际税收情报交换的条款中仅仅规定了情报提供国和情报获取国的权利义务内容,并未规定直接涉及纳税人保护的相关内容。同时,国际税收情报交换的制度发展过程中所关注的重点仅在于税收情报范围的扩大化与标准化,并未对纳税人的保护制度进行特别的分析和制度完善,后者只能诉诸各国国内法上的体系和机制寻求保护。

由此产生的问题是,作为核心目的在于服务国内税法实施和协定条款适用的机制类型,国际税收情报交换的制度设计和制度实施过程中是否有必要特别考虑纳税人保护的问题。质言之,本书在开始后续章节的论述时,从逻辑上而言首先需要作出回答的问题是"纳税人保护问题是否应当成为国际税收情报交换制度设计的必要组成部分"。此外,考虑到税收协定领域长期忽略纳税人保护问题的传统,[2]对于该问题的回答将突破纯粹的税收情报交换领域,部分回应整体性的税收协定条款在变迁与适用过程中是否应当考虑纳税人保护的理论困惑。立足于此,本章从纳税人保护的价值功能和现实需求两个方面展开分析,以论证国际税收情报交换中应当建构和完善与该机制相匹配的纳税人保护制度。

---

[1] 国务院法制办公室(现为司法部)于2015年发布的《税收征收管理法修订草案(征求意见稿)》中包含了一些虽不加入或承担税收之债但却依法应当履行程序义务的主体,如依法负有提供涉税信息义务的行政机关和银行(第32条、第35条)。同样地,在国际税收情报交换过程中,也存在类似性质的主体。为履行税收情报交换的协定义务,情报提供国税务机关往往会要求本国境内与发生在情报获取国的赋税无直接关联的主体向其提供相关情报,这些主体包括依照法律规定应当向情报提供国税务机关提供相应涉税信息的金融机构、关联方以及其他中介机构等,本书将此类主体统称为"其他类型主体"。同时,为了论述方便,如无特别说明,本书在后续论述中将此类主体均涵盖在广义的"纳税人"概念范畴下进行讨论。

[2] See J. Goede, *Taxpayer Protection in International Tax Law*, in Wodzimierz Nykiel & Magorzata Sek eds., *Protection of Taxpayer's Rights: European, International and Domestic Tax Law Perspective*, Wolters Kluwer Polska Sp. z o. o., 2009, p. 104.

第一节　价值功能:纳税人保护是税法制度实现正当性的重要内容

国际税收情报交换制度发展与实施的根本目的在于帮助各国税务机关有效应对跨境逃避税活动,从而维护本国的国家税收利益。在该目的的指引下,国际税收情报交换制度不断扩大税务机关应交换的情报范围,并通过同行评议机制的运行确保各参与国引入或修改相应的国内法体系,从制度层面保障税务机关的信息获取权力行使不会受到国内法的掣肘。因此,在认知和评价国际税收情报交换制度时,不应当将视野限制在纯粹的国际税收协定层面,而应当认识到该制度的发展和实施已经延伸至国内法的规则建构层面,并在客观上不断赋予税务机关新的权力内容。

现代以来,法律制度的建构一直面临着正当性(legitimacy)的拷问,为政府赋权的制度更是如此。[1] 其中,对于法律规则或法律制度的正当性判断不仅包含对于法律规范形式合法性的考量,还包括对于法律规则中实质内容的价值审视。因此,国际税收情报交换中税收协定和配套的国内法体系的存在仅能保障该制度的合法性基础,其正当性还需要经受实质内容层面的标准审视。那么,国际税收情报交换的制度设计是否能够符合后一标准的要求?纳税人的保护问题在该制度的正当性基础中居于何种地位?本节立足于此,提出完善国际税收情报交换中的纳税人保护制度是该制度正当性基础的基本要求,具体如下。

一、纳税人保护与税法制度的正当性

立足于促使法律获得道德权威的法哲学理论认为,为了使法律获得特别的尊敬,法律应当反映政治道德和个人道德,并通过法律原则将法律思想和道德思想联系起来。因此,法律不应当仅仅是一系列“无涉价值”(value - free)的规则集合体,法律体系之中不仅包括规则,还应当包括一

〔1〕 参见黎江虹:《中国纳税人权利研究》,中国检察出版社 2014 年版,第 132 页。

系列被广泛承认并尊重的法律原则。其中,为了避免有权者在设计制度时从维护自身利益的角度出发,将其他个体视为实现自身利益的工具,德沃金推崇的"平等的关心和尊重"原则[1]对于制度建构具有重要的参考意义。从功能上而言,该原则在制度建构时的落实可以使得所有个体均能够享有实现自身发展的同等机会。问题是,如何落实此等原则?

依据法律关系参与方相互地位对比的不同,法律关系可以区分为对称的法律关系和不对称的法律关系。[2] 在私法领域,鉴于法律主体可以自由决定是否与对方形成相应的法律关系,且双方权利义务的赋予与内容的设计往往基于双方共识,是故该类法律关系天然地属于对称法律关系。正因如此,在私法领域的制度设计中,平等原则的落实只需检视形式标准的行为能力,对于实际上的特殊情况基本不予考虑。[3] 然而,随着经济法和社会法理念的兴起,法律关系形式上的对称性被事实上的不对称所打破,双方所掌握的知识以及在市场中所处的地位对比可能造成一方虽然享有形式上的平等,但却难以实现实质上的平等。是故,基于对此种不平等现象的"矫正",经济法和社会法开始从传统的民法领域独立出来,通过对法律关系中的"弱者"提供额外的权利保护措施,以使二者的法律地位重回平等。

税法领域的法律关系亦是如此。在税法乃至整个行政法领域中,尽管行政主体与行政相对人从抽象意义上而言是平等的,但实际上却并不平等。在二者的关系中,行政机关处于事实上的优势地位,公民在行政法律关系的形成过程中并不具有自由选择的空间,对于具体内容的设计也并不具有决定权。因此,如何矫正税务机关与纳税人之间的地位对比,事关税法制度建构的正当性基础,其一直以来都是税法领域的重要关切问题。

正因脱胎于公民权利的缘故,纳税人保护问题的理论分析和实践发展长期受到公民权利"防御功能"的影响。在理论上,此种影响主要体现

---

〔1〕 参见[美]罗纳德·德沃金:《认真对待权利》,信春鹰、吴玉章译,上海三联书店 2008 年版,第 242~245 页。

〔2〕 See Tonny Schenk - Geers, *International Exchange of Information and the Protection of Taxpayers*, Kluwer Law International, 2009, p. 19.

〔3〕 参见易军:《民法基本原则的意义脉络》,载《法学研究》2018 年第 6 期。

在纳税人的权利保护(特别是征管过程中的权利保护)是建立在税务机关与纳税人的“对立关系”这一假设之上。纳税人权利的性质主要是“作为一项源于私权的新型权利类型,它独立于公权之外,与公权没有相同的利益趋向,不存在就某些问题与国家达成妥协的可能性”[1]。是故,该权利备受推崇的功能自然与公民权利一脉相承,在于“担当防御行政权力对公民自由和财产的不当侵犯和干涉的任务”[2],以避免政府权力的不当扩张和纳税人与政府之间平等法律关系的失衡。[3] 在基于此假设的场景构建中,税务机关的行政权在纳税人权利保护问题上所扮演的往往是“负面角色”,或者说其角色中的负面成分更为明显,故而值得特别警惕。正因如此,此种理论逻辑在关照现实制度的完善措施时,所意定的保护路径聚焦于通过法律规则(rules)对于行政权的行使加以限制,其核心体现在行政权行使中合法性原则的贯彻。也就是说,税务机关的权力行使应当遵循合法性原则,后者不仅包括实体税法上的税收法定原则,还包括程序法上的权力法定两个部分。在程序法上的权力限制研究中,学界的共识在于税务机关的涉税信息获取权力应当受到两个方面的限制:一为合法性限制,即立法应当对于税务机关在涉税信息的获取、使用等活动中的权力边界进行明确表述,以使该行为具有合法性基础;[4] 二为合理性限制,即税务机关的信息获取权力应当受到比例原则的限制,税务机关为征税目的要求纳税人提供相关信息时,所要求的信息与征税目的之间应当具备适当性、可能性、必要性、相当性以及期待可能性之关联。[5]

然而,基于限权的思路虽然可以避免政府对于私权的不当侵害,但面对个人由于主体能力不足而难以有效保护其自身利益之时,限权思路难以为政府主动供给权利保护措施提供合理的理论支撑。质言之,在限权思路下,政府应当严格按照法律规则课征税收,并对不遵从税法的行为施

---

〔1〕 黎江虹:《中国纳税人权利研究》,中国检察出版社 2014 年版,第 131 页。

〔2〕 徐以祥:《行政法学视野下的公法权利理论问题研究》,中国人民大学出版社 2014 年版,第 38 页。

〔3〕 参见王建平:《纳税人权利及其保障研究》,中国税务出版社 2010 年版,第 55 页。

〔4〕 参见葛克昌:《税捐行政法——纳税人基本权视野下之税捐稽征法》,厦门大学出版社 2016 年版,第 327 页。

〔5〕 参见陈清秀:《税法总论》,台北,元照出版有限公司 2014 年版,第 491 ~ 492 页。

以处罚,除此之外政府再无其他权力,亦无其他保护义务,[1]致使在行政权力所辐射的疆域之外,各类主体虽然可以拥有形式上的自由,但却终究无法避免因主体能力的不足而难以实现个人的自由与自治。鉴于此,跳出限权思路,立足税法制度正当性的视角考虑纳税人权利保护问题的思路便应运而生,并促使一系列相关制度落地生根。

具有正当性的税收征管制度并非仅仅牵涉法律规则和法律原则,还包括(对于纳税人)的合理对待。[2] 因此,如何基于纳税人与税务机关之间不对称法律关系的前提提高纳税人的地位,这不仅应当是税收征管策略所关注的问题,亦是税法追求正当性实现的过程中所应当思考的问题。举例而言,面对日益复杂的税法条款,纳税人往往面临着理解上的困难以及适用结果的不确定性风险,当产生税企争议之时,纳税人虽然可以通过诉诸司法渠道对其利益进行维护,但难以避免的是旷日持久的诉讼以及败诉后可能额外增加的成本。同时,当税法适用从一国扩展至跨境情形之时,此种问题便显得更为棘手,跨国企业面临的转让定价问题即为典型例证。从权利角度来看,此类问题的妥善解决直接关涉到确定性权利(the right to certainty)这一纳税人基本权利的实现。为此,诸多国家在国内法体系上引入预约定价制度,纳税人可事先向税务机关提供其与境外关联企业之间的交易往来收支以及所采用的转让定价方法,经多方主体反复磋商之后,预先确定对于各方主体均具有约束力的预约定价协议。从权利保护的视角来看,此制度的引入正是国家(特别是税务机关)向积极保护纳税人"确定性权利"的转变,旨在缓解纳税人在维护自身利益时所面临的现实性障碍,以贯彻平等的关心与尊重原则。除此之外,平等的关心与尊重原则的落实还要求税务行政机关在行政执法过程中应当承担注意义务(duty of care)。行政主体的注意义务是指"由行政主体承担的在行政行为作出时对行政相对人的利益予以关注和考虑的法律义务"[3]。该义务并非行政机关所负之主要义务,其目的在于要求行政主

---

〔1〕 See Tonny Schenk – Geers, *International Exchange of Information and the Protection of Taxpayers,* Kluwer Law International, 2009, p. 12.

〔2〕 See María Roch, *Tax Administration versus Taxpayer – A New Deal*?, World Tax Journal, Vol. 4:3, p. 293(2012).

〔3〕 关保英:《论行政主体的利益注意义务》,载《江汉论坛》2019 年第 5 期。

体能够谨慎对待公益与私益之间的平衡,是故该义务的核心作用场域在于需要行政裁量之时。[1]通过赋予行政机关以注意义务,可以使行政机关与相对人之关系摆脱完全的"管制与被管制"的形式。

二、国际税收情报交换的制度发展路径与正当性基础的完善

回到国际税收情报交换制度中,我们可以清晰地发现国际税收情报交换中对于纳税人保护的强调要求暗合于前述有关税法制度普遍性的要求。因此,基于正当性基础的完善角度分析,本书认为,国际税收情报交换中应当强化对于纳税人的保护措施。

自经合组织发起应对有害税收竞争的倡议以来,为了消除资本输出国税务机关在开展跨境税收征管时信息获取的系统性盲点,国际税收情报交换制度的发展走上了"发达国家领路"与"其他国家跟从"的路径,这一点在自动情报交换标准的制定与推广过程中表现得尤为明显。[2] 在签署欧盟与瑞士关于利息税指令协定的议定书时,欧洲经济金融事务、税务与海关专员曾明确揭示了这一点,"欧洲领导着税收情报自动交换的发展,并希望我们的国际合作伙伴能够跟从。该协定(欧盟—瑞士关于利息税指令的协定)就是欧洲的目标和决心能够实现的证明"[3]。事实亦是如此。在自动情报交换标准的制定过程中,美国与欧盟引导了该标准的制定和实施,前者通过发布《外国账户税收遵从法案》与不同版本的政府间协议,为各国采用税收情报自动交换方式制定了标准,后者通过修订行政合作指令对此予以确认,并借助经合组织制定的"通用报告标准",为世界其他各国在开展自动情报交换时制定了统一适用的最低标准。在这一过程中,包括中国在内的发展中国家所处的地位仅仅是"跟随者",各项制度对于发展中国家而言均是外来法律制度的"移植"。

在此过程中,包括中国在内的诸多国家引入与落实与自动情报交换

---

〔1〕 参见关保英:《论行政主体的利益注意义务》,载《江汉论坛》2019 年第 5 期。

〔2〕 See Xiaoqing Huang, *Automatic Exchange of Information and BRICS: Why and How Does It Affect Emerging Economies?*, Asia – Pacific Tax Bulletin, Vol. 23:4(2017).

〔3〕 See European Commision, *Fighting Tax Evasion: EU and Switzerland Sign Historic Tax Transparency Agreement*(27 May 2015), https://ec. europa. eu/commission/presscorner/detail/en/IP_15_5043.

标准相关的国内机制的做法,一方面是基于国内法机制的内在需要,另一方面则是实施由发达国家制定的标准的外在需要。同时,顺着这一思路,我们可以清晰地看到,无论是应请求的情报交换标准还是自动情报交换标准,其关注点都在于通过引入或修订国内法律制度,增强各国税务机关的信息获取能力,以实现税收情报交换网络中客体涵盖范围的最大化。因此,在发达国家通过借由落实应请求交换情报标准或自动情报交换标准向其他各国(特别是发展中国家)移植相关的国内机制时,"法律移植"的内容往往首先致力于增强该国税务机关的信息获取能力,并确保信息能够在跨国情报交换网络之间自由流动,而纳税人的权利保护问题由于与此目的并无直接关联,是故未能得到充分的重视,相关问题的回应仍然依赖于各国国内法的规定,并造成了相对人权利保护与税务机关权力扩张之间的不对等与发展的不平衡。

此等路径推动下的制度建设虽然可以使税务机关通过遏制跨境逃避税行为为本国所有的纳税人提供公平的竞争环境,[1]但不可忽视的是,由于该制度在全球性法律重构的过程中存在强烈的国家税收利益偏好色彩,制度的发展过程中并未充分考虑到纳税人作为国际税收情报交换制度三方主体之一应当享有的尊重,致使纳税人的个人利益受到严重压缩。

在国际税收情报交换过程中存在多种矛盾关系,主要有:(1)情报获取国税务机关对于涉税信息的需求与实际可获取信息之间的矛盾;(2)纳税人涉税信息的安全保障需求与规范体系所能够实际提供的保障措施之间的矛盾;(3)涉税信息的提供、交换与使用过程中纳税人的参与需求与相应制度供给之间的矛盾。现行国际税收情报交换的制度发展过程中主要关注于第一类矛盾关系的缓解,使情报获取国通过该制度的实施能够有效缩减涉税信息的需求与实际供给之间的差距。但应当注意的是,该制度在其实施过程中加大了第二类和第三类矛盾中的紧张关系。以第二类矛盾为例,在国内法语境下,此矛盾的纾解主要通过保密权(the right to confidentiality / secrecy)以及相关的涉税信息安全保障条款,后者通过严格明确税务机关的信息保密责任并在立法中限制可以合法使用情

---

〔1〕 See Niels Diepvens & Filip Debelva, *The Evolution of the Exchange of Information in Direct Tax Matters: The Taxpayer's Rights under Pressure*, EC Tax Review, Vol. 24:4, p. 215(2015).

报的主体和目的范围,从而尽可能地在“公开/保密”之间取得平衡。同时,针对一些特殊类型的涉税信息,一些国家还通过援引其他法律体系为其提供额外的保障措施,如欧盟国家针对个人数据(personal data)所提供的法律保障体系也可适用于涉税信息中所包含的个人数据部分。此外,在事先保护的体系之外,由于纳税人与税务机关共处一国境内,前者还可诉诸行政诉讼等事后救济措施,从而倒逼税务机关的义务履行。然而,在国际税收情报交换中,该机制的运转将改变第二类矛盾中的内容,纳税人涉税信息的安全保障需求与本国规范体系所能够实际提供的保障措施之间的矛盾将转向与情报获取国规范体系所能够实际提供的保障措施之间的矛盾。国际税收情报交换制度的实施在将纳税人卷入其中之时,并未针对前述矛盾内容的变动提供额外的应对措施。体现在具体的制度设计时,该制度选择淡化情报提供国的保护义务,仅侧重于情报获取国的国内法保护,使得在纳税人保护制度设计时从“纳税人—情报提供国—情报获取国”的三方互动刻意简化为“纳税人—情报获取国”的二元关系,虽可在形式上实现纳税人与情报获取国税务机关之间的地位对等,然则难掩二者实际地位对比之显著失衡的客观现实。此种做法使得国际税收情报交换虽然仍可依赖于对国家税收利益的维护而取得一定的合理性,但却终究难以取得相对人的充分认同、承认与尊重。

本书认为,贯彻平等的关心与尊重原则以强化国际税收情报交换中纳税人的保护程度,对于矫正该制度的正当性基础缺陷而言正当其时。具体而言,在权衡纳税人利益与情报获取国国内税收利益之时,强调情报提供国的保护义务,旨在强化纳税人的主体地位,为其权利与其他合法利益的实现提供额外且必要的保护措施。一方面,应当在情报提供国的国内法上引入相应的保护措施,为纳税人的利益表达提供制度性的保障;另一方面,情报提供国税务机关在履行协定义务之时,不应完全忽略纳税人的利益诉求,而应综合对比情报获取国国内税收利益与纳税人的私人利益保护,结合具体情势作出合理的行政裁量结果。只有如此,方能使该制度摆脱纯粹的强制性规则或命令,成为兼顾国家税收利益和纳税人私人利益保护进而具备实践权威的法律制度。

第二节　现实需求:纳税人保护是现代税法制度建构中的有机组成

在全球第三次税制改革浪潮中,纳税人保护已经成为税制设计之时应当秉持的重要理念。体现在制度层面上,诸多国家一方面逐步将独立适用的纳税人权利保护法案引入国内立法,另一方面也在具体的征管制度中为纳税人提供场景化的配套保护措施。此种做法既是对于此次税改浪潮中纳税人权利保护呼声的回应,[1]也是基于促进纳税人高度合作的策略之举。[2] 是故,基于税制发展的此等宏观趋势,国际税收情报交换中也应当考虑和完善有关纳税人保护的具体措施,并在制度的建构或完善时落实纳税人保护理念的具体要求。

一、第三次税制改革浪潮与纳税人保护理念的勃兴

根据观察,历史上可明确辨识出的纳税人保护浪潮共有三次。第一次发生于现代税制的建立时期。此时,为了应对税制变动以及新税种的引入,纳税人依赖于宪法和一般法律所赋予的公民基本权利,以期实现对其权利的有效保护。第二次发生于综合税基形成时期。在此阶段,鉴于纳税人应当提交的涉税信息随着综合税基的形成而大幅增加,是故纳税人的权利保护往往围绕机密信息或敏感信息的适用管理开展,路径上仍然主要借助于法院的司法裁判。第三次发生于20世纪80年代开始的在全球范围内不断蔓延的税制改革时期。在此阶段,所得税在财政收入中的占比有了相对提高,更多的家庭和个人进入纳税人的概念范畴之下,致使税务机关的行政负担和纳税人的遵从负担均有了增加。为此,各国纷纷引入自我评估制度[3](self – assessment),以期将税务机关从复杂的税

---

〔1〕 参见丁一:《纳税人权利研究》,中国社会科学出版社2013年版,第124~125页。

〔2〕 See OECD: Taxpayers' Rights and Obligations: A Survey of the Legal Situation in OECD Countries, OECD Publication, Paris, 1990, para. 1.4.

〔3〕 "自我评估制度"是指纳税人必须对其收入进行先行评估,确定应当缴纳的所得、可获得的扣除、抵免额等,计算出当期应当缴纳的具体税额,并以此为据向税务机关申报纳税。

收评估事项中解脱出来，使之可以集中精力应对逃避税活动和重点纳税人的审计工作。[1]

在采用自我评估制度之后，如何提高纳税人的税法遵从度旋即成为税制发达国家设计税收征管制度时的重要考虑内容。根据对税制发达国家税收征管制度实践的总结可知，影响纳税人主动遵从税法规定的因素主要有以下三种：(1)税收征管所采用的方法；(2)对税收违法行为的处罚以及纳税人对于不遵从风险的认知；(3)纳税人对于税收制度的态度和信心，以及其对于税法不遵从行为的容忍度。[2] 在强制性遵从的征管理念指引下，前两项因素是提高纳税人税法遵从度的主要关注点。然而，随着诸多国家税收征管理念的转变，通过影响纳税人对于税收制度的态度从而提高纳税人的税法遵从度逐渐成为税务机关的新策略。在该策略中，纳税人被分为四种类别。（见表1－1）

表1－1　不同纳税人的税收遵从度分类表

类型	内容
(1)	纳税人按照法定要求准确缴纳应纳税款
(2)	纳税人有按时准确缴纳税款的意图，但可能因为缺乏相关信息或认识错误而未能履行
(3)	纳税人存在迟延履行税款缴纳义务的情况，但在税务机关催缴后会履行该义务
(4)	纳税人利用一切潜在机会逃避应纳税款

资料来源：Jeffery Owens, *Taxpayers' Rights and Obligations*, Intertax, Vol. 18:11(1990)。

在税收征管资源有限的情况下，许多税制发达国家的税务机关在开展税收征管活动时，其制度设计目标在于促进表1－1中第(1)类情形下纳税人数量的不断增加，并降低其他三类情形下的纳税人数量占比，从而整体性地提高纳税人的税法遵从度。落实到措施层面，税务机关针对不同类型纳税人的做法并不相同。具体而言，促使第(4)类情形下的纳税

〔1〕 参见丁一：《纳税人权利研究》，中国社会科学出版社2013年版，第127页。

〔2〕 See Jeffery Owens, *Taxpayers' Rights and Obligations*, Intertax, Vol. 18:11, p. 565(1990).

人进行税法遵从的主要做法应当是增强处罚力度,并提高对于未遵从行为的发现比例,常规的鼓励税收遵从的措施往往对其效果不佳。相较之下,鼓励第(2)类和第(3)类纳税人转向第(1)类纳税人的主要措施之一即为对纳税人享有一定权利的明确强调以及对于纳税人合法利益的有效保护。[1]

是故,在自我申报的征管环境下,影响纳税人主动遵从的重要因素在于对于纳税人基本权利的确认和有效保护。在此前提下,政府逐渐具备改善纳税人权利保护境况的需求和动力。[2] 同时,自我评估制度的广泛适用也促使纳税人作为独立身份类型和主体地位的意识觉醒,是故纳税人权利的发展逐渐溢出人权保护的分支范围,开始进入全新的"显性"发展阶段,一种基于纳税人身份的"权利束"在实践中不断得以确认、发展和保护。

二、纳税人保护理念指引下的税法体系建构

纳税人权利体系的建构和完善是纳税人保护理念贯彻的核心。同时,虽然不同国家赋予纳税人的权利类型与内容不尽相同,但从整体情况来看,纳税人所享有的权利类型与内容范围均呈现不断拓展的趋势,这一点不仅体现在权利保护规范体系的多元化,还体现在该体系的成文化和透明化,具体如下。

(一)纳税人权利规范渊源的多元化:不同层级规范体系的建构与完善

在基本权利规范体系之外,各国国内法针对税收征管的具体领域形成了多层级的纳税人权利保护规范体系。从采取的形式上来看,一些国家(如俄罗斯)采用在税收法典中专章规定纳税人权利的做法,一些国家

---

[1] 除此之外,还包括简化税制、提高纳税人对于税制运转的理解程度、增强税务机关与纳税人之间的沟通等。See Jeffery Owens, *Taxpayers' Rights and Obligations*, Intertax, Vol. 18:11, p. 569(1990).

[2] 参见丁一:《纳税人权利研究》,中国社会科学出版社 2013 年版,第 127 页。

(如意大利)则采用专门的纳税人权利法案;[1]从权利内容上来看,其中既包含可适用于所有征管场景的一般性权利内容,也包含仅适用于特定征管场景的特定权利内容。[2]

首先,在诸多国家的税法体系中已对于纳税人具有普适性的基本权利进行了规定。举例而言,德国《税法通则》第91条第1款规定即属于前者,依据该条款之规定,"税务机关在宣布一项影响当事人权利的决定之前,应当针对与做出此决定具有重要意义的事实,给予该当事人表达意见的机会。与纳税申报单中申报的事实有着不利于纳税义务人的重大出入时,尤其应当适用本条款"[3]。再者,该法第101条还规定了纳税人可以拒绝向税务机关提供可能对家庭成员产生负面影响的信息,即"当事人的亲属,只要本人没有作为当事人而负有信息申报义务或已经为一名当事人履行过提供信息的义务,就可以拒绝向税务机关提供相关信息。税务机关应当将可拒绝提供信息的权利告知当事人的亲属"[4]。

根据经合组织1990年的《纳税人权利义务:关于经合组织国家法律状况的调查报告》可知,尽管各国/地区之间的法制环境不尽相同且对于纳税人应当享有的权利的类型与内容亦有所差异,但以下六种权利类型在实践中已取得各成员方的认同,可以被视为纳税人权利保护的"最低标准"。同时,经合组织于2015年进一步发布相应的调查报告,指出其在1990年报告中所识别的六大类权利已得到除经合组织成员方之外的其他发达经济体或发展中经济体的国内法或行政实践的认可,故可将此六项权利在更大范围上认定为纳税人权利保护的最低标准。[5] 此六项权利内容分述如下。(见表1-2)

---

[1] See P. Baker, *Taxpayers' Charters and A Taxpayers' Charter for Europe*, in Wodzimierz Nykiel & Magorzata Sek eds., *Protection of Taxpayer's Rights: European, International and Domestic Tax Law Perspective*, Wolters Kluwer Polska Sp. z o. o., 2009, p. 131.

[2] See Bentley Duncan, *Taxpayers' Rights: Theory, Origin and Implementation*, Kluwer Law International, 2007, p. 110.

[3] See Germany, General Tax Code (Abgabenordnung), Section 91(1).

[4] See Germany, General Tax Code (Abgabenordnung), Section 101(1).

[5] See OECD: Tax Administration 2015: Comparative Information on OECD and Other Advanced and Emerging Economies, OECD Publication, Paris, 2015.

表1-2 纳税人的六项基本权利对照表

权利类型	权利内容
获得通知、帮助与申辩的权利①	纳税人有权获取税制运作以及税收评估方式的相关信息。同时,纳税人应当被告知其享有的权利类型和内容
上诉权②	纳税人有权针对税务机关作出的任何决定进行上诉,无论该决定的内容是有关法律适用抑或行政性裁定,只要该决定直接关系到此纳税人,纳税人即可对此决定进行上诉
要求依据法律规定课税的权利③	(1)纳税人有权依法进行税收安排,负担相应税额,并考虑到个人特殊的收入情况; (2)纳税人有权从税务机关处获取相关帮助,以获取所有应当享有的税收减免和扣除待遇
获取确定结果的权利④	纳税人有权从税务机关处获悉其交易行为的税收后果
隐私权⑤	纳税人有权要求税务机关对其隐私的侵犯限制在合理的范围之内。是故,税务机关应当避免不合理的搜查或要求与课税行为不相关的信息,无论该要求的对象是纳税人还是第三方
保密权⑥	纳税人有权要求税务机关为该信息进行保密,并按照立法明确的目的使用该信息

①See OECD: Taxpayers' Rights and Obligations: A Survey of the Legal Situation in OECD Countries, OECD Publication, Paris, 1990, para. 2. 16.

②See OECD: Taxpayers' Rights and Obligations: A Survey of the Legal Situation in OECD Countries, OECD Publication, Paris, 1990, para. 2. 17.

③See OECD: Taxpayers' Rights and Obligations: A Survey of the Legal Situation in OECD Countries, OECD Publication, Paris, 1990, para. 2. 20.

④See OECD: Taxpayers' Rights and Obligations: A Survey of the Legal Situation in OECD Countries, OECD Publication, Paris, 1990, para. 2. 21.

⑤See OECD: Taxpayers' Rights and Obligations: A Survey of the Legal Situation in OECD Countries, OECD Publication, Paris, 1990, para. 2. 25.

⑥See OECD: Taxpayers' Rights and Obligations: A Survey of the Legal Situation in OECD Countries, OECD Publication, Paris, 1990, para. 2. 26.

其次,在征管理念转变的促使下,许多国家的税务机关采取了更为主动的态度,积极拓展纳税人的权利体系和涵盖范围,集中体现在税收规章、行政指令中对于纳税人在特定情境下的赋权,这些行政性文件甚至将立法中所规定的权利涵盖范围做出进一步的拓展。举例而言,许多国家的立法或判例[1]中均确立了纳税人在信息申报时可享有的法律职业特权(legal professional privilege),即纳税人与律师的特定通信内容可以在税收征管过程中拒绝向税务机关提供。同时,澳大利亚税务机关于2006年发布相应指引,将此职业特权的适用主体范围延伸至职业会计咨询师,即纳税人与职业会计咨询师之间的适格通信内容也享有免于提供的权利。[2] 此外,一些国家国内法上针对预约裁定(advance rulings)制度中所规定的权利内容即属于后者,如许多国家的国内法上赋予了纳税人在税务机关拒绝向其提供预先裁定的情况下,可以针对该拒绝行为提起申诉的权利。[3]

总结而言,为了有效平衡纳税人与税务机关之间的纳税人权利保护已经溢出人权保护的范围,税制发达国家逐渐形成了一个层级多元且类型丰富的规范体系。但是,这一做法在提供更为充分的保护体系的同时,也使纳税人所享有权利的体系更为复杂,并使纳税人和税务机关工作人员均难以清晰地了解纳税人所享有的权利和承担的义务,更遑论对这些权利进行有效保护。为此,纳税人权利公告的引入将极为有效地促使该目标的达成。

---

[1] See Germany, General Tax Code(Abgabenordnung), Section 102(1); High Court of Austrilia, (1976) 135 CLR 674, Grant *v.* Downs; High Court of Austrilia, (1983) 153 CLR 52, Baker *v.* Campbell.

[2] See Australian Taxation Office, *Guidelines to Accessing Professional Accounting Advisers' Papers*(6 June 2019), https://www. ato. gov. au/tax – and – super – professionals/for – tax – professionals/your – practice/legal – practitioners/guidelines – to – accessing – professional – accounting – advisers – papers.

[3] See Baker Philip & Pasquale Pistone, *General Report, in the Practical Protection of Taxpayers' Fundamental Rights*(*IFA Cahiers 2015, Vol. 100B*), IBFD Online Books, 2015, p. 69.

(二)纳税人权利体系的透明化:纳税人权利公告[1]的普遍采用

作为促进税收遵从理念的核心支柱,提高税务机关和纳税人双方的权利义务边界的“透明化”程度问题成为税务机关努力的重点和方向。[2]在税收立法的复杂化程度不断增加以及税收征管技术不断增强的背景下,纳税人需要更为明确且全面的条款来保护自己的权利。[3]

鉴于此,一些国家纷纷引入纳税人权利公告,详细列示纳税人所享有的权利和应承担的义务清单。举例而言,法国于 1975 年颁布了《纳税人权利公告》(Charte du Contribuable),率先开创了纳税人权利专门性规定的先例,英国则于 1986 年颁布了《纳税人公告》(Taxpayer's Charter)。同时,经合组织总结已有相关实践国家的经验,于 2003 年发布了“纳税人基本权利义务的公告范本”,明确指出采用专门的纳税人权利公告可以“使得该类信息能够被广泛接触和理解,……并作为向纳税人提供的适用法律的指引”[4],是故推荐尚未采用纳税人权利公告的国家应当积极将之引入国内规范体系之中。目前,诸多国家已发布类似文件,[5]我国也于 2009 年发布了《关于纳税人权利与义务的公告》,以法律规定为基础,明确列举了纳税人在税收征管过程中所享有的 14 项权利内容。[6] 同时,除一般性质的纳税人权利公告外,一些国家还引入了针对特殊征管领域的纳税人权利公告。举例而言,法国税务机关于 1958 年起,针对税务审

---

[1] 值得说明的是,一些国家引入的所谓“taxpayers' rights charter”或“taxpayer charter”从字面含义来看应当翻译为“纳税人权利宪章”或“纳税人宪章”。但是,“宪章”一词对于中文语境下的读者更为熟悉的素材是“公民权利宪章”,采用“宪章”的翻译方式将在直观感受上造成对“纳税人权利宪章”法律地位的误解,即其与“公民权利宪章”的法律地位混同,均系具有法律约束力的规范工具。但是,从实际来看,二者显然不可同日而语。是故,为了避免不必要的误会,本书借鉴我国国家税务总局的做法,将此类法律文件一律翻译为纳税人权利公告。

[2] See Richard G. Antón, *The Fragmentation of Taxpayers' Rights in International Dispute Resolution Settings: Healing Anxieties through Judicial Dialogue*, World Tax Journal, Vol. 10:1, p. 133 (2018).

[3] See Jeffery Owens, *Taxpayers' Rights and Obligations*, Intertax, Vol. 18:11, p. 554 (1990).

[4] See OECD: Taxpayers' Rights and Obligations – Practice Note, OECD Publication, Paris, 2003, p. 6.

[5] 截至目前,英国、法国、美国、西班牙、南非、土耳其、韩国、墨西哥、挪威、印度、意大利等多个国家已引入纳税人权利公告或类似文件。

[6] 参见国家税务总局《关于纳税人权利与义务的公告》,国家税务总局公告 2009 年第 1 号。

计过程中的纳税人权利制定了相应的权利公告,并在开始进行税务审计之前将此公告发送给纳税人。[1]

那么,除了提高纳税人权利的"透明化"功能之外,纳税人权利公告是否还有其他的规范作用或法律效果?从性质上而言,各国引入的纳税人权利公告本身并非立法性文件,也不规定额外的权利或义务,仅是由税务行政部门根据立法条款制定的指引性文件,旨在以通俗易懂的语言方式帮助纳税人了解其自身的权利和义务,纳税人并不能够直接以此公告为据向司法机关提起诉讼。是故,从其规范功能角度来看,纳税人权利公告更多是税务系统开展"自我管理"(self - regulation)的工具手段。[2]然而,不可否认的是,这些公告在客观上除提高税收征管中的透明度之外,还可能在以下两个方面发挥作用。首先,公告的发布和实施在客观上改善了纳税人与税务机关之间的关系。根据澳大利亚针对由其税务机关(ATO)发布的纳税人公告的全国性调查结果可知,纳税人以及税务机关工作人员对于纳税人公告均持肯定态度,并认为该做法与税务机关力促的遵从策略相匹配。[3] 其次,在一些国家,纳税人公告的发布和实施确实能够实现对于税务机关行政管理的监督。澳大利亚针对公告的实施设置了独立的监管系统,并以此为据对于税务机关的具体表现进行评估。同时,另一些国家通过纳税人申诉专员制度的实施,确保税务机关能够依据公告中所设置的权利内容和保护标准开展税收征管和争议解决。[4]

三、纳税人保护理念与国际税收情报交换中的纳税人保护制度

从纳税人保护理念勃兴的角度论证税法制度在建构时应当"内置"

---

〔1〕 此外,澳大利亚、德国、美国也发布了类似的纳税人权利公告。See Baker Philip & Pasquale Pistone, *General Report, in the Practical Protection of Taxpayers' Fundamental Rights*(*IFA Cahiers 2015, Vol. 100B*), IBFD Online Books, 2015, p. 72.

〔2〕 See Maarten Zeeuw, *The Formulation of Taxpayer Rights and Obligations in a Developing Country*, Asia - Pacific Tax Bulletin, Vol. 14:1, p. 40(2008).

〔3〕 See Simons James, Kristina Murphy & Monika Reinhart, *The Taxpayers' Charter: A Case Study in Tax Administration*, Journal of Australian Taxation, Vol. 7:2, p. 356(2004).

〔4〕 See P. Baker, *Taxpayers' Charters and A Taxpayers' Charter for Europe*, in Wodzimierz Nykiel & Magorzata Sek eds., *Protection of Taxpayer's Rights: European, International and Domestic Tax Law Perspective*, Wolters Kluwer Polska Sp. z o. o., 2009, p. 133.

纳税人保护制度,正是对于本章第一节论述角度的补充。相较而言,前述两节的论述策略更加偏重"直接"论证国际税收情报交换中纳税人保护的必要性,而本节内容则侧重从纳税人保护的制度收益角度入手,"间接性地"阐述包括国际税收情报交换制度在内的各项税法制度中强化纳税人保护的必要性,关注点在于税法制度建构是强化纳税人保护的"内在动力"。纳税人保护理念的全面展开虽然是第三次税改浪潮中纳税人主体意识觉醒后的结果,即国家对于纳税人权利主张的立法确认与回应,但更为复杂和不断发展的权利与非权利化利益的保护制度的引入和发展,更多是基于此种做法可以更好地促进纳税人的主动配合,进而降低制度运行的成本和提升制度运行的效果。是故,此种角度的论证更侧重纳税人保护对于税法制度实施的"效益"。那么,循此等理念,我们可以清晰地发现,强调纳税人保护对于国际税收情报交换制度的实施同样可以发挥同样的作用,是故国际税收情报交换中亦应当强调对于纳税人的利益保护,并结合具体场景设置相匹配的保护措施,具体分为以下两个方面。

首先,国际税收情报交换中试图"隔绝"纳税人保护的相关内容显然与纳税人保护理念相悖,亦不利于国际税收情报交换的顺利开展,是故应当提供与该机制运行相匹配的保护措施。正如前述,纳税人保护理念已经成为现代税法制度设计时的基本理念之一,国际税收情报交换中对此理念的漠视将使得该机制在理念层面与国内税收征管机制难以契合。依据第三次税制改革浪潮中的纳税人理念,任何可能对于纳税人利益产生影响的机制设计及适用均应当提供相应的配套措施,以使纳税人在此机制实施过程中既可以更为认可该机制的实施效果,亦可寻找到成本较低、耗时较短且内容清晰的保护机制或渠道。这一点既是本章第一节所述制度正当性基础实现的具体要求,还可以助力于该制度从文本向实践的落实。以确保纳税人的有效参与问题为例,税收立法中虽然往往规定了纳税人拥有获得通知、帮助与申辩的权利以及上诉权,但是此种规定在适用于国际税收情报交换这一特殊场景时常常呈现较大的模糊性。譬如,纳税人享有的被通知的权利在何种情形下应当得到保障,纳税人在对情报提供国税务机关提供情报的决定产生异议时是否可以质疑以及通过何种渠道进行意见表达,这些问题均无法从抽象的权利规定中直接获得较为确定性的回答。在此情况下,纳税人难以对该机制的运行产生内在的信任，更遑论在该制度的实施过程中主动且积极地予以配合。基于此角度，本书认为，国际税收情报交换中贯彻纳税人保护理念的首要做法应当是提供与该机制运行相匹配的保护措施，并通过谨慎设计相关保护措施，以平衡纳税人保护与制度目的实现之间的潜在矛盾。

其次，国际税收情报交换中纳税人保护体系应当以具体化和透明化的方式予以呈现。鉴于国际税收情报交换机制与其他国内税收征管机制在程序设计和制度目的上有所不同，对于纳税人利益的影响方式亦会随之产生区别。基于此种情形，国际税收情报交换中纳税人保护体系的设计应当尽可能地结合机制特色进行具体化场景建构。本书仍以确保纳税人的有效参与制度为例，在具体保护制度建构时，纳税人的参与制度应当结合制度目的进行细化和类型化，在不会妨碍制度目的的实现（如情报交换请求较为紧急）但会影响到纳税人相关利益保护的情形下，应当明确规定税务机关对于纳税人的通知义务，同理，对于不应当通知纳税人的情形亦应当予以明确规定，从而使税务机关和纳税人能够更为清晰且确定地知悉纳税人在此过程中所享有的保护措施。除此之外，有效保障涉税信息的安全是提高纳税人对于国际税收情报交换制度主动遵从度的关键性影响因素。质言之，只有在纳税人对于情报交换中的涉税信息安全保障制度及其实施效果有着充分信心的前提下，才会最大限度地消减对于该制度实施的抵触态度，[1]进而在相关义务体系的要求下做出符合理性经济人的选择。但是，假使该纳税人对于情报交换中的涉税信息安全保障制度及其实施效果持悲观态度，信息泄露所造成的损失预期将会驱使其不履行相关的信息提供义务，进而妨碍国际税收情报交换制度的顺利开展。

---

〔1〕 See OECD：Keeping It Safe：The OECD Guide on the Protection of Confidentiality of Information Exchanged for Tax Purposes, OECD Publication, Paris, 2012，p. 5.

第二章 国际税收情报交换中纳税人的核心诉求及其保护现状

当下,国际税收情报交换制度的实施已确保大批量的涉税信息可在不同国家的税务机关之间进行流通。客观而言,该制度通过系统性地增强各参与国税务机关的境外信息获取能力,为各国国家税收利益的保护提供制度性的保障措施。然而,不可忽视的是,在国际税收情报交换制度的实施过程中,涉税信息所直接关联的纳税人的合法利益却因该制度的实施而受到损害,已经出现的诸多实践案例即为明证。遗憾的是,纵使如此,国际税收情报交换中的纳税人保护问题仍然尚未得到与国家税收利益保护同等程度的重视。[1]

鉴于前一章内容已经完成对于国际税收情报交换中建构和完善纳税人保护制度必要性的论证,本章将转向纳税人保护制度核心诉求的分析。在国内法语境下,纳税人保护制度所涵盖和回应的诉求内容十分多样,其中既包括实体层面的相关内容,如纳税人对于税务机关按照税法规定准确课税、依法享受减免退税以及可自主选择税收代理等要求的合理期待,又包括程序层面的相关内容,如可期待进行陈述申辩、要求程序主持者公正中立等。作为税法具体制度的类型之一,国际税收情报交换的制度设计中虽然也应当回应和满足前述诉求的保障问题,但其中的诸多内容对于国际税收情报交换这一具体语境并不具有特殊之处。质言之,国际税收情报交换的开展并未明显影响国内法语境下纳税人保护的许多诉求,

---

〔1〕 See Sergio Rocha, *Exchange of Tax – Related Information and the Protection of Taxpayer Rights: General Comments and the Brazilian Perspective,* Bulletin for International Taxation, Vol. 69:9, p. 502(2016).

故此等诉求在国际税收情报交换的语境下予以特别考虑显然并不具有必要性。基于此，本书通过厘清在国际税收情报交换这一特殊语境下纳税人保护制度所应当关注的核心问题，使得本书的分析和论述更为聚焦，进而为后续章节中相关制度的检讨与完善奠定基础。

第一节　国际税收情报交换中纳税人保护的二元核心诉求

立足国际税收情报交换的特点可知，纳税人在国际税收情报交换开展过程中的核心利益期待主要包含两个方面。首先，鉴于国际税收情报交换的客体是与纳税人相关的涉税信息，是故纳税人有理由期待此类涉税信息不应因该制度的实施而增加被不当使用或泄露的系统性风险；其次，作为国际税收情报交换的相关主体，纳税人应当能够有效参与到该制度的实施过程之中，并对该制度的具体实施提出相关意见，从而避免税收情报交换对其合法利益可能产生的损害。分述如下。

一、核心诉求之一：涉税信息的安全保障

在国际税收情报交换中，涉税信息[1]的安全保障作为该制度实施中的核心问题，一直备受实务界和理论界的关注。具体而言，国际税收情报交换中的涉税信息安全保障制度主要旨在防范信息的不当使用和泄露，其内容既包括纳税人的涉税信息应当仅向适格的主体范围公开，又包括前述主体仅应当将此类信息用于适格的目的范围之内。本书认为，涉税信息的安全问题应当成为国际税收情报交换中纳税人保护制度的重点

〔1〕应当说明的是，“涉税信息”的概念表述并非由立法确立的，立法采用的方式是“与纳税和代扣代缴、代收代缴税款有关的信息”（《税收征收管理法》第6条第2款）。但是，考虑到论述的方便性，本书选择以“涉税信息”的概念进行表述。同时，这一做法也符合国内外税法学术讨论的通行做法。与此同时，“涉税信息”也不等同于国家税务总局2008年发布的《纳税人涉税保密信息管理暂行办法》第2条中所规定的“涉税保密信息”，后者主要是指“涉及纳税人商业秘密和个人隐私的信息”。比较而言，由于前者是指“在税收征管活动中税务机关需要掌握的与纳税人密切相关的特定信息”，是故概念涵盖范围显然大于后者。参见王霞、刘珊：《涉税信息共享中的信息利益冲突与平衡》，载《税务研究》2017年第6期。

关注对象,并以在国际税收情报交换开展过程中能够实现涉税信息安全的充分保障为目标进行相应的制度建构和完善。

(一)国际税收情报交换的开展将引发大量涉税信息的跨境流通

税收征管过程将涉及纳税人的大量信息,这些信息既包括个人隐私、商业秘密等敏感信息,也包含其他可能影响到纳税人合法权益的信息。因此,涉税信息的安全保障问题已日益得到包括我国在内的各个国家的重视。同样地,在国际税收情报交换过程中,鉴于税务机关所获取和交换的涉税信息中往往包含与纳税人个人隐私和财产利益等合法利益直接相关的内容,且此类信息的泄露和不当使用会对纳税人造成不必要的利益损失,是故强调对于涉税信息的安全保障是在确保国际税收情报交换以及情报获取国税收征管活动有效开展的前提下对于纳税人合法利益保护的必然要求。

随着各国国内税收实体性规范的越发复杂和协定反避税规则的不断发展,税法实施所需要的信息类型呈现不断扩张的客观趋势,不可避免地将纳税人的个人隐私、商业秘密以及其他信息类型均纳入涉税信息的涵盖范围之中。举例而言,随着我国个人所得税费用扣除机制的不断完善,个人的亲子关系、医疗状态、就业信息、婚姻状态等被普遍认为是个人隐私的信息均从与税收征管无关的信息转变为与税收征管直接相关的信息。同时,随着转让定价规则体系的不断发展,为更准确地适用转让定价规则,一国税务机关需要全面地掌握跨国集团的经营架构、转让定价政策以及在本国境内及境外的关联交易。因此,在经合组织发起的“应对税基侵蚀与利润转移”(BEPS)第13项行动计划中,经合组织要求各国应当采取措施,要求符合条件的企业应当向集团最终控股企业所在国的税务机关提交国别报告,使该国税务机关能够了解该企业集团本年度从非关联方和关联方处获取的收入额、税前利润或损失、支付和应付的所得税额、注册资本额、留存收益、雇员人数、有形资产清单以及集团内部所有的实体清单,及其所在的税收管辖区、营业性质等包含商业机密内容的信息。[1] 在此情况下,作为服务于国内税法实施和协定条款适用的制度类

[1] See OECD: BEPS Action 13 on Country – by – Country Reporting: Peer Review Documents, OECD Publication, Paris, 2017, p. 11.

型,国际税收情报交换过程中所可能涵盖的信息类型和数量自然也将不断增加。举例而言,为了服务于国内转让定价规则在跨境语境下的实施,经合组织于2015年制定并发布了《国别报告多边主管当局协议》(Multilateral Competent Authority Agreement on the Exchange of Country – by – Country Reports),作为各税收管辖区之间开展国别报告信息自动交换的多边性法律框架。[1] 根据该协议安排,取得国别报告的税收主管机关应当与在国别报告上所列的税收管辖区的税收主管机关自动交换前述国别报告信息。截至2024年4月,共有103个税收管辖区已成为《国别报告多边主管当局协议》的签署方。[2]

为了避免税收征管过程中的信息获取给纳税人可能造成的损害,许多国家高度重视国内税法对于涉税信息的安全保障问题,并将其视为税收制度良好运转的基石。[3] 举例而言,美国《国内收入法典》(Internal Revenue Code, IRC)第6103条规定国内收入局应当对于纳税人的纳税申报书(tax return)和纳税申报信息(tax return information)承担保密义务,并在该法第7213条、第7213A条和第7431条以及《刑法典》第1030条、第1905条分别规定了违反涉税信息保密义务的法律责任;新西兰税务局则承诺将纳税人的所有信息类型(all information)均视为隐私和机密,由税务机关依法使用或披露该信息。[4]

同样地,国际税收情报交换制度中对于纳税人的涉税信息安全也十分重视。举例而言,《多边税收征管互助公约》在其序言中明确指出,"各国(在开展国际税收情报交换时)应当对于情报进行必要的保密,并参考

[1] See OECD/G20: Transfer Pricing Documentation and Country – by – Country Reporting, Action 13:2015 Final Report, OECD Publication, Paris, 2015, p. 37 – 51.

[2] 签署《国别报告多边主管当局协议》的税收管辖区名单,可参见OECD, *Signatories of the Multilateral Competent Authorities Agreement on the Exchange of Country – by – Country Reports(CbC MCAA) and Signing Dates*(30 April 2024), http://www.oecd.org/tax/automatic – exchange/about – automatic – exchange/CbC – MCAA – Signatories.pdf。

[3] See OECD: Keeping It Safe: The OECD Guide on the Protection of Confidentiality of Information Exchanged for Tax Purposes, OECD Publication, Paris, 2012, p. 5.

[4] See New Zealand, Inland Revenue Charter.

保护个人隐私及个人信息传递的相关国际公约”[1]。同时,该公约第22条还进一步规定,“缔约一方根据本公约所获得的任何情报,均应视同通过其国内法获得的情报予以保密,并采取同样的保密措施,同时要执行有关保障措施,确保对个人信息的必要保护。具体措施可由情报提供国根据其国内法提出”。此外,经合组织2017年发布的“避免对所得和财产的双重征税协定范本”(2017年版)[以下简称经合组织DTC范本(2017)]第26条第2款规定,“缔约国一方根据第1款收到的任何情报应当视同根据该国国内法所得到的情报予以保密,并应当仅向与第1款所述税收的评估、征收、执行、起诉、裁决上诉有关的人员或当局(包括法院和行政机关)或其监督部门披露”。

对比国际税收情报交换的主要工具可知,虽然各类制度工具中均已引入涉税信息安全保障条款,但除对所交换信息使用范围的限制外,实质性的保障措施仍然依赖于情报交换双方的国内立法。因此,涉税信息的安全是否得到有效保障的分析的对象将溢出单个国家的国内立法,进而需要考虑在跨境交换后如何实现“平等保护”的问题,即涉税信息的安全是否得以保障不仅要考虑国内立法完善的问题,还需要考虑如何采取措施,使得相关信息在按照协定条款交换至其他国家时仍然能够得到类似于本国立法的保障程度。

(二)各国涉税信息保密程度存在差异使得有效保护难以实现

正如前述,国际税收情报交换语境下的涉税信息安全保障问题应当考虑到情报交换双方国家的安全保障立法及其所提供的保护程度是否相当的问题。

环视可知,涉税信息的安全应当得到保障在全球范围已成共识。根据经合组织1990年的《纳税人权利义务:关于经合组织国家法律状况的调查报告》可知,虽然不同成员方之间的法制环境与具体做法并不相同,但各国在涉税信息安全保障领域均以“保密权”(the right to confidentiali-

---

[1] See Multilateral Convention on Mutual Administrative Assistance in Tax Matters, para. 6. of Preamble.

ty/secrecy)的概念进行统摄,并以此为核心展开制度建构。[1] 此外,根据经合组织于2015年发布的调查报告可知,除经合组织成员方外,越来越多的发达经济体或发展中经济体的国内法或行政实践开始对保密权的权利类型予以认可,并采取相应的措施进行制度建构。[2] 具体而言,在建构涉税信息保密制度之时,诸多税制发达国家的共同理念是以保密为原则,以公开为例外,且公开情形应当严格法定,解释适用应当从严从窄。[3] 同时,具体的保障措施往往包括立法框架和行政措施两个层面,以实现对于涉税信息更为全面有效的保护。在立法层面,各国的规定虽然有所差别,但整体而言可分为四个部分,即一般条款、例外披露情形条款、安全保护的技术性条款以及相关法律责任条款。在行政层面,诸多国家通过引入特别措施(如保密人员宣誓、保密制度教育),以期确保立法条款的有效实施进而实现涉税信息安全的充分保障。[4]

然而,涉税信息的安全应当得到保障虽在全球范围已成共识,但共识之下各国的具体制度规定及其实践效果却又暗流涌动、各不相同。以涉税信息披露范围的规定为例,一些国家采用所谓的“点名羞辱”(naming and shaming)制度,允许税务机关公开未能缴纳大额税款的纳税人信息以达震慑逃避税行为之目的,另一些国家则未采用此种做法。[5] 同样地,一些国家的国内税法允许税务机关公开纳税人的细节性信息,以便预防潜在的税法欺诈性滥用,而另一些国家则不允许此种做法。[6] 同时,考虑到各国国内法体系中的信息自由流通法案(freedom of information

[1] See OECD: Taxpayers' Rights and Obligations: A Survey of the Legal Situation in OECD Countries, OECD Publication, Paris, 1990, para. 2. 26.

[2] See OECD: Tax Administration 2015: Comparative Information on OECD and Other Advanced and Emerging Economies, OECD Publication, Paris, 2015.

[3] See Baker Philip & Pasquale Pistone, *General Report, in the Practical Protection of Taxpayers' Fundamental Rights*(*IFA Cahiers 2015, Vol. 100B*), IBFD Online Books, 2015, p. 32.

[4] See Baker Philip & Pasquale Pistone, *General Report, in the Practical Protection of Taxpayers' Fundamental Rights*(*IFA Cahiers 2015, Vol. 100B*), IBFD Online Books, 2015, p. 30.

[5] See Daniel Dürrschmidt & Karin Kopp, *Branch Report*: *Germany, in the Practical Protection of Taxpayers' Fundamental Rights* (*IFA Cahiers 2015, Vol. 100B*), IBFD Online Books, 2015, p. 409.

[6] See Baker Philip & Pasquale Pistone, *General Report, in the Practical Protection of Taxpayers' Fundamental Rights*(*IFA Cahiers 2015, Vol. 100B*), IBFD Online Books, 2015, p. 32.

legislation)的相关要求，不同国家涉税信息的实际披露范围将呈现十分明显的差异。

此外，国际税收情报交换的开展使涉税信息在全球范围内跨境流通，从而加剧对部分国家涉税信息保护程度不高的现实担忧，保加利亚涉税信息泄露案的全球关注即为典型代表。2019年，保加利亚国家税务局税收征管信息系统被入侵，数千份文件被恶意发布，致使510万名纳税人的涉税信息被泄露。随后，鉴于此次信息泄露事件亦牵涉到其他国家的纳税人，致使国际税收情报交换的安全性在全球范围内遭受质疑，多国税务机关随即发布提醒并采取相应的应对措施。[1]

二、核心诉求之二：交换过程的有效参与

在国际税收情报交换中，纳税人及其他相关主体（为方便论述，以下简称纳税人或相关主体）的过程参与问题也成了理论界和实务界的关注对象，并引发诸多讨论。所谓“有效参与”并非仅指相关主体应税务机关的要求向后者提供相关信息，而是能够通过制度渠道表达其意见，以此维护其相关合法权益。本书认为，国际税收情报交换中纳税人保护制度的另一个核心诉求应当是确保纳税人在此过程中充分且有效的参与，具体原因包含以下两个方面。

（一）相关主体的有效参与可重塑征纳双方的关系

从理念角度而言，国际税收情报交换中纳税人的有效参与是在该机制实施过程中重塑税务机关与纳税人关系的制度性手段。

当下，随着税务机关与纳税人之间的关系从传统的“管理与控制”向“保护与服务”的逐步转变，[2]税务机关与纳税人之间的关系也在此过程中发生着悄然变化。长期以来，基于国家税收利益至上的理念，税收征管过程中的“税务机关—纳税人”关系明显表现为后者对于前者的服从关系，前者作为行政权的行使主体，后者则处于客体地位，虽未享有过多的权利内容，但却全面承担纳税实体义务和程序性协力义务，这一点在我国

---

〔1〕 参见何振华、王可、程旭翀：《保加利亚爆出史上最大涉税信息泄露案》，载《中国税务报》2019年9月10日。

〔2〕 参见王建平：《纳税人权利及其保障研究》，中国税务出版社2010年版，第52～59页。

的税收征管过程中表现得尤为明显。在此过程中,由于此种关系的定位,纳税人对于涉税事务的意愿表达无法得到制度性保障,对于税收征管过程的事中参与基本毫无可能。是故,虽然诸多行政行为的结果在事实上可能构成对于纳税人的实际保护,但是面对可能对其产生不利影响的行政决定纳税人却往往仍然必须服从。[1]

显然,此种观念在新的行政理念和纳税人保护理念不断得以贯彻的影响下正逐渐被消解。第二次世界大战以来,参与原则的贯彻已经成为西方国家行政法治的重要特点之一。[2] 为了更为有效地实现对于行政权的监督,行政法体系除了从对于行政机关的权力内容进行实体性限制之外,还关注于行政结果制定过程的程序性完善,其中包括公民对于行政行为积极参与的制度建设。分析认为,公民对于政府行政行为的参与既可以有助于使行政民主化成为现实,听证等制度的落实也可以显著增进行政相对人对于行政行为公正性与合理性的信任,从而提高政府行政行为的可接受度。[3] 同时,鉴于纳税人保护理念的认可与落实的进程推进,纳税人的地位正从"纳税义务人"向"纳税权利人"迅速转变,纳税人在税收征管过程中不再是"沉默的"义务承担者,而是不断通过各种渠道进行意见表达,并实际地享有诸多权利。

此种理念层面的变迁内在地催生着包括国际税收情报交换在内的税收征管制度的变化。税收征管程序不再仅仅是查明事实和适用法律的认识活动,其目的还在于通过程序的运行确保多元价值目标的实现,其中包含公开原则、参与原则和尊重纳税人权利原则。[4] 在此三种原则的指引下,纳税人的主体地位得到确认和稳固,并享有包括要求程序主持者中立的权利、知情权、平等对待权以及救济权等普适性权利类型。具体到国际税收情报交换过程中,除前述普适性的权利类型外,诸多税制发达国家在该机制中重点强调对于纳税人参与权的确认和保障,并将其进一步细分为被通知的权利、磋商的权利以及介入的权利,同时针对不同的权利类型

[1] 参见张春莉:《论公民行政参与》,载《学海》2003 年第 6 期。

[2] 参见张春莉:《论公民行政参与》,载《学海》2003 年第 6 期。

[3] 参见华燕:《隶属到平权:现代行政法律关系的转型》,载《江西社会科学》2012 年第 11 期。

[4] 参见黎江虹:《中国纳税人权利研究》,中国检察出版社 2014 年版,第 187 ~ 189 页。

完善相应的机制。被通知的权利是指纳税人有权利获悉其成为国际税收情报交换所针对的对象，并了解情报交换中涉及的具体内容；磋商的权利则是指纳税人被通知后，有权通过口头方式或提交书面材料的方式就有关情报交换事宜向税务机关提出自己的意见；介入的权利则是指纳税人有权通过司法或行政渠道进行申诉，要求独立的第三方对于情报交换请求的合法性进行审查。

（二）相关主体的有效参与可保障情报交换制度的良好运转

从实践角度而言，国际税收情报交换中纳税人的有效参与可以通过促进税务机关行政决定的理性化运作，从而避免国际税收情报交换过程中的双方税务主管当局在发起请求、提供情报以及使用情报等环节中因考虑因素之不周延、利益衡量之不全面等而造成对纳税人合法利益的不当侵害。同时，从性质上而言，纳税人参与相关程序所实现的保护效果是对于事后救济手段（如在情报获取国提起司法诉讼）所发挥保护效果之补充，故可以更好地兼顾国际税收情报交换制度目的的实现和纳税人的利益保护，具体而言体现在以下两个方面。

1. 避免涉税信息的内容存在错误

研析实践案例可知，纳税人的参与可以有效避免情报提供国所获取及提供的信息中存在的内容错误，从而防止此等错误信息在提供之后给纳税人造成的可能经济损失或额外的成本支出。

在国际税收情报交换实践中，情报获取国税务机关在获取相关信息时除从纳税人处获取相关信息外，还往往需要诉诸第三方渠道，如金融机构、税收中介机构、代扣代缴方等。此种做法虽然可以更为有效地提高信息获取的效率，但却无法避免出现相关信息由于第三方的疏忽或未及时更新而致使信息正确性难以得到保障的尴尬情形，此种情形无论是在金融账户涉税信息大批量自动交换的过程中，抑或规模略小的应请求的情报交换过程中均时有发生，Aloe Vera *v.* IRS 案[1]即为其中之典型。

在该案件中，美国国内收入局（IRS）在未经纳税人核实的情况下，按照“可能的预估数额”（约 32,000,000 美元）填写了相关报告中纳税人未

---

[1] See U. S. District Court for the District of Arizona, 11. Feb. 2015, CV - 99 - 01794 - PHX - JAT, Aloe Vera *v.* IRS.

申报的收入数额，并将该错误信息提供给缔约国对方税务机关（日本税务局）。随后，此错误信息被日本税务局不当披露至新闻媒体后，“Aloe Vera 涉嫌逃避高额税收”的新闻致使 Aloe Vera 的声誉明显受损，销售业绩大幅下滑，投资界对于 Aloe Vera 的信誉评价亦随之急剧下降，给后者造成了极大的经济损失。分析可知，该案件中造成 Aloe Vera 经济损失的直接原因虽然是日本税务局的违法披露行为，但如果美国国内收入局在提供情报之时能够使信息内容经过纳税人的核实，即使日本税务机关的违法披露会向市场揭示纳税人存在逃漏税的嫌疑，但鉴于其真实数额较小，并不一定会造成投资者的恐慌以及过度的负面评价，从而可能避免 Aloe Vera 随后遭受的经济损失。

进一步而言，即便不存在前述案例中的信息泄露情形，如果缔约国双方所交换的信息中存在内容上的错误，此等错误信息也将在很大可能上造成情报获取国税务机关对纳税人税负的错误判断，以此引发纳税人与情报获取国之间的税务纠纷，而这一结果与国际税收情报交换的制度初衷显然背道而驰。正因如此，即便是在倾力于完善国际税收情报交换制度本身之时，经合组织也在相关注释内容中提到并认可了纳税人的参与对于该制度顺利实施的积极意义。举例而言，在经合组织 DTC 范本（2017）第 26 条注释的第 14.1 段中，经合组织谈及了涉税信息获取中的“通知程序”（notification procedure）对于国际税收情报交换制度实践的积极作用。在该条注释中，经合组织承认通知程序的存在和适用对于避免情报的不准确和保护纳税人的权利具有积极意义，即“此等程序的存在可以帮助避免诸如身份识别方面的错误，并通过允许被通知的纳税人在接到通知后自愿与情报获取国开展税务征管合作的方式，最终助力于情报交换目的的实现”[1]。

2. 增进协定条款适用的合理性

除可纠错涉税信息的客观内容之外，纳税人的参与还可使其能够在情报提供国税务机关作出判断之时对于协定条款的解释适用等问题提供自己的意见、异议等，从而避免情报提供国税务机关在协定条款适用过程中因利益衡量以及因素考察的不全面而造成国家税收利益对于纳税人私

---

[1] See OECD, Commentary on Article 26 of OECD Model Convention (2017), para. 14.1.

人利益的过分倾轧。

在国际税收情报交换条款的适用过程中，存在着诸多涉及不确定概念之解释适用以及其他需要情报提供国结合具体因素而作出自由裁量之情形。举例而言，当下大多数税收情报交换条款中对于应请求的情报交换范围的规定虽然均采用“可预见的相关性”(foreseeable relevance)的标准表述，但对于如何理解适用该标准并未提供更为详细的规定或指引。据此，该概念在协定适用过程中构成所谓的“不确定概念”，需要结合个案的具体情境作出更为具体化的解释。此时，基于国家税收利益的角度分析自然可得出情报范围越广越好，故可预见的相关性应当采用从宽解释的思路。同时，此种思路所必然带来的是纳税人协力义务的不断增加，以及更多信息被交换后所带来的信息泄露风险的增加。但是，如果此概念之判断主体仅包括情报交换双方的税务主管当局，二者对于此概念涵盖范围理解的合理性将缺乏与之相对的意见作为对冲，并在很大可能上致使此概念适用的结果更趋于宽泛。这一点在 Berlioz Investment Fund SA *v.* Directeur de l'administration des Contributions directes (Director of the Direct Taxation Administration, Luxembourg)案[1]中即有明显体现。

该案件起始于法国税务机关对于本国税务居民 Confima SAS 的纳税情况调查。在调查 Confima SAS 的纳税情况过程中，为获取 Confima SAS 位于卢森堡的母公司 Berlioz Investment Fund SA 的相关情况，法国税务机关向卢森堡税务机关发起了情报交换的请求，并详细罗列了情报交换的具体内容清单，后者对此清单并无异议并要求 Berlioz 公司按此提交信息。然而，Berlioz 公司认为法国税务机关所请求的情报内容中有超出“可预见相关性”的部分，故拒绝向卢森堡税务机关提供超出“可预见相关性”的那部分内容，并在产生争议之后 Berlioz 公司将卢森堡税务机关诉至法院。此案件可以明显地展示出税务机关基于自身角色考虑而对于“可预见的相关性”的理解并非完全理性和准确，是故应当引入纳税人的参与以确保此等概念的适用能够尽可能地趋于合理。

同样，国际税收情报交换的情报范围中往往还会涉及纳税人的商业

[1] See ECJ, 16 May 2017, Case C – 682/15, Berlioz Investment Fund SA *v.* Directeur de l'administration des Contributions directes.

秘密等信息,而鉴于商业机密的泄露会给纳税人造成更为巨大的经济损失,现行税收情报交换法律工具中基本上均已规定情报提供国可以拒绝提供被认定为商业秘密的情报。但是,现行税收情报交换工具中并未对此类概念作出解释,是故此类概念亦属于"不确定概念",需要作出进一步的解释和判断。那么,在此过程中,相较于情报提供国的税务机关,纳税人对于相关信息的内容性质更为了解,在认定此类信息是否应当作为商业秘密的问题判断上往往具有更多的知识,因此应当保障纳税人的有效参与。荷兰法庭 2004 年审结的一起案件可以清晰地彰显出纳税人对于商业秘密的理解在一定情况下会区别于税务机关的相关理解。

2004 年,荷兰法庭曾在一起发生于英国与荷兰税务机关之间的情报交换的案件中,支持纳税人提出的商业合同清单也可以构成商业秘密的观点。[1] 在该案中,作为荷兰税收居民的纳税人所从事的经营内容主要是马里布朗姆酒的购销活动,即此纳税人从位于英国的制造商处购买朗姆酒后,再将其销售给多个客户,并从中赚取差价。该纳税人认为,如果英国制造商掌握此客户名单后,将会跳过该纳税人而直接与下一级客户进行交易,故此客户名单信息应当作为"贸易机密"。鉴于此,在英国税务机关向荷兰税务机关进行情报交换请求时,该纳税人明确要求税务机关拒绝提供客户名单。荷兰法庭支持了纳税人的这一观点,认为商业合同清单构成商业秘密,故荷兰税务机关不得向英国税务机关提供。从该案件中可以明显地看出,市场经营活动的多样性,何种信息应当作为经营活动的商业秘密并不具有确定性的答案,而由于纳税人处于经营活动的核心位置,对此类概念的认定更具有优势,是故在此类条款的适用过程中也应当保障纳税人的充分参与。

第二节　国际税收情报交换中纳税人核心诉求的保护现状

通过前述章节的论述,本书已经基本厘清在国际税收情报交换中引

[1] See The Netherland District Court for the District of Groningen, 28 May 2004, AWB 04/274 BESLU V05, Shipstores *v.* The State Secretary for Finance.

入或强化纳税人保护制度的必要性,并对于该制度建构或完善过程中所应当关注的主要诉求进行分析。反观实践,考虑到国际税收情报交换中纳税人保护问题的重要性和特殊性,诸多国家已经针对前述两类诉求分别展开不同程度的制度建构或完善,经合组织等国际组织也在此领域发挥着一定的推动作用。但从效果来看,现行国际税收情报交换中的纳税人保护制度的实践效果并不理想,甚至在确保纳税人有效参与的制度设计上出现了较为明显的"倒退",整体而言亟待完善。为此,本节在宏观层面抽象出纳税人保护制度基本思路的基础上,结合实践状况揭示此等思路指引下的制度设计难以充分满足纳税人保护中两大诉求的制度需求。

一、纳税人保护现行思路的总体描述

概括而言,国际税收情报交换制度中现行的纳税人保护思路可总结为以下三点:其一,纳税人保护主要依赖情报交换双方的国内法制度,协定层面的税收情报交换条款不直接提供具有实质性的保护内容;其二,纳税人保护中两大诉求的保障由情报交换的双方国内法分别承担,情报安全保障的诉求主要由情报获取国[1]国内法体系予以保障,而纳税人有效参与的诉求主要由情报提供国国内法体系予以保障;其三,各项措施对于纳税人的保护程度以不阻碍或损害国际税收情报交换的有效开展为限。具体如下。

首先,研析国际税收情报交换的协定工具可知,国际税收情报交换制度中在协定层面并未直接为纳税人的保护提供具有实质性的内容表述。以经合组织 DTC 范本(2017)第 26 条为例,该条款的具体表述如下所示。

第 1 款　缔约国双方主管当局应当交换与本协定条款的实施具有可预见相关性的情报内容,以及与实施或执行缔约国、其所属行政区以及地

〔1〕 在此应当说明的是,此处的"情报获取国"是一个双向概念,并非单指发起情报的缔约国一方。在国际税收情报交换实践中,发起情报交换请求的一方在发起该请求的同时需要向缔约国对方提供相关的辅助材料,以说明此项请求的合理性与合法性,其中必然包括具有实质性内容的信息。在此情况下,前述的"缔约国对方"构成发起阶段的"情报获取国"。

方当局课征税收的国内法具有可预见相关性的情报内容，但以根据这些国内法征税与本协定不相抵触为限。情报交换不受本协定第1条和第2条的范围限制。

第2款　缔约国一方根据第1款收到的任何情报应当视同根据该国国内法所得到的情报予以保密，并应当仅向与第1款所述税收的评估、征收、执行、起诉、裁决上诉有关的人员或当局（包括法院和行政机关）或其监督部门披露。上述人员或机关应当仅为前述目的使用该项情报，但可以在公开的法庭程序或法院判决中披露相关情报。尽管存在前述限制，缔约国一方收到的前述情报仍然可以用于其他目的，前提是缔约国双方立法均对允许将情报用于其他目的且情报提供国主管机关也已对此类使用授权。

第3款　在任何情况下，第1款和第2款的规定不应被理解为赋予了缔约国一方以下义务：

(1)采取与该缔约国一方或缔约国另一方的法律和行政惯例不相一致的行政措施；

(2)提供按照该缔约国一方或缔约国另一方的法律或正常行政渠道无法获取的情报；

(3)提供可能泄露任何贸易、经营、工业、商业、专业秘密或贸易过程的情报，或者其披露违反公共政策（公共秩序）的情报。

第4款　缔约国一方依据本条向缔约国另一方请求情报，缔约国另一方应使用其情报获取手段去获取被请求的情报，即使该缔约国另一方为其自身的税收目的并不需要这些情报。上述义务受第3款的限制，但是，这些限制在任何情况下均不应被理解为允许缔约国一方仅因这些情报与本国利益无关而拒绝提供。

第5款　在任何情况下，第3款的规定不应被理解为允许缔约国仅因情报由银行、其他金融机构、被指定人、以代理或受托资格行事的人所持有，或者由于情报与某人的所有权利益有关而拒绝提供情报。

从前述规定内容可知，该条款将涉税信息的获取、保密和使用这一完整链条按照国别进行“切割”。第1款通过赋予情报提供国以相应的协定义务，从而划定了税收情报应当提供的基本范围，在此基础上，第3款是对于第1款所规定情报提供国协定义务的再限制，第4款和第5款则是对于第 1 款所规定情报提供国的协定义务范围的进一步明确。同时，第 2 款主要关注对于已交换情报的保密和使用问题，通过赋予情报获取国以相应的保密义务，从而确立了国际税收情报交换制度中保密制度的基本框架。因此，无论是情报的提供、保密和使用，税收情报交换条款中所分配的权利义务均局限在缔约国双方之间，其中一方的义务性规定所对应的权利主体均直接指向情报交换的另一方，而未直接指向纳税人。同时，第 2 款的内容中虽然规定了情报获取国对于涉税信息的安全保障义务，但其中的规范结构以及规范方式决定了此条款中并不具有实质性的规范内容，对于涉税信息的安全保障仍然主要依赖于情报交换双方的国内法体系。

其次，根据国际税收情报交换在协定层面的规范条款可知，涉税信息安全保障的诉求主要由情报获取国予以保障。仍以经合组织 DTC 范本(2017)第 26 条为例，其第 2 款明确规定了情报获取国对于已获取的涉税信息的使用主体和使用目的的范围。是故，情报获取国对于涉税信息的安全承担相应的保障义务自无疑义。但是，有争议的是，其第 3 款中规定的情报提供国可拒绝提供相关情报的内容是否构成情报提供国的安全保障义务规定呢？质言之，纳税人是否可以援引本条款要求情报提供国税务机关不得提供相关情报？本书认为，鉴于此条款的本来目的是限制情报提供国的义务范围，即如果存在第 3 款中规定的情形，情报提供国可以免于第 1 款所规定的情报提供义务，是故，此条款仅为情报提供国在协定下承担的情报提供义务的豁免规定，并未额外赋予情报提供国以相应的协定义务。在情报提供国国内法尚未另行制定相关规则的情况下，情报提供国无论是从协定层面还是国内法层面均不承担相应的安全保障义务。

同时，纳税人有效参与的诉求并未直接体现在国际税收情报交换的协定条款之中，与该诉求相关的内容间接体现在情报提供国的义务免除条款[如经合组织 DTC 范本(2017)第 26 条第 3 款]之中，并通过条款的注释内容得以进一步明确和澄清。在该条款的注释中，经合组织指出此处所谓的“行政措施”包括事先通知提供信息的纳税人或受到情报交换影响的纳税人。[1] 因此，通过此款规定及其注释可知，纳税人有效参与诉求的保障逻辑是缔约国国内法体系主要的规范依据，税收协定将此作为客观前提予以承认，并未提供额外的保护措施或要求。

最后，除前述内容外，国际税收透明度标准对于国内法的纳税人保护制度作出了程度上的限制表述，主要集中在纳税人有效参与的诉求方面。根据《关于税收透明度和情报交换进展监督和评议的审议标准》第B.2.1条的表述，国内法上提供的纳税人保护制度（如通知制度、上诉制度）的实施不得阻碍或不适当地延迟（prevent or unduly delay）有效税收情报交换的开展，[2]这一点已经明确体现在多个国际税收情报交换法律工具的注释之中。那么，值得讨论的是，基于涉税信息安全保障方面的考虑而拒绝向缔约国提供相关情报，是否构成此处的"阻碍或不适当地延迟"呢？从该标准所处的体系来看，该体系所关注的问题是情报提供国税务机关的信息获取能力的强化，其中第一部分（B.1）关注的是情报获取国税务机关信息获取能力的实体法限制，即信息获取不应当受到银行保密制度、公司保密制度等制度的限制。与之相对，B.2 所关注的自然应当是情报获取国税务机关信息获取能力的程序法限制。由于涉税信息安全保障方面的保护制度显然不属于程序法限制的范畴，是故这一点不应当属于B.2 标准所限制的对象。

二、纳税人保护现行思路的具体落实

实践中，在前述思路的指引下，协定层面的条款主要对信息安全的保障诉求予以部分回应，但安全保障程度的逐步提高仍主要依赖于各国国内相关立法的不断完善。同时，鉴于协定层面的相关规定以及国际税收透明度标准的限制，纳税人在交换过程的有效参与程度整体上呈现下降趋势。具体如下。

（一）信息安全的有效保障方面

在国际税收情报交换的制度完善过程中，经合组织、全球税收论坛以

---

[1] See OECD, Commentary on Article 26 of OECD Model Convention (2017), para. 14.1.

[2] See OECD, Terms of Reference: To Monitor and Review Progress towards Transparency and Exchange of Information for Tax Purposes, OECD Publication, Paris, 2010, p.6 – 7.

及各参与国对于涉税信息安全保障的制度建设均十分重视。然而，在具体的制度设计中，相关的规范体系以及完善重点均集中于情报获取国的涉税信息保密法规之上，相关的保护措施也主要依赖于各国国内法上的行政保护、司法救济等措施，具体如下。

首先，情报披露的主体范围和目的范围主要取决于情报获取国国内立法的限制。从现行税收情报交换的实践状况来看，此处的“国内法”主要是指情报获取国的国内法体系，其中不仅包括国内税收征管法上对于税务机关的保密义务规定，还可能包括国内法体系中的隐私法案[1]以及信息公开法案等相关立法。同时，由于各类国际税收情报交换法律工具中均采用类似“情报获取国应当将通过国际税收情报交换制度所获取的信息视为通过国内法渠道所获取的信息进行同等对待”的表述，是故情报获取国税务机关对于本国国内法的违反也将同时构成对于协定义务的违反。

当回首国际税收情报交换的发展史时，我们可以清晰地发现“情报获取国”并非国际税收情报交换制度发轫之时的选择。在国际联盟(League of Nations)发布的墨西哥范本(1943)和伦敦范本(1946)中，“国内法”主要是指情报“提供国”而非“获取国”的国内法体系，即情报获取国的税务机关在对涉税信息进行保密和公开时应当采用与情报提供国相同的方式，并达到相同的保护程度。[2] 但是，在随后的协定范本以及各国实际谈签的税收协定中，此种做法并未得以坚持，不同的国际税收情报交换法律工具对此作出不同程度的改变。经合组织 1963 年发布的避免双重征税协定范本中将此做法完全逆转，依据经合组织 DTC 范本(1963)第 26 条第 2 款的规定，此处的“国内法”主要是指情报“获取国”而非“提供国”；2002 年版本的《税收情报交换协定范本》采用与国内法“脱离”的做法，在相关条款中规定了绝对的“保密”概念；《多边税收征管互助公约》则是针对不同的信息类型进行分别处理，即一般情况下此处的国内

---

[1] See Salvatore Mirandola & Sergio Privato, *Branch Report: Canada, in the Practical Protection of Taxpayers' Fundamental Rights* (*IFA Cahiers 2015, Vol. 100B*), IBFD Online Books, 2015, p. 221.

[2] See League of Nations Fiscal Committee: London and Mexico Model Tax Conventions Commentary and Text, C. 88. M. 88. 1946. II. A, Geneva, 1946, para. 107 [4427].

法系指情报获取国的国内法，但对于涉及个人数据(personal data)的涉税信息类型情报提供国仍可依据本国国内法规定提出额外的保密要求，即要求情报获取国“执行有关保障措施，确保对个人信息的必要保护。具体措施可由情报提供国根据国内法提出”。

其次，各类国际税收情报交换法律工具中对于情报获取国的涉税信息保密义务虽然进行了附加限制，但效果有限，且此等限制日趋宽松。此等限制主要围绕情报的披露范围和目的展开，即情报获取国的情报适用范围“仅限于对与第一款所述税收的评估、征收、执行、起诉、裁决上诉有关的人员或当局(包括法院和行政机关)或其监督部门披露。上述人员或当局应仅为上述目的使用该项情报，但可以在公开法庭程序或法院判决中披露有关情报”。此种规定旨在避免情报提供国国内法所允许的过于宽泛的公开范围和使用范围，从而降低涉税信息被泄露的风险。但是，客观而言，由于协定条款中对于此类范围的表述并不清晰，特别是“与税收的评估、征收、执行、起诉、裁决上诉有关的人员或当局或其监督部门”范围的具体化适用往往在实践中依赖于情报获取国国内法的解释。同时，经合组织 DTC 范本(2017)中对于此种范围限制做出进一步放松，提出尽管该协定第 26 条第 2 款中存在使用范围的限制，但只要缔约国双方立法均允许将该情报用于其他目的且情报提供国主管机关也已授权此类使用，情报获取方仍然可以将其用于其他目的。鉴于此，对于情报获取国国内法可能允许过于宽泛使用范围的情形，情报交换条约工具实际上无法发挥限制作用。

最后，鉴于纳税人的涉税信息中往往包含个人隐私或商业秘密，前者的泄露可能造成对个人尊严的侵害，而后者的泄露则可能造成高额的经济损失，是故在情报获取国税务机关违背协定义务不当披露或使用相关情报时，应当为纳税人提供合适的救济措施。然而，协定层面的条款规定本身并未针对情报获取国违背协定义务之情形设定相应的救济措施，纳税人或情报提供者在理论上可以寻求救济的意定通道仅为诉诸情报获取国国内法中所提供的措施，如提起行政诉讼等。同时，经合组织 DTC 范本(2017)中第 25 款所规定之相互协商程序是否能够作为此等情形下的救济措施也存在争议，其中原因既包括情报交换活动是否属于双边协商程序适用之范围尚待明确，又包括该程序之发起完全取决于缔约国主管当局的自主判断。[1] 是故，纳税人或情报提供国仅可以诉诸情报获取国的事后救济措施。

在此思路的指引下，国际社会目前已采取的相关实践措施主要包含以下几类。

其一，一些发达国家在既有的涉税信息安全保障体系的基础上，不断完善相应的保密措施，并针对特定信息类型制定更为严格的信息保密标准，欧盟即为其中典型之代表。在跨境逃避税问题不断凸显的背景下，一系列增强税务机关征管能力的制度建设不可避免地对既有的纳税人保护制度的实施效果产生新的压力和挑战。[2] 因此，作为促进税务机关与纳税人之间合作的重要基石，纳税人保护问题又一次得到了各国重视。同时，基于欧盟"单一市场"(single market)的运转考虑，为了避免纳税人权利保护体系可能给单一市场运转带来制度障碍，有必要在欧盟范围内协调纳税人的权利保护体系。[3] 2012 年，欧盟委员会向欧洲议会和欧洲理事会提交了一份行动报告。在该报告中，委员会将成员国中实施效果较好的行政实践措施加以汇编，并在此基础上制定了一份"纳税人权利保护准则"，以便为各国税务机关在加强与纳税人之间的合作与互信之时提供参考，从而确保实现纳税人权利义务更大程度的透明度。[4] 随后，在征求各方意见的基础上，欧盟委员会于 2016 年发布了《欧洲纳税人准则范本的指引》。[5] 作为该指引两大实质性内容之一，该指引的第三部分以基本原则和具体领域为纲，进而分解出纳税人的各项权利和义务内

---

[1] See Tonny Schenk – Geers, *International Exchange of Information and the Protection of Taxpayers,* Kluwer Law International, 2009, p. 69.

[2] See Philip Baker & Pasquale Pistone, *BEPS Action* 16: *The Taxpayers Rights to An Effective Legal Remedy Under European Law in Cross – Border Situations,* EC Tax Review, Vol. 25:5, p. 336(2016).

[3] See Piergiorgio Valente, *A European Taxpayers' Code,* Intertax, Vol. 45:12, p. 814(2017).

[4] See European Commission: Communication from the Commission to the European Parliament and the Council: An Action Plan to Strengthen the Fight against Tax Fraud and Tax Evasion, COM(2012) 722 Final, 2012, para. 17.

[5] 美洲税收征管中心(Inter – American Center of Tax Administration)也于 2015 年发布了类似的文件，即"CIAT Tax Code Model", See Inter – American Center of Tax Administrations, *CIAT Tax Code Model*(April 1997), https://www. ciat. org/Biblioteca/DocumentosTecnicos/Ingles/1997_ciat_model_tax_code. pdf。

容,从而尽可能地涵盖纳税人与税务机关之间可能发生的各种涉税活动类型。[1] 具体而言,该指引首先列举了在处理纳税人与税务机关之间所有涉税活动类型时应当秉持的九项基本原则,并以此原则为基础,对于纳税人的权利和义务进行展开陈述,其中的“税收信息保密并保护数据安全原则”(fiscal secrecy and data protection)以及保护隐私原则(privacy)均旨在夯实欧盟成员国国内法上的涉税信息保护体系。根据该指引,“税收信息保密并保护数据安全原则”的贯彻要求税务机关应当严格遵循相关法律规定保护私人信息,除非立法特别允许否则不得向第三方提供信息,并应当依据国内法规向纳税人提供相关信息;[2] 同时,“保护隐私原则”要求税务机关仅搜集与执行其公务相关的信息,且仅向已授权接触该信息的雇员公开该信息。[3]

除此之外,有关个人信息保护的相关立法框架也为纳税人的信息保护提供了法律渊源。此类法律体系既包括欧洲委员会法律框架下的《欧洲人权公约》第 8 条[4]、《关于在个人数据自动处理方面保护个人的公约》(1981),又包括欧盟法律框架下的《基本权利宪章》(Charter of Fundamental Rights of the European Union)第 7 条[5]、第 8 条[6]以及《通用数据保护条例》等。值得一提的是,欧盟于 2016 年废止原有的《数据保

[1] See European Commission: Guidelines for a Model for A European Taxpayers' Code, Ref. Ares (2016) 6598744(24 Nov. 2016), p. 5.

[2] See European Commission: Guidelines for a Model for A European Taxpayers' Code, Ref. Ares (2016) 6598744(24 Nov. 2016), p. 9.

[3] See European Commission: Guidelines for a Model for A European Taxpayers' Code, Ref. Ares (2016) 6598744(24 Nov. 2016), p. 10.

[4] 《欧洲人权公约》第 8 条系“私生活和家庭生活受到尊重的权利”(right to resepect for private and family life),规定“人人有权享有使自己的私人和家庭生活、住所和通信得到尊重的权利”。

[5] 《基本权利宪章》第 7 条系“个人与家庭生活受到尊重的权利”(respect for private and family life),规定“人人均有权要求尊重其私人和家庭生活、住所和通信”。

[6] 《基本权利宪章》第 8 条系“个人数据受保护的权利”(protection of personal data),规定“人人均有权享有个人数据受保护之权利”。

护指令》,正式通过了《通用数据保护条例》,[1]将个人数据保护权(the right to data protection)这一欧盟范围内的基本权利从抽象的权利概念进一步转化为内容丰富的规范体系,使得欧盟持续保持在全球范围内对于个人数据保护的领先水平。同时,《通用数据保护条例》的制定和实施也将对于欧盟成员国开展国际税收情报交换时的涉税信息安全保障标准产生影响。[2]

其二,为了确保国际税收情报交换制度对于纳税人涉税信息安全保障的特别需求能够得到满足,全球税收论坛在经合组织既有成果的基础上,向各国提出了诸多旨在完善涉税信息安全保护体系国内法律框架和行政实践措施的建议,并通过同行评议机制在全球范围内得以落实,共同推动了涉税信息安全保护程度的整体提高。2012 年,经合组织发布了《确保安全:经合组织关于税收情报交换工作的保密指引》的报告,对于涉税信息保密制度的重要性、法律框架、行政实践等问题的国别经验进行了介绍,并在报告的第三部分针对法律框架和行政实践提出了较为详细的完善建议和标准。以法律框架为例,该报告提出为了实现国际税收情报交换工作的保密安全,应当从以下四个方面进行完善:(1)各国应当确保税收情报交换的法律工具中存在涉税信息保密条款;(2)各国应当确保其国内法上的保密规定与其税收协定中的义务相一致;(3)各国国内立法(包括政府信息公开法案等)所要求或允许的信息公开范围不应当与税收协定中的保密规定不一致;(4)国内立法上针对违背保密规定的行为应当有相匹配的惩罚措施。[3] 随后,全球税收论坛将此报告作为应请求的情报交换审议标准的补充性渊源,并审议了所有成员方境内的涉税信息保密立法,对于其中存在不足的地方提出相应的修改意见。这一

---

[1] See EU, Regulation(EU) 2016/679 of the European Parliament and of the Council of 27 April 2016 on the Protection of Natural Persons with regard to the Processing of Personal Data and on the Free Movement of Such Data, and Repealing Directive 95/46/EC(General Data Protection Regulation).

[2] See Xiaoqing Huang, *Ensuring Taxpayer Rights in the Era of Automatic Exchange of Information: EU Data Protection Rules and Cases*, Intertax, Vol. 46:3, p. 237 – 239(2018).

[3] See OECD: Keeping It Safe: The OECD Guide on the Protection of Confidentiality of Information Exchanged for Tax Purposes, OECD Publication, Paris, 2012, p. 29.

做法促进了各成员方境内国内立法和行政实践的完善，为确保涉税信息在全球范围内的安全流动奠定了良好的基础。同时，鉴于自动情报交换标准的实施将对于各国国内法上的信息安全保障措施提出更高的要求，为了确保各参与国有能力应对自动情报交换实施背景下的数据安全保障要求，经合组织和全球税收论坛发起了一项审议活动，旨在确定各参与方已做好了接受信息的准备。[1]

其三，为了帮助发展中国家提高数据保障的能力，以满足接下来落实自动情报交换标准的需要，经合组织还发起了一些针对性的计划方案，包括"非洲项目"（African Initiative）和"2015 试点项目"（2015 Pilot Project）等。其中，"非洲项目"旨在与全球税收论坛成员方中的非洲国家加强合作，以确保非洲国家的税务机关有足够的能力和工具对于信息进行请求、加工和使用，并增强诸如非洲税收行政论坛（African Tax Administration Forum）等非洲区域性组织的税收情报交换能力。[2] "2015 试点项目"旨在邀请税制发达国家与税制发展中国家形成"一对一"的合作关系，以帮助后者更好地落实自动情报交换标准。[3]

（二）相关主体的制度参与方面

鉴于纳税人有效参与的诉求保障可能会对国际税收情报交换的开展效率造成负面影响，现行国际税收情报交换中虽然承认此项诉求具有一定的合理性，但对此并未持积极态度，主要体现在以下两个方面。

其一，纳税人有效参与的诉求保障主要是国内法层面的问题，协定层面未针对纳税人有效参与的诉求保障向情报交换双方施加任何额外的协定义务。在税收情报的提供环节中，由于协定条款中情报提供国的义务性规定所保护的权利主体是情报获取国而非纳税人，是故于协定层面情报提供国在此环节中并不存在指向纳税人权利保护的具体义务。同样

---

〔1〕 See Global Forum on Transparency and Exchange of Information for Tax Purposes：Automatic Exchange of Information Implementation Report 2018, OECD Publication, Paris, 2018, p. 23.

〔2〕 See Global Forum on Transparency and Exchange of Information for Tax Purposes, *The Africa Initiative*：*Engaging with African Countries on Tax Transparency and EOI*, https://www.oecd.org/tax/transparency/gf – african – initiative.pdf.

〔3〕 See Global Forum on Transparency and Exchange of Information for Tax Purposes：Automatic Exchange of Information Implementation Report 2018, OECD Publication, Paris, 2018, p. 4.

地，情报获取国在情报提供环节也并不存在协定层面指向纳税人权利保护的具体义务，是故情报提供国和情报获取国国内法上是否应为纳税人提供与该制度运行相匹配的权利体系以及采用何种程度的保护措施均系情报提供国自行决定之事宜。[1]

其二，情报提供国国内法上针对纳税人参与的制度保障应当受到国际税收透明度标准的额外限制。正如前文所述，根据《关于税收透明度和情报交换进展监督和评议的审议标准》第 B.2.1 条，国内法上提供的保护措施不得阻碍或不适当地延迟有效税收情报交换的开展。《税收情报交换协定范本》(2002)第 1 条明确指出情报提供国的法律或行政惯例所赋予纳税人的权利和保障仍然应当适用，但不应当阻碍或不适当地延迟税收情报交换的开展；《多边税收征管互助公约》注释中也在多处提及情报提供国对于纳税人的权利保障不应当阻碍或不适当地延迟有效征管合作的开展，[2]经合组织 DTC 范本注释中亦作出了此种表述。[3]

三、纳税人保护现行思路的实践反思

本书认为，现行国际税收情报交换中纳税人保护制度的思路虽然已较大幅度提升了纳税人的保障程度，但由于此种做法忽视纳税人保护在跨境语境下的特殊之处，并不足以实现对跨境语境下纳税人合法利益的充分保障。具体而言，较之于发生在一国境内的涉税情报获取、保密和使用，“跨境因素”是国际税收情报交换制度的最大特点，而这一特点将为纳税人的权利保护与救济带来以下两方面的不利影响。

(一)保护程度的不充分

涉税信息的安全保障问题中，尤其值得强调的两点在于信息用途的透明与信息主体对于信息使用的控制，后者在跨境税收情报交换的过程

---

〔1〕 See Niels Diepvens & Filip Debelva, *The Evolution of the Exchange of Information in Direct Tax Matters: The Taxpayer's Rights under Pressure*, EC Tax Review, Vol. 24:4, p. 216(2015).

〔2〕 See Commentary on Multilateral Convention on Mutual Administrative Assistance in Tax Matters, paras. 8, 24, 180.

〔3〕 See OECD, Commentary on Article 26 of OECD Model Convention(2017), para. 14.1.

中更为重要。[1] 然而，由于跨境情形下纳税人保护主要取决于情报获取国的国内立法，是故前述两点内容均难以得到有效实现。

首先，各国国内立法对于纳税人信息安全保障程度的不均衡现实，可能引发纳税人涉税信息“平等保护”的理论质疑与实践冲突。从纳税人涉税信息安全保障角度来看，制度设计中不同的公开主体范围和使用目的范围的设定对于涉税信息的安全保障将带来不同的风险等级影响，公开主体范围和使用目的范围越广，涉税信息的泄露风险越大。由此，在国际税收情报交换的开展过程中，如果涉税信息的流动方向是从信息保密程度更为严格的国家流向较低保密程度的国家时，前者的居民纳税人将必然承担着显著超出其涉税信息在本国制度下所可能面临的情报泄露的风险。此种潜在的风险增加使得在国际税收情报交换语境下讨论纳税人保护的问题时，不能完全止步于各国国内法上既有的涉税信息保密制度的分析。进一步而言，国际税收情报交换中纳税人保护问题的讨论必然需要把涉税信息的安全保障问题作为核心内容进行关注，以确保纳税人的涉税信息在跨境情形下能够得到内容连贯且程度相当的保护。

此外，除不公平问题外，各国之间信息保护程度的不均衡现实还可能因情报提供国国内法的限制引发“体制冲突”的问题。[2] 举例而言，欧盟作为个人信息保护的“法律高地”，《通用数据保护条例》等相关法律框架为个人信息保护提供了较之于其他国家更为完善的规范体系。与此同时，《通用数据保护条例》对于欧盟成员国将个人信息向第三国的提供行为设置以“充分保护原则”，[3] 即当欧盟成员国将正在处理或计划进行处理的个人信息转移至第三国时，第三国的信息控制者和处理者应当满足该条例所规定的保护水平或规定条件，否则成员国应拒绝向第三国提供

---

〔1〕 See Filip Debelva & Irma Mosquera, *Privacy and Confidentiality in Exchange of Information Procedures: Some Uncertainties, Many Issues, but Few Solutions*, Intertax, Vol. 45: 5, p. 364 (2017).

〔2〕 参见彭岳：《税收情报自动交换中的个人数据保护问题》，载《法学》2018 年第 1 期。

〔3〕 《通用数据保护条例》第 44 条：“对于正在处理或计划进行处理的个人数据，将其转移到第三国或国际组织，包括将个人数据从第三国或国际组织转移到另一第三国或另一国际组织，控制者和处理者只有满足本条例的其他条款，以及满足本章规定的条件才能进行转移。为了保证本条例对于自然人的保护程度不会被削弱，本章的所有条款都应当被遵守。”

相关信息。此时,假使第三国国内法所提供的信息保护程度或水平未能通过欧盟委员会的评估,若欧盟成员国仍然履行协定义务向第三国提供个人税务信息,将违背《通用数据保护条例》的相关规定;反之,如果欧盟成员国以《通用数据保护条例》之规定为由拒绝提供相关情报,亦将产生违背协定义务的后果。[1]

其次,可接触税收情报的人员或机关的具体范围缺乏确定性。在此问题下,主要困扰之处在于各国国内法上情报保密的具体范围以及与信息公开制度之间的适用冲突。一般而言,一国税务机关在进行涉税信息管理时面临着情报保密与信息公开之间的利益平衡,前者往往受制于国内税收征管法上的保密规定以及其他可适用的保密立法(如隐私法案),后者受制于一国国内法上的信息公开法案。同时,前述利益平衡在国际税收情报交换背景下又因掺杂协定保密义务而更为复杂,实践中的相关案例已充分展现此种平衡之艰难与脆弱。[2] 在此情形下,涉税信息在情报获取国境内的公开与否并不具有全然的确定性。

鉴于此,经合组织 DTC 范本于 2005 年被修订时,对于情报获取国国内法义务与协定义务之间的关系作出了进一步明确,即"尽管情报获取国国内类似信息自由或其他信息披露的立法允许更广泛的人接触政府文件,但第 1 款规定范围内的信息无论是否涉及特定纳税人,都不得泄露给第 2 款未提及的人或机关"[3]。然而,虽有此方面的澄清,由于税收协定条款的适用始终依赖情报获取国的国内立法予以解释,是故此等规定所涵盖的具体范围并不如文本表述那般明确,不同国家具体涵盖的人员和机关类型弹性仍然较大。举例而言,依据学者的调查可知,巴西的证券交易委员会(Stock Exchange Commission)与中央银行、挪威的中央统计办

---

[1] 事实上,在经合组织范本的注释中对于此问题亦作出明确解释,范本注释认为尽管缔约国一方并无超越其本国国内法和行政惯例将情报提供给另一方的义务,但情报提供国国内有关涉税信息保密的规定不应当构成阻碍情报交换的障碍。质言之,欧盟成员国不能以《通用数据保护条例》及其国内法上之规定为由拒绝向第三国提供相关情报,否则将违背其应承担的协定义务。See OECD, Commentary on Article 26 of OECD Model Convention(2017), para. 14.

[2] See Tonny Schenk – Geers, *International Exchange of Information and the Protection of Taxpayers*, Kluwer Law International, 2009, p. 4.

[3] See OECD, Commentary on Article 26 of OECD Model Convention(2005), para. 12.

公室(Central Statistic Office)均属于该国国内法上“与税收评估、征收、执行、起诉、裁决上诉有关的人员或当局”之列。[1]

再次,税收协定层面对于适用范围的逐步放宽更加剧了情报公开范围和使用目的的泛化情况。在三类税收情报交换工具的注释中,参与税收评估、征收等活动的纳税人、代理人和证人等均可能因参与这些活动而被纳入情报允许公开的主体范围,《多边税收征管互助公约》第22条第4款还明确规定“经情报提供国主管当局事先授权,情报获取国可将获得的情报传递给第三方”。同时,在情报允许使用的目的方面,《多边税收征管互助公约》规定情报提供国在国内立法允许的情况下,主管当局可授权情报获取国将所获情报用于其他目的;经合组织DTC范本在2012年被修订之后,后续范本版本也允许将税收情报用于其他非税目的,只要符合以下两个条件即可:(1)缔约国双方国内法均允许将税收情报用于其他非税目的;(2)情报提供国主管当局允许此种使用。那么,立足此种情况,如何实现纳税人涉税信息在跨境语境下的充分保障成为更为棘手的问题。

最后,如果相关情报来源于第三方且其中存在一些错误信息,在缺乏通知纳税人并允许其参与的情况下,此等错误便很难在最初的环节被发现和纠正,并最终与国际税收情报交换的制度初衷背道而驰。然而,现行国际税收情报交换中纳税人参与制度整体呈现倾颓之势,与之相关的立法或存在“先天不足”的缺陷,或被迫予以修订、废止,造成纳税人参与诉求的制度保障的不充分状况十分明显。

(二)保护措施的不完善

除前述对于已有措施保护力度不足的分析外,现行思路指引下的保护措施建设还存在“不完善”的问题,并体现在仍然以“纳税人—情报获取国”的国内思路设计保护措施,而忽视情报提供国在纳税人保护中的角色发挥。

众所周知,“无救济则无权利”,是故纳税人保护的实践效果不仅取决于文本规定是否详细,还取决于是否有实际的救济措施及其救济成本

---

[1] See Tonny Schenk - Geers, *International Exchange of Information and the Protection of Taxpayers*, Kluwer Law International, 2009, p. 215.

是否合理。在跨境语境下，一旦涉税信息脱离纳税人和情报提供国税务机关的控制，若在情报获取国发生不当使用或泄露情报的情形，纳税人即使可以诉诸该国国内法上的救济体系，仍然将会产生救济成本过高的问题。具体而言，救济成本过高一方面源于跨境因素所造成的直接障碍，另一方面则是情报保护的特性使然。为此，在保护体系建构时，如何强化情报提供国的保护角色并充分发挥其"防患于未然"的功能，应当成为国际税收情报交换中进一步完善纳税人保护体系的重点关切。

在跨境语境下，如果情报获取国在对信息的保护或使用过程中发生不当使用或泄露的情形，纳税人的权利救济活动需要前往另一国进行，其间将不可避免地产生高昂的成本支出。除此之外，纳税人于申诉之时，不仅需要对税务机关行为的不合法性以及损失范围进行举证，还需要证明二者之间存在直接关联(direct link)。[1] 此种要求对于提供信息的纳税人而言过于苛刻。是故，此种救济渠道虽然存在，但若从现实层面观察，即可发现其中对于纳税人的重重障碍。同时，涉税信息虽然在一些情况下具有财产价值，但毕竟不同于财产，二者的保护逻辑也不尽相同。财产遭受侵害之后，财产所有人可要求对方返还原物或进行损害填补，财产的本源功能尚有可能恢复。然而，信息一旦泄露，随之而产生的损害便无法挽回，个人隐私和商业秘密均是如此。

鉴于此，对于涉税信息的保护在保护逻辑上应当更为强调事前保护而非事后救济。质言之，在情报提供国决定是否提供情报之时，应当对于情报获取国是否会发生不当使用或情报泄露的情形进行分析，或在认为其国内法措施不足以满足情报保密的需求时，对其施以额外的情报保密要求。然而，现行的国际税收情报交换工具以促进情报交换为目标，故而对于情报提供国的角色设定存在偏差，大幅压缩情报提供国国内法上的保护措施，以避免"纳税人保护可能阻碍或延迟有效税收情报交换的开展"。此种逻辑在保障税收情报交换效率的同时，对于纳税人的相关利益保护带来了极大侵蚀。

---

〔1〕 See Tonny Schenk – Geers, *International Exchange of Information and the Protection of Taxpayers,* Kluwer Law International, 2009, p. 274.

第三章 国际税收情报交换中纳税人保护困境的破局检讨

涉税信息作为税法实施的核心要素，与其相关的制度设计与变动直接体现出国家税收利益与个人利益的二元互动。在制度变迁过程中，行政权的扩张措施作为自变量，而纳税人保护制度作为因变量随之跟进或调整，相关设计和完善不以否定情报交换顺利开展这一根本目的为追求，而应将讨论置于相应的宏观制度发展背景之下，在揭示现行纳税人保护制度采取前述思路的基本原因的基础上予以批判性反思。

当下，面对跨境逃避税安排的持续蔓延，离岸税收不遵从现象已经成为各国税务机关在执法过程中共同面临的难题和挑战。[1] 同时，由于国内税收征管体系在监管跨国流动资本时处于明显的信息劣势地位，因此增强税务机关跨境信息的获取能力，提高跨境征管过程中的信息透明度，被广泛认为是促进跨境税收遵从的有效手段。[2] 鉴于此，包含国际税收

---

〔1〕 See OECD：Sharing Knowledge of Developments and Reforms in Revenue Bodies and Meeting the Challenges of International Non – Compliance with Domestic Tax Laws, OECD Publication, Paris, 2006, p. 3.

〔2〕 See Alicja Majdańska & Pedro Schoueri, *Tax Compliance in the Spotlight*：*The Challenges for Tax Administrations and Taxpayers*, Bulletin for International Taxation, Vol. 71：11, p. 632 (2017).

情报交换制度在内的各类跨境税收征管合作制度[1]越发得到各国政府的重视,并在短期之内取得长足进展。其中,国际税收情报交换制度作为极其重要的制度手段,其发展过程往往秉持推进涉税信息透明度的理念,重新梳理涉税信息获取与交换过程中所涉及的多元利益的优先顺位,并按此顺位对于相关的制度要素进行新增、调整或者废止,以便系统性地消除税务机关在开展国际税收情报交换时信息获取权力行使的制度掣肘。

为了更为清晰地予以论述,本章内容分为两部分。首先,第一节通过简要回顾国际税收情报交换的制度发展史,揭示国际税收情报交换制度发展中长期呈现"重效率,轻公平""重执法能力强化,轻权利保护建设"的偏颇特征;其次,第二节提炼该制度发展中的核心理念,提出在国际税收情报交换的发展过程中利益衡量的优位顺序发生变动,进而通过核心理念的检讨,分析国际税收情报交换中纳税人保护思路的完善之策。

第一节 国际税收情报交换制度的偏颇性发展

国际税收情报交换肇始于 19 世纪。早在 1843 年,比利时与法国就签订了世界上第一份包含税收情报交换条款的避免双重征税协定。随后,比利时又与荷兰分别签订了内容相似的双边协定。[2] 此外,1899 年,在普鲁士王国与奥匈帝国签订的避免双重征税协定中,税收情报交换条款被列入其中,并被称为"协定中的协定"。[3] 此时,税收情报交换活动呈现偶发特性,并未成为制度性的跨境税收情报获取路径。

以 1927 年国际联盟《双边税收行政互助协定草案》(Draft of a Bilat-

---

〔1〕 举例而言,为获取与跨境恶意税收筹划(Aggressive Tax Planning)相关的涉税信息,除欧盟成员国依托自动情报交换条款已开展的税收征管合作之外,其他各国主要依托现有的跨国税收征管互助平台,在参与国之间交换信息、分享资源,并识别应对的最佳实践方式(best practice)。截至目前,全球共有约 15 个涉及税收征管合作的组织或机制参与其中。See Jeffery Owens, *The Role of Tax Administrations in the Current Political Climate*, Bulletin for International Taxation, Vol. 67:3, p. 160(2013).

〔2〕 See Xavier Oberson, *International Exchange of Information in Tax Matters: Towards Global Transparency*, Edward Elgar Publishing, 2015, p. 4.

〔3〕 参见付慧姝:《税收情报交换制度法律问题研究》,群众出版社 2011 年版,第 35 页。

eral Convention on Administrative Assistance in Matters of Taxation）为起点，国际税收情报交换条款开始规定于各类型的国际税收协定（范本）之中，并历经多个版本的更新而日臻成熟。其中，以下版本的协定范本修订对该条款的发展有着重要的影响：国际联盟发布的墨西哥范本（1943）和伦敦范本（1946）；经合组织分别于 1963 年、1977 年、2000 年、2005 年、2012 年发布的 DTC 范本修订内容；经合组织于 2002 年发布的《税收情报交换协定范本》及其 2015 年的更新；联合国于 1980 年、2011 年分别发布的 DTC 范本；经合组织与欧洲委员会联合制定的《多边税收征管互助公约》及其在 2010 年的修订议定书。[1]

在当下的国际税收情报交换制度中，国际税收情报交换的依据、范围、目的、方式均已发生实质改变。目前，国际税收情报交换已经成为各国税务机关开展跨境税收征管时不可或缺的制度渠道。同时，国际税收透明度标准的出台与落实也使得各国之间开展税收情报交换时的具体标准从碎片化逐步走向统一化。此外，各国国内法上与税收情报交换相关制度的具体建构及其与税收协定的互动也逐渐趋于统一。本书以经合组织应对有害税收竞争的倡议为分水岭，将国际税收情报交换制度的历史演进区分为萌芽时期和体系化时期两个阶段，具体如下。[2]

一、国际税收情报交换发展的萌芽时期

自 1927 年国际联盟制定《双边税收行政互助协定草案》至 1998 年经

---

〔1〕当然，除正文中所列举的各类范本外，区域性或单边性的法律工具对于国际税收情报交换制度的发展也发挥着重要的作用。举例而言，欧盟的《行政合作指令》（the Directive 2011/16/EU on Administrative Cooperation）和《对存款所得采用支付利息形式的税收指令》（Council Directive 2003/48/EC of 3 June 2003 on Taxation of Savings Income in the Form of Interst Payments）、美国的海外账户税收遵从法案及政府间协议对于自动情报交换标准的落地实施均起到了较大的推动作用。但是，考虑到本书的分析目的以及我国主要通过正文中所列举的税收协定与他国（地区）开展税收情报交换工作，故而并未将欧盟和美国的情报交换法律工具作为分析和研究的重点，仅在论述时择要提及。

〔2〕应当说明的是，国际税收情报交换制度的发展本身是一个持续的过程，一方面体现在各个范本在内容上的连贯性，另一方面还体现在各国之间当下继续适用的税收情报交换条款中仍然还有以经合组织 DTC 范本（1977）为模板签署的情况。是故，本书对于该制度的阶段化区分并非旨在割裂各阶段之间的联系，仅是为了更清晰地将不同阶段下的特征予以呈现，以便揭示国际税收情报交换制度发展中的主要转变。

合组织发起遏制有害税收竞争倡议的漫长时间里，国际税收情报交换制度从整体而言虽然发展较为缓慢，但仍不乏亮点。其中既包括不同类型的国际税收情报交换法律工具已经出现并在实践中发挥作用，还包括具体条款中所规定的国际税收情报交换标准的不断发展。然而遗憾的是，由于国际社会在此阶段对于国际税收情报交换的标准尚未达成共识，是故国家之间开展税收情报交换实践时所允许交换的情报范围并不一致。同时，许多国家的国内法制度（特别是银行保密制度）也会阻碍有效税收情报交换的开展。此外，鉴于在该制度的发展过程中起主导作用的组织于第二次世界大战前后有所变动，是故可将此阶段进一步细化为国际联盟主导时期和20世纪后半叶时期两个部分。

（一）国际联盟主导下国际税收情报交换的发展

1927年，国际联盟发布的《双边税收行政互助协定草案》开启了国际税收情报交换条款的"系统化"与"标准化"之路。随后，国际联盟制定的1943年的伦敦范本和1946年的墨西哥范本对于国际税收情报交换条款的内容结构进行细化发展，为随后的经合组织以及联合国税收范本的发展奠定了良好的基础。

1.《双边税收行政互助协定草案》（1927）

早在19世纪20年代，国际联盟就已经意识到国际税收情报交换的制度建设不仅有助于准确适用双边税收条约，而且也可有效应对跨国逃税行为，故有必要对此制度进行"系统化"设计。[1] 因此，国际联盟于1927年制定并发布了《双边税收行政互助协定草案》（以下简称协定草案），与其他三项税收协定范本草案一道，[2] 作为各国签订税收协定的参照范本。

从内容上来看，尽管该协定草案的规定较为简陋，但其中的内容框架对于税收情报交换所面临的主要问题已基本作出回答。首先，该草案第1条、第2条中规定了缔约国可请求交换的情报范围，包括主体范围、目

---

〔1〕 See League of Nations: Double Taxation and Tax Evasion Document F. 212, 1925, 23 [4083] f.

〔2〕 其他三项分别是 Draft of a Bilateral Convention for the Prevention of Double Taxation, Draft Bilateral Convention for the Prevention of Double Taxation in the Special Matter of Succession Duties, Draft Bilateral Convention on Judicial Assistance in the Collection of Taxes。

的范围和税种范围。在该草案中,应交换情报所涵盖的主体范围并未局限于缔约国双方的税收居民(tax resident),在缔约国双方应纳税的自然人或法人(juristic persons)均被涵盖其中。[1] 情报交换的目的并未局限于执行双边税收协定,与纳税评估相关的涉税情报亦被涵盖其中。[2] 其次,该草案第3条、第4条规定了情报提供国可拒绝提供相关情报的情形。该草案认为,税收情报的交换应当基于互惠(reciprocity)原则。[3] 在此原则下,草案将可交换的情报限制于两国正常的税收征管程序中均可获取的税收情报;[4] 若缔约国一方的国内法律、法规(regulations)、税务实践(practice)以及公共政策(public policy)对于该国获取涉税信息加以限制,则该缔约方不得要求另一方提供此类税收情报。[5] 最后,该草案第6条规定了征管互助的费用承担问题。但遗憾的是,该草案中并未涉及信息的保密问题。

2. 墨西哥范本(1943)与伦敦范本(1946)

面对国际经济情势的变化,国际联盟于1943年和1946年分别发布两份不同版本的协定范本,即墨西哥范本(1943)和伦敦范本(1946)。这两个范本均包含三项内容,分别为避免对于收入和财产的双重课税、避免对于遗产和继承的双重课税以及税收征管合作。鉴于两个范本的内容相似,是故本书将二者合并分析。较之于1927年的协定草案,墨西哥范本与伦敦范本中税收情报交换条款的进步之处大致有二点。其一,二者在协定草案的基础上,对于税收情报交换条款在适用过程中的可能争议做出了进一步的明确和细化;其二,二者在协定草案的基础上丰富了税收情报交换条款的规范框架,细节如下。

---

〔1〕 See League of Nations: Double Taxation and Tax Evasion: Report; C. 216. M. 85, 1927, 22 [4136].

〔2〕 See League of Nations: Double Taxation and Tax Evasion: Report; C. 216. M. 85, 1927, 22 [4136].

〔3〕 See League of Nations: Double Taxation and Tax Evasion: Report; C. 216. M. 85, 1927, 22 [4136].

〔4〕 See League of Nations: Double Taxation and Tax Evasion: Report; C. 216. M. 85, 1927, 22 [4136].

〔5〕 See League of Nations: Double Taxation and Tax Evasion: Report; C. 216. M. 85, 1927, 22 - 23 [4136 - 4137].

第一，在条款设计中，两范本第1条再次重申了税收情报交换应当遵循互惠原则。[1] 因此，应请求交换的税收情报应当仅限于缔约国税务机关依据国内税收立法可以获取的税收情报，或在其控制范围内的税收情报。

第二，两范本第2条规定，为开展纳税评估，各缔约方税务机关均有权直接向对方税务机关提出获取必要信息的请求。[2] 此外，两范本的注释中明确指出，在缔约国一方向另一方提出税收情报交换请求时，应当同时附带一份声明，以确认除非存在本范本第3条规定之情形，情报交换申请方的国内法律不会成为对方提出类似情报交换申请时的法律妨碍。[3]

第三，两范本对于情报提供国可拒绝进行情报交换的情形均做出了进一步的细化。在范本第5条中，除前述因互惠原则而衍生出的国内立法对于信息获取或提供的限制情形外，还包含以下四种：(1)此种行为不合于情报提供国国内立法或税务实践；(2)违背职业、工业或商业秘密；(3)该请求涉及情报提供国的税收居民；(4)遵从此交换请求将损害情报提供国国家安全或主权。[4] 从当下的视角来看，第三种情形显得颇为奇怪。依据范本注释之解释，之所以将此种情形列为提供情报的限制情形，是为了避免将本国税收居民置于外国税务机关的裁量之下，从而导致其承担与本国习惯相冲突的义务。[5]

第四，值得注意的是，在明确规定应请求交换方式的同时，对于租金、特许权使用费、股息、利息、银行账户及储蓄信息、房地产投资之类的税收情报，伦敦范本引入了在缔约双方之间开展自动情报交换的条款（第3条）。依据相关注释，税务机关在其日常征管过程中确实会频繁地收集

---

〔1〕 See League of Nations Fiscal Committee: London and Mexico Model Tax Conventions Commentary and Text, C. 88. M. 88. 1946. II. A, Geneva, 1946, p. 101.

〔2〕 See League of Nations Fiscal Committee: London and Mexico Model Tax Conventions Commentary and Text, C. 88. M. 88. 1946. II. A, Geneva, 1946, p. 101 [4421].

〔3〕 See League of Nations Fiscal Committee: London and Mexico Model Tax Conventions Commentary and Text, C. 88. M. 88. 1946. II. A, Geneva, 1946, p. 49 [4369].

〔4〕 See League of Nations Fiscal Committee: London and Mexico Model Tax Conventions Commentary and Text, C. 88. M. 88. 1946. II. A, Geneva, 1946, p. 105 [4425].

〔5〕 See League of Nations Fiscal Committee: London and Mexico Model Tax Conventions Commentary and Text, C. 88. M. 88. 1946. II. A, Geneva, 1946, p. 48 [4368].

此类收入信息,如果情报涉及另一方的税收居民,即便向另一方提供也不会增加额外的行政成本。但是,考虑到如果希望此类情报的自动交换实现基本的"对等化",缔约国双方的税务征管应当处于十分成熟的水平,但这一点显然与彼时的现状不符,是故墨西哥范本中并未引入此种交换方式。[1]

第五,两范本对于通过国际税收情报交换制度所获取信息的保密规则进行了明确。值得注意的是,此时两范本中规定情报的保密程度应当与"情报提供国"国内法上的保密程度相当,[2]这一点与当下较为普遍适用的各范本中更偏重"情报获取国"国内法程度的思路并不相同。

(二)经合组织主导[3]下国际税收情报交换的发展

第二次世界大战结束以后,经济全球化的发展使得越来越多的纳税人可以突破国家地理的限制,在全球进行商业布局或产业经营。与之相对的是,税务机关只能在其国家主权范围内行使征管权力,难以直接获取本国税收居民在海外的涉税信息,从而造成税收监管上的空白地带。这一信息不对称现状的持续发酵使得国际税收情报交换制度的快速发展和普遍适用成为必然。

在欧洲经济合作组织成立并改组为经合组织后,因组织成员方和伙伴方在全球经济贸易中的地位及影响,该组织承继了国际联盟对于避免双重征税协定范本的推进工作,并逐渐掌握了该领域的话语权与主导权。为了满足成员方对于税收征管合作的需求,经合组织在国际联盟范本的基础上陆续推出两个不同的版本,并及时更新相关注释,以期为各方谈签

[1] See League of Nations Fiscal Committee: London and Mexico Model Tax Conventions Commentary and Text, C. 88. M. 88. 1946. II. A, Geneva, 1946, p. 51 [4371].

[2] See League of Nations Fiscal Committee: London and Mexico Model Tax Conventions Commentary and Text, C. 88. M. 88. 1946. II. A, Geneva, 1946, p. 106 [4426].

[3] 需要澄清的是,在该阶段,除经合组织范本外,联合国范本对于尤其是发展中国家对外谈签税收协定时也发挥着较大的影响。但长期以来,经合组织在国际税收情报交换条款(乃至于国际税收政策)的制定和发展过程中扮演者重要的角色,并自称为"标准和指引制定中的领导者"。相较之下,联合国范本更多是对经合组织范本的多数"承继"和部分"缝补"。同时,在1998年之后,伴随着G20等国际组织话语权的增加,经合组织的"主导"定位开始变得模糊,故而本书将第二次世界大战后至1998年之前的阶段称为"经合组织主导下"的阶段。See Allison Christians, *Taxation in a Time of Crisis: Policy Leadership from the OECD to the G20*, Northwestern Journal of Law and Society Policy, Vol. 5:1(2010).

税收情报交换条款时提供范本借鉴。与此同时，多边互助工具在此阶段也开始出现。此外，在经济活动联系较为紧密的地区，一些国家已经率先开始了税收征管互助的多边化尝试。

1. 国际税收情报交换工具的多样化探索

在该阶段，双边税收协定、多边税收协定和区域性协定等多种类型的国际税收情报交换法律工具不断产生，为国家之间开展情报交换合作提供了更多备选的工具方案。

(1)双边税收协定

在1958年至1963年，欧洲经济合作组织/经合组织的税务委员会(Fiscal Committee)以国际联盟范本为基础，对于税收情报交换条款持续研究并不断更新范本条款，最终将该条款作为第26条规定于1963年发布的DTC范本草案之中。

随后，伴随科技和商业交易的不断发展，跨国避税安排架构更为复杂，加之许多国家的税法系统发生巨大变化，且彼此之间的税收关联度也在不断增强，[1]1963年的DTC范本草案在适用过程中面临诸多挑战。鉴于此，自1971年起，经合组织税务委员会开始了对于1963年范本草案及其注释的修订工作，最终在1977年版本中对于前一版本中的模糊之处做出相应澄清。

此外，在借鉴经合组织DTC范本的基础上，联合国于1980年制定并发布联合国DTC范本，其中所包含的税收情报交换条款虽在整体方面与经合组织1977年范本的内容相似，但在第26(1)条中明确添加“特别是为了防止税收欺诈或逃税”[2]这一表述，体现出联合国范本对该内容的特别关注。

(2)多边税收协定

为了促进国家之间的多边税收行政合作，以便共同应对跨境逃避税活动，经合组织与欧洲理事会于1987年共同起草《多边税收行政互助公约》，最初仅向欧盟成员国和经合组织成员方开放签署，并于1995年4月

---

〔1〕 See OECD, Commentary on Article 26 of OECD Model Convention(2010), paras. 7 – 8.

〔2〕 原文为“in particular for the prevention of fraud or evasion of such taxes”。See UN, Commentary on Article 26 of UN Model Convention(2001), paras. 2, 27.

1日正式生效。

作为一项综合性的多边税收公约,该公约包含税收情报交换、税款征缴互助,以及文书传递送达互助三大类内容。从内容上来看,公约针对税收情报交换条款的标准设置与经合组织 DTC 范本十分相近,不同的是,公约框架下内置了一个协调机构(coordinating body),由各成员方的机关代表组成,并以经合组织的名义监督该公约的执行情况,并履行以下两个方面的职能。其一,该协调机构作为各国交流税收行政互助事项的平台,旨在推动公约目标的实现,并在必要时针对公约的修改提出意见和建议;其二,该协调机构有权对公约条款在解释适用中出现的问题提供一般性的意见。虽然该意见并不具有直接的法律约束力,但对于各成员方在实施该公约时采取一致性的解释意见具有积极意义。

(3)区域性协定

在此阶段,欧洲境内出现了两种值得注意的区域性税收行政互助实践类型,即1972年的"北欧税收互助多边公约"和1977年的欧盟[1]范围内一系列涉及税收情报交换的互助指令。

北欧税收互助多边公约主要适用于丹麦、芬兰、挪威、瑞典和冰岛五国,其内容涵盖了税收情报交换、税款征缴互助和相关文书送达互助等内容。[2] 北欧五国长期以来存在的政治经济基础,如五国之间较强的经济联系、频繁的人员互动、自由的雇佣市场以及因共同作为北欧理事会(Nordic Council)和北欧部长理事会(Nordic Council of Ministers)的成员而产生的较强的政治联结,为该协定的采用奠定了基础。

同样地,为了实现在成员国范围内税收行政互助的协调一致,欧洲共

---

[1] 应当说明的是,"欧盟"是在《马斯特里赫特条约》于1993年11月1日生效后方才正式诞生的,在此之前的组织名称为"欧洲共同体"。因此,准确而言,发布1977年互助指令的主体应当是欧洲共同体。但是,鉴于该指令在1993年仍然有效,且避免阅读时的混乱,本书在此将发布主体统一以"欧盟"代称,后文中涉及的1979年指令修订和1992年指令修订与此同理。

[2] See Xavier Oberson, *International Exchange of Information in Tax Matters: Towards Global Transparency*, Edward Elgar Publishing, 2015, p. 67.

同体发布了《行政互助指令》(77/799/EEC)[1],要求成员国交换“一切可助力于如实课税的情报”。随后,该指令经历两次修订,将情报交换指令适用的范围从直接税和社保费(insurance premiums)拓展至增值税[2]和消费税[3]领域。

2. 国际税收情报交换范围的扩大化探索

从协定范本的条款内容来看,税收情报交换条款所涵盖的情报范围一直呈现不断拓宽的趋势。由于税收情报交换条款的实际涵盖范围由以下五个部分共同决定,即“交换范围”“交换目的”“主体范围”“税种范围”“情报提供国可拒绝提供情报的情形规定”,是故本书对该五个部分分述如下。

(1)交换范围

从条款内容来看,经合组织 DTC 范本(1963)和 DTC 范本(1977)对于交换范围均采用“必要性”(necessity)标准。然而,1995 年的《多边税收征管互助公约》第 5 条则将此标准转变为“可预见的相关性”(foreseeable relevance)标准,即税收情报交换范围应当限于与运用或实施相关国内法具有“可预见的相关性”的税收情报。

(2)交换目的

经合组织 DTC 范本(1963)第 26 条第 1 款之模糊表述使该条款的性质认定存在争议。依据该条款,缔约国双方的情报交换目的在于“实施本协定和(and)缔约国国内税法”。因此,如何理解此处采用的连接词——“和”(and)——将成为适用该条款时亟待明确的问题。一种看法认为,由于此处存在“和”的限制,那么不得仅为实施国内税法而发起税

---

[1] See EU, Council Directive 77/799/EEC of 19 December 1977 concerning Mutual Assistance by the Competent Authorities of the Member States in the Field of Direct Taxation, OJ No. L 336 of 27 December 1977.

[2] See EU, Council Directive 79/1070/EEC of 6 December 1979 Amending Directive 77/799/EEC of 19 December 1977 concerning Mutual Assistance by the Competent Authorities of the Member States in the Field of Direct Taxation, OJ No. L 336 of 27 December 1977.

[3] See EU, Council Directive 92/12/EEC of 25 February 1992 on the General Arrangements for Products subject to Excise Duty and on the Holding, Movement and Monitoring of Such Products, OJ L 76 of 23 March 1992.

收情报交换请求。[1] 此种观点得到了奥地利、比利时、卢森堡和瑞士的支持，该四国均赞成将情报交换的目的仅限于实施税收协定。[2] 另一种观点认为，“和”的表述仅是对于国内法情形的限定，即应当仅适用于与该协定所涉及的税种相关的国内法适用，此种观点在随后的征管合作实践中得到印证。[3]

经合组织 DTC 范本（1977）第 26 条第 1 款明确规定服务国内法实施亦是情报交换的目的之一，终结了前一版本中的语义争议。同时，该条第 1 款也删除了对于“国内法实施应与税收协定相一致”的程度限制表述，改为“在不与本协定相冲突的情况下”的表述方式，为缔约国以实施国内法为目的发起情报交换请求创造了充足的空间。随后，联合国 DTC 范本（1980）再次确认了经合组织 DTC 范本（1977）的做法，并强调税收情报交换的目的还应当帮助遏制税收欺诈或逃税。

（3）主体范围

经合组织 DTC 范本（1963）的主体范围受限于协定范本第 1 条之规定，并未涵盖范围更为广泛的自然人、公司等主体。是故，此版本的税收情报交换条款也被称为“范围狭窄的情报条款”。[4] 经合组织 DTC 范本（1977）通过引入“情报交换不受制于第一条规定”的表述，将情报交换条款的主体范围与税收协定所涵盖的主体范围相分离，该做法亦得到联合国 DTC 范本（1980）的确认。

（4）税种范围

经合组织 DTC 范本（1963）和 DTC 范本（1977）均将情报交换所涉及的税种范围限制在“该协定所涵盖的税种范围内”。相较之下，《多边税收征管互助公约》所涵盖的税种范围十分广泛，除关税外，缔约方国内

---

〔1〕 See Viktoria Wöhrer, *Data Protection and Taxpayers' Rights*: *Challenges Created by Automatic Exchange of Information*, IBFD, 2018, p. 19.

〔2〕 See Xavier Oberson, *International Exchange of Information in Tax Matters*: *Towards Global Transparency*, Edward Elgar Publishing, 2015, p. 5.

〔3〕 See Viktoria Wöhrer, *Data Protection and Taxpayers' Rights*: *Challenges Created by Automatic Exchange of Information*, IBFD, 2018, p. 19.

〔4〕 See Roman Seer & Isabel Gabert, *European and International Tax Cooperation*: *Legal Basis, Practice, Burden of Proof, Legal Protection and Requirements*, Bulletin for International Taxation, Vol. 65:2, p. 90 (2011).

法上征收的各类税种均可适用该公约。[1] 同时,考虑到各国的实际状况,该公约第30条规定,除在中央政府层面对所得、利润、资本利得、财产净值征收的税收外,各国可以对于其他税种的适用做出保留。[2] 但是,基于互惠原则,该公约亦规定如果一国对于某个税种的适用做出保留,则该国不得要求其他未对此税种做出保留的国家为其提供相应的税收征管互助。

(5)情报提供国可拒绝提供情报的情形规定

在情报提供国可拒绝提供情报的规定中,经合组织DTC范本(1963)共规定了三种情形:①不得要求情报提供国采取与两国国内立法或行政实践相违背的行政措施来获取税收情报;②不得要求情报提供国提供根据两国国内立法或正常的行政程序无法获取的税收情报;③不得要求情报提供国提供可能泄露贸易、经营、工业、商业、专业秘密或贸易过程的情报,亦不得要求情报提供国提供披露违反公共政策(公共秩序)的税收情报。该范本及其注释并未对何为秘密提供过多的指引,致使实践中对此概念的理解产生了一定的分歧。[3]

经合组织DTC范本(1977)的条款文本较之1963年范本虽未发生明显修订,但相关注释中却有较为明显的变动,进一步限制了情报提供国可拒绝提供情报情形的适用范围。其一,经合组织DTC范本(1963)的注释认为,情报提供国没有义务开展特殊调查或特别检查行动,为情报获取国获取相关情报。[4] 然而,1977年范本的注释改变了前述态度,认为只要情报提供国为了实施国内法的目的也可能采取类似的特殊调查或特别检

---

〔1〕 关税以及其他进出口税收适用《关于防止、调查和惩处违反海关法罪实行行政互助的国际公约》(International Convention on Mutual Administrative Assistance for the Prevention, Investigation and Repression of Customs Offences),该公约又称"内罗毕公约",由海关合作理事会(后改名为世界海关组织)发布。

〔2〕 See Achim Pross & Raffaele Russo, *The Amended Convention on Mutual Administrative Assistance in Tax Matters: A Powerful Tool to Counter Tax Avoidance and Evasion*, Bulletin for International Taxation, Vol. 66:7, p. 361(2012).

〔3〕 See Viktoria Wöhrer, *Data Protection and Taxpayers' Rights: Challenges Created by Automatic Exchange of Information*, IBFD, 2018, p. 22.

〔4〕 See OECD, Commentary on Article 26 of OECD Model Convention(1963), para. 12; Also see OECD Fiscal Committee: Final Report on the Article on Exchange of Information, FC(63)1(7 Feb. 1963), p. 5.

查行动,那么情报提供国应当为了向情报获取国提供相关请求而展开此类特殊调查或检查活动,即便所获取的情报对于情报提供国的税法实施并无用处。[1] 这一改变进一步提升了国际税收合作在国内税收征管制度中的重要性,一定程度上将国际税收合作与国内税收征管提升至同等重要的地位。[2]

其二,经合组织 DTC 范本(1977)注释认为"秘密"的认定应当采用更为狭义的方式。[3] 此种做法得到了德国联邦税务法院的认可,后者主张秘密的认定应当包含两个方面:①此信息应当具有巨大的经济重要性和实际应用性,若将其公开会对情报提供国的经济或至少对秘密的合法所有人造成巨大的损害;②考虑到公开后果的严重性,税收协定所提供的保密措施不足以达到与之相匹配的保密程度。[4] 有趣的是,该范本的注释提出尽管情报提供国有权依据该条款拒绝向对方提供相关情报,但其仍然可自行决定是否向情报获取国提供。[5] 此时,对于该决定的唯一限制是情报提供国的国内立法。

二、国际税收情报交换发展的体系化时期

随着应对有害税收竞争倡议的推进,国际税收情报交换的制度发展从前一阶段迅速转入体系化阶段。需要说明的是,笔者之所以选取"体系化"作为关键词对此阶段的特征予以概括,其原因在于国际税收情报交换制度在该阶段已逐步迈向以"国际税收透明度标准"的制定和落实为核心的新阶段。从发展脉络上来看,国际税收情报交换在此阶段的发展取得了经合组织的智力支持和各主要参与国的政治背书支持,国际社会不仅从规则层面制定了国际税收情报交换的两项最低标准,还组建了

---

〔1〕 See OECD Working Party 1: Working Party N 1 of the Committee on Fiscal Affairs on Double Taxation, CFA/WP1(74)4(15 Nov. 1974), p. 7; Also see OECD, Commentary on Article 26 of OECD Model Convention(1977), para. 16.

〔2〕 See Viktoria Wöhrer, *Data Protection and Taxpayers' Rights: Challenges Created by Automatic Exchange of Information*, IBFD, 2018, p. 26.

〔3〕 See OECD, Commentary on Article 26 of OECD Model Convention(1977), para. 19.

〔4〕 See Viktoria Wöhrer, *Data Protection and Taxpayers' Rights: Challenges Created by Automatic Exchange of Information*, IBFD, 2018, p. 27.

〔5〕 See OECD, Commentary on Article 26 of OECD Model Convention(1977), paras. 17, 19.

确保该类标准落实的相关平台，致使国际税收情报交换制度所覆盖的国家范围更为广泛，各国之间开展税收情报交换时的标准逐渐趋同，相关的国内法制度亦随之发生调整。

为了遏制在全球范围内越发蔓延的离岸逃避税活动，各国政府逐步重视各类旨在增进跨境税收征管合作的制度建设。在此背景下，国际税收情报交换制度的适用已不再局限于准确适用税收协定条款的单一目的，而是迅速拓展至辅助国内税法的实施领域，并与跨境逃避税的问题应对深度关联。此等目的和取向在很大程度上影响和重塑了国际税收情报交换制度发展的路径、核心议题以及相应的制度成果。

（一）制度发展中的问题关切

结合前一阶段的制度实践以及国际社会对于该制度的期许，国际税收情报交换制度在此阶段中的发展主要围绕以下四个方面的问题展开。

1. 国际税收情报交换的最低标准缺乏共识

从各类税收情报交换条款的内容来看，情报交换所涵盖的情报客体范围主要受制于两点，即目的限制和标准限制。彼时，各国开展国际税收情报交换时对此两点并未达成共识，极大地限制着国际税收情报交换在应对跨境逃避税问题时制度功能的有效发挥。

首先，根据国际税收情报交换可适用目的的不同，实践中的具体条款可以分为两种类型，即“小型信息条款”（minor information clause）和“大型信息条款”（major information clause）。依据前一类型的条款，缔约双方仅能交换与执行税收协定相关的信息，而依据后一类型的条款，缔约双方还可以交换与国内法实施相关的信息类型。[1] 在前一阶段中，尽管经合组织DTC范本（1977）中对于税收情报交换的范围已经予以扩大，但此项做法并未得到各国的普遍接受和认可。诸多“保守派”国家对于任何尝试扩大税收情报交换范围的努力均持反对态度，并在经合组织DTC范本（1963）中最终引入情报交换条款时对此条款进行了保留。[2] 实践中，

---

〔1〕 参见［奥］迈克尔·朗：《避免双重征税协定法导论》（第2版），朱炎生译，法律出版社2017年版，第170～171页。

〔2〕 See OECD Fiscal Committee: Final Report on the Article on Exchange of Information, FC(63)1(7 Feb. 1963), p. 6.

这些国家(如瑞士、奥地利、比利时和卢森堡等)在签订税收协定时,仍然偏爱经合组织 DTC 范本(1963)中的"小型信息条款"模式,仅向缔约国对方提供与执行避免双重征税协定相关的信息,而拒绝提供与国内法实施相关的信息。举例而言,在我国 1991 年与奥地利签订的避免双重征税和防止偷漏税的协定中,第 27 条即系以经合组织 DTC 范本(1963)为参照对象,规定"缔约国双方主管当局应交换为实施本协定的规定所需要的情报,特别是防止偷漏税的情报。情报交换不受第一条的限制"[1]。

其次,税收情报交换的具体限制标准在实践中也包含两种类型,即必要性(necessity)标准和可预见相关性(foreseeable relevance)标准。正如前述,经合组织 DTC 范本(1963)和 DTC 范本(1977)对于交换范围均采用"必要性"标准。而《多边税收征管互助公约》第 5 条则采用"可预见的相关性"标准,即税收情报交换的范围应当限于与运用或实施相关国内法具有"可预见的相关性"的税收情报。虽然根据经合组织的观点,二者之间并无"质"的区别,后者仅仅是对于前者在适用时的进一步澄清,[2]但此种说法显然并不具有说服力,后者在实践中所涵盖的信息范围显著比前者宽泛。

2. 缺乏更加灵活的国际税收情报交换法律工具

与避税港和离岸金融中心开展有效的国际税收情报交换工作,一直以来都是在全球范围内完善跨境税收情报交换网络的重点和难点。然而,国际社会在将避税港和离岸金融中心引入此跨境网络的过程中往往面临着缺乏合适法律工具的难题。

在 1998 年之前,全球范围内开展国际税收情报交换时所依据的法律工具主要有以下三种:(1)避免双重征税协定中的税收情报交换条款;(2)《多边税收征管互助公约》;(3)欧盟范围内"适用于直接税和保险费征税领域的互助指令"(77/799/EEC)。但是,基于以下三个方面的原因,以上三种法律工具均不适合作为与避税港或离岸金融中心开展国际

---

〔1〕 同样的情形还存在于我国与瑞士在 1990 年签订的避免双重征税协定。该协定第 26 条第 1 款规定,"缔约国双方主管当局应交换为实施本协定的规定所需要的与本协定所涉及的税种有关的情报"(该情报应是根据各自税法,通过正常行政渠道所能得到的情报)。当然,该版本的"中国—瑞士"协定已经失效。

〔2〕 See OECD, Commentary on Article 26 of OECD Model Convention(2012), para. 5. 3.

税收情报交换的法律工具。首先,基于对税收协定优惠待遇可能被滥用的担忧,诸多国家并不愿意与所谓的避税港或离岸金融中心签订综合的避免双重征税协定,而仅希望与其开展双边税收情报交换活动。同时,许多避税港或离岸金融中心本身并不征收所得税或财产税等税收,对于综合性的双边税收协定也没有需求,故谈签成本过高。其次,由于《多边税收征管互助公约》在2010年之前仅向欧盟成员国和经合组织成员方开放签署,且仅对其中的14个国家产生约束力,故该公约在此阶段所实际发挥的影响力十分有限,[1]暂不能作为与避税港或离岸金融中心开展税收情报交换的法律工具。最后,鉴于欧盟范围内的互助指令仅仅能够适用于欧盟成员国,是故也不适合作为与避税港或离岸金融中心开展税收情报交换的法律依据。正因如此,专门针对税收情报交换活动制定协定范本便显得格外急迫。

3. 多国对于国际税收情报交换的参与度有限

长期以来,各国之间开展税收征管合作时主要遵循"双边外交协商"(diplomatic bilateral negotiation)的路径。[2] 在该路径下,"国家拥有独立制定本国的税收政策和法律,并有不受其他国家干涉的权利"[3],双边税收协定的签署与否取决于缔约国自身的意愿。同时,由于各国政府将跨境税收征管互助视为解决个别税收争议的双边途径,并未从更广泛的意义上将之视为在全球范围内增强各国税收征管的有效性和协调性的手段,[4]是故缺乏统一行动建构国际税收情报交换网络的共同意愿。

在跨国资本和人员流动的单向性以及各国核心利益异质性的宏观背景下,各国对于是否参与跨境税收情报交换网络的意愿程度并不一致。诸多国家基于自身利益的考虑并未选择与其他国家开展较为广泛的国际

---

[1] 参见崔晓静:《国际税收行政合作的新发展及其法律问题研究》,中国社会科学出版社2014年版,第98页。

[2] See Miranda Stewart, *Transnational Tax Information Exchange Networks: Steps towards A Globalized, Legitimate Tax Administration*, World Tax Journal, Vol. 4:2, p. 155(2012).

[3] 崔晓静:《国际税收行政合作的新发展及其法律问题研究》,中国社会科学出版社2014年版,第48页。

[4] See Miranda Stewart, *Transnational Tax Information Exchange Networks: Steps towards A Globalized, Legitimate Tax Administration*, World Tax Journal, Vol. 4:2, p. 155(2012).

税收情报交换合作。因此，此时的国际税收征管合作也被学者戏称为"怀胎中的全球税收管理"[1]。在此情况下，面对跨国集团经常利用避税港或离岸金融中心进行跨境逃避税活动但后者拒不配合与其他国家开展有效税收情报交换的现状，各投资输出国往往束手无策，极大地阻碍着国际公平竞争环境的形成。

举例而言，在1985年至1994年，流入加勒比海国家以及南太平洋国家等低税率国家的直接外商投资数额高达2000亿美元，其投资数额的增长速率超过了经合组织成员方同期所有对外投资额的增长速率。[2]更进一步的是，这些直接投资在享受着避税港或离岸金融中心提供的优惠税率措施的同时，往往并未向其居民国申报纳税。同时，由于避税港或离岸金融中心并未或很少对外签订与税收情报交换有关的双边协定，或由于其国内存在着严格的银行信息保密立法，致使跨国企业或个人的居民国税务机关无法准确掌握其境外交易情况或资产状况，故引发了大面积跨境逃避税问题。据英国一家名为Oxfam International组织的调查报告可知，工业化国家每年损失的财政收入额度大概高达500亿美元之多。[3]

4. 国内法制度阻碍国际税收情报交换的范围拓展

实践中，阻碍国际税收情报交换实践效果的另一因素在于国内法上的制度限制，其中包括银行保密制度、不记名股票制度等。环顾全球可知，一些国家由于领土面积不大，产业结构比较单一，故其经济发展主要依赖于优厚的税收优惠待遇、宽松的法律监管制度、稳定的政治经济社会环境，以及严格的银行保密制度。在这些因素中，严格的银行保密制度等均逐渐演变成阻碍其他国家行使税收征管权时的重大制度障碍。举例而言，《瑞士银行法》(Swiss Banking Law)第47条规定，银行的雇员、代理人或清算人，故意擅自公开本对其保密的客户银行信息或由于履行工作

---

[1] 邱冬梅：《晚近跨境税收情报交换规则的最新发展及对我国的回应之反思》，载《武大国际法评论》2013年第1期。

[2] See OECD: Harmful Tax Competition: An Emerging Global Issue, OECD Publication, Paris, 1998, p. 17.

[3] See Arthur J. Cockfield, *Transforming the Internet into A Taxable Forum: A Case Study in E-Commerce Taxation*, Minnesota Law Review, Vol. 85:5, p. 1234(2001).

内容而获知的客户银行信息,或鼓励他人违反职业保密规则,应承担高达250,000瑞士法郎的罚款或最高三年的监禁。[1] 除此之外,奥地利、比利时、列支敦士登、卢森堡、巴拿马的国内银行保密法也都禁止银行雇员将信息泄露给其他主体或将银行信息向其他税收管辖区提供。[2]

然而,从协定适用角度而言,假使税收情报交换涵盖的信息范围涉及金融账户信息,由于一些国家的银行保密制度的限制,情报提供国税务机关无法绕过该制度合法地取得相关信息,是故从实质上限制了国际税收情报交换的有效开展。

为此,经合组织于1977年成立了应对逃避税工作小组(Working Party on Tax Avoidance and Evasion),专项负责对于经合组织DTC范本中第26条的完善、识别阻碍有效税收情报交换实现的现实障碍并提出应对措施。[3] 随后,经合组织在1987年的报告中指出,不受限制的银行保密制度已成为滋养"黑钱"和国际逃避税的温床。[4] 然而,尽管该问题已经得到了国际社会的关注,但由于避税港以及相关利益集团的强烈抵抗,银行保密制度对于税收情报交换的阻碍问题一直未能得到突破性的进展,[5] 且在实践中越发扮演着非法活动以及逃税行为"保护伞"的角色。[6]

(二)制度发展中的阶段成果

为了回应前述四大问题,在经合组织的智力支持和主要国家的政治

---

[1] See OECD: Global Forum on Transparency and Exchange of Information for Tax Purposes Peer Reviews: Switzerland 2011: Phase 1: Legal and Regulatory Framework, Global Forum on Transparency and Exchange of Information for Tax Purposes: Peer Reviews, OECD Publication, Paris, 2011, para. 202.

[2] See Tony Anamourlis & Les Nethercott, *An Overview of Tax Information Exchange Agreements and Bank Secrecy*, Bulletin for International Taxation, Vol. 63:12, p. 617(2009).

[3] See Jeffery Owens, *Moving towards A New Transparent Tax World*, Bulletin for International Taxation, Vol. 64:12, p. 662(2010).

[4] See OECD: Taxation and the Abuse of Bank Secrecy, Issues in International Taxation No. 1: International Tax Avoidance and Evasion: Four Related Studies, OECD Publication, Paris, 1987, p. 107 - 122.

[5] 参见叶莉娜:《金融机构税收情报披露和交换制度的演进与思考》,载《税务研究》2016年第2期。

[6] See OECD. Improving Access to Bank Information For Tax Purposes, OECD Publication, Paris, 2000, para. 48.

背书支持下，国际社会从“双边外交协商”的路径逐渐转向“应对全球经济问题的第三种路径——全球治理”，[1]以求通过具有约束力的国际规制（regimes）解决各国在应对跨境逃避税的征管时信息不对称的共同难题，从而维持本国正常的税收秩序。同时，国际社会依托遏制有害税收竞争、应对税基侵蚀与利润转移倡议等国际行动，现已在国际税收情报交换领域取得诸多制度突破，主要体现在以下四个方面。

1. 共识形成：国际税收透明度标准的出台与发展

为了打击离岸逃、避税现象，全球税收论坛以2002年税收情报交换专项协定范本以及2004年修订后的经合组织DTC范本第26条及其注释为基础，确立了国际税收透明度标准中的应请求的情报交换标准。该标准在2004年和2008年分别得到了二十国集团财长和央行行长柏林会议和联合国国际税收合作委员会的支持和背书，成为在完善国际税收情报交换制度时的基本共识。

随后，考虑到纳税人利用离岸金融机构逃避本国税收的现实严峻性，国际社会认为应请求的情报交换标准已经难以满足建立透明的国际税收征管环境的需要，应当针对金融涉税信息的情报交换制定新的国际标准。鉴于此，2014年2月，经合组织发布了《金融账户涉税情报自动交换标准》（Standard for Automatic Exchange of Financial Account Information in Tax Matters）的文本，包含主管当局协议范本和通用报告标准两个部分，并于同年9月得到了二十国集团的背书支持。至此，自动情报交换标准迅速成为新的国际标准，依据该标准交换的涉税信息很快溢出金融账户涉税信息的范围，逐步拓展适用于国别报告、[2]法人和法律安排的受益所有人信息、[3]加密财产信息[4]等其他税收情报类型。

---

〔1〕 徐崇利：《跨政府组织网络与国际经济软法》，载《环球法律评论》2006年第4期。

〔2〕 See OECD：Action 13：Country – by – country Reporting Implementation Package, OECD Publication, Paris, 2015.

〔3〕 See OECD：Secretary – General Report to the G20 Financial Ministers and Central Bank Governors, Washington D. C. , 2016.

〔4〕 See OECD：International Standards for Automatic Exchange of Information in Tax Matters：Crypto – Asset Reporting Framework and 2023 Update to the Common Reporting Standard, OECD Publication, Paris, 2023.

(1)应请求的情报交换标准

经合组织认为,“有效的税收情报交换”的标准中应包含以下三方面的基本要求,即情报的可获取性(availability of information)、获取情报的适当途径(appropriate access to the information)以及存在着情报交换的机制(the existence of exchange of information mechanisms)。三者同时存在方可进行有效的税收情报交换。同时,此三项基本要求又可以具体细分为十项细节性要求,具体如下。

①情报的可获取性

依据此要求,一国税收主管机关应当能够以一种及时的方式,获取以下三类信息:其一,相关实体和安排的法律所有人和受益所有人的身份信息,包括在所有权链条上的所有成员的身份信息。因此,各税收管辖权应当审核其国内立法现状,使税务机关能够获取不记名股票(bearer shares)所有人的身份,以及明示信托(express trusts)受益所有人的身份信息。其二,前述实体和安排的会计信息。各税收管辖区应当确保所有有关实体和机构保存的会计记录是真实可靠的。其三,银行账户信息,包括银行账户法律所有人和受益所有人相关的信息。具体而言,应当包括关于银行账户以及相关的财务及交易信息的各种记录资料。

②获取情报的适当途径

此项要求强调情报的可获得性。具体而言,该要求可进一步细分为以下两种:其一,在应要求提供情报时,一国税务机关应当有权从其境内占有或控制前述三类基本信息的人手中获取相应信息,无论后者是否对该情报负有法定的保密义务。鉴于此,各税收管辖区都应当建立有效的执法机制,从而确保情报的提供。[1] 同时,不得以其保密规定(如银行保密、公司保密)为由,拒绝答复情报获取国按照某项适格的税收情报交换机制所提出的交换请求。其二,情报提供国国内适用于其境内的人的权利和保障措施(如被通知权和上诉权等),应当与有效税收情报交换要求相匹配。确切而言,即上述权利和保障措施不应当不适当地阻碍或延迟有效的税收情报交换的开展。

---

〔1〕 See JAHGA: Enabling Effective Exchange of Information: Availability and Reliability – The Joint Ad Hoc Group on Accounts(JAHGA) Report, OECD Publication, Paris, 2010, para. 22.

③存在着情报交换的机制

考虑到税收情报交换的法律依据存在着多种可能的选择(如双边协定、多边税收征管互助公约、欧盟指令以及国内法),该标准并未对具体的选择加以限制。但是,该机制应当符合以下五个方面的要求。

其一,该标准立足于税收情报交换专项协定和经合组织DTC范本(2004)第26条,对于一国选择的税收情报交换机制的具体标准从情报交换的范围、情报交换的标准、情报交换的例外情形等方面做出了明确指引。譬如,该机制下所能够交换的情报范围应当达到"与国内税法实施和执行具有可预见的相关性的情报均应当交换"的范围,交换的情报主体范围不应受制于协定意义上的居民,不应援引双重犯罪原则或国内税收利益要求拒绝提供情报。

其二,为了避免一些税收管辖区选择性地建构税收情报交换网络,各税收管辖区所建构的税收情报交换机制网络应当覆盖所有相关的合作伙伴。具体而言,通过成为《多边税收征管互助公约》的缔约方,即可满足该要求。同时,该点并不必然要求某一税收管辖区必须签署某一多边条约。但是,该税收管辖区不能够仅与没有经济重要性(economic significance)的伙伴签订《税收情报交换协定》。此外,当某一税收管辖区拒绝与具有合理期望从该税收管辖区取得税收情报的伙伴签订《税收情报交换协定》时,则较为可能被认为没有符合该要求。

其三,交换机制中应当有充分的条款,以确保交换取得的税收情报的保密性。具体分为保密程度和有限的公开范围两个部分。该标准规定从交换机制中取得的税收情报应当视为机密(confidential),但并未解释此种绝对的"机密"标准应当达到何种程度。同时,此等保密程度除适用于获取的情报外,还适用于发起情报交换的请求书、相关的背景文件,以及其他任何涉及该情报的文件(包括请求方与被请求方之间的通信内容)。

其四,交换机制应尊重纳税人和第三方的权利,并提供保障措施。具体而言,主要是指如果待交换的情报涉及贸易、企业、工业、商业或职业秘密,或受律师与当事人的保密特权保护,或其披露有违公共政策,情报提供国可有权拒绝提供相应情报。

其五,该交换机制可确保税收情报交换的及时性和有效性。质言之,各税收管辖区应当能够在收到对方请求后的90日内做出回应或提供相关情报。同时,其国内法上应当配置相应程序,确保提供情报的质量和及时性。此外,税收情报互助行为不应当被科以不合理的、不合比例的或不适当的限制条件。

(2)自动情报交换标准

根据经合组织发布的《自动情报交换审议标准》可知,构成金融账户涉税信息自动交换标准的渊源性文件主要包括以下六种:①通用报告标准文本;②主管当局协定范本;③针对通用报告标准和主管当局协定范本的注释;④通用报告标准的用户指南;[1]⑤提供技术方案的指南;⑥金融行动特别小组在2012年制定的建议和解释性文本。同时,为了确保对此标准解释的一致性,自动情报交换标准实施手册、有关通用报告标准常见问题的问答以及通用传输系统文档准备也构成相关的参考性文件。[2]

基于该审议标准可知,在落实金融账户涉税信息自动交换标准时,各税收管辖区应当满足以下三大方面的核心要求,分别涉及国内情报获取立法、可开展税收情报交换的协定以及保密和保障措施,详述如下。

①核心要求之一[3]

各税收管辖区应当采取措施,确保所有的报告金融机构(Reporting Financial Institutions)应当适用与通用报告标准要求相一致的尽职调查程序,从而审查由其持有的金融账户,并按照通用报告标准的具体要求收集和报告相关信息。为实现这一要求,各税收管辖区应当有相关立法,并在该立法中详细规定以下四个方面的要素:a. 告金融机构的定义;b. 需报告的金融账户的范围限定,以及识别这些金融账户的尽职调查程序;c. 应报告的信息范围;d. 具体的实施措施。同时,各税收管辖区应当完善相应的行政框架,从而确保在实践中报告金融机构能够正确适用尽职调查和报

---

〔1〕 2017年,经合组织对于该标准的“XML Schema用户指南部分”进行了拓展和修正,主要包括在CRS XML Schema内修正和取消的操作技术指引,以及部分修正的案例。相较于2014年版本,其他内容仍然保持不变。See OECD: Standard for Automatic Exchange of Financial Account Information in Tax Matters (Second Edition), OECD Publication, Paris, 2017.

〔2〕 See Global Forum on Transparency and Exchange of Information for Tax Purposes: The Framework for the Full AEOI Reviews: The Terms of Reference, OECD Publication, Paris, 2018, p. 3.

〔3〕 See Global Forum on Transparency and Exchange of Information for Tax Purposes: The Framework for the Full AEOI Reviews: The Terms of Reference, OECD Publication, Paris, 2018, p. 5 – 8.

告程序。此外,各税收管辖区还应当加强国际合作,以确保实践的有效性。

②核心要求之二[1]

各税收管辖区应当按照金融账户涉税情报的自动交换标准,与所有有兴趣且适合的伙伴方及时交换相关情报,并确保该情报按照此标准进行分类、整理、核实和传输。按照此要求,各税收管辖区应当依据主管当局协定范本的具体要求,与所有有兴趣且适合的伙伴方建立税收情报交换关系,并提供相关情报。这一要求包含两个层面,即各税收管辖区应当及时地建立税收情报交换关系,以及建立交换关系所基于的协定范本应当达到主管当局协定范本的基本要求,包括可交换的情报种类、情报交换的时间、通知程序,以及纠错程序等。

③核心要求之三[2]

各税收管辖区应当采取合适的保护措施,以确保获取信息的保密性,并按照交换协定的要求使用该信息。具体而言,各税收管辖区应当按照《主管当局协定范本》(MCAA)第 5 节所规定的要求,对获取的信息进行保密,并采取适当的保障措施。

2. 工具更新:《税收情报交换协定范本》的制定以及《多边税收征管互助公约》的修订与开放签署

2002 年,全球税收论坛制定并发布《税收情报交换协定范本》。随后,经合组织和欧洲理事会也于 2010 年针对《多边税收征管互助公约》进行修订并开放签署。概括而言,两类法律工具的发布或修订既是对国际税收透明度标准的贯彻和落实,又回应了前述与避税港或离岸金融中心开展国际税收情报交换时合适的法律工具的需求,具体如下。

---

〔1〕 See Global Forum on Transparency and Exchange of Information for Tax Purposes: The Framework for the Full AEOI Reviews: The Terms of Reference, OECD Publication, Paris, 2018, p. 8 – 10.

〔2〕 See Global Forum on Transparency and Exchange of Information for Tax Purposes: The Framework for the Full AEOI Reviews: The Terms of Reference, OECD Publication, Paris, 2018, p. 10.

(1)《税收情报交换协定范本》的制定

作为专门针对税收情报交换的协定,《税收情报交换协定范本》旨在解决遏制有害税收实践(特别是避税港情形)中的"缺乏有效的情报交换"问题,为各国在与避税港建立税收情报交换机制时提供更为适格的法律工具。同时,为了协调和照顾避税港的利益诉求,提高其参与国际税收情报交换制度的积极性,在起草《税收情报交换协定范本》的草案时,起草小组中除经合组织成员方代表外,还吸收了来自阿鲁巴岛、百慕大群岛、巴林、开曼群岛、塞浦路斯、马恩岛、马耳他、毛里求斯、荷属安的列斯、塞舌尔、圣马力诺的代表。因此,从这个角度而言,《税收情报交换协定范本》是各国在寻求与避税港或离岸金融中心建立有效税收情报交换机制时最为适合参照的双边协定工具范本。[1]

考虑到遏制有害税收竞争行动中各国的政治诉求,亦为了更务实地获取避税港和离岸金融中心的合作,相较于经合组织之前的 DTC 范本(1977 年范本和 2000 年范本),税收情报交换协定范本在情报交换范围、交换情形限制等方面既有保守的一面,以照顾瑞士等国的利益,从而确立最低标准;又有突破的一面,以回应遏制有害税收竞争中"受害国"的诉求。具体如下。

①情报交换的目的

在针对以实施国内立法为目的发起的情报交换情形中,为落实经合组织在《为税收目的促进金融情报交换》报告中提出的措施要求,税收情报交换协定范本采取了渐进式的方式落实"情报交换不以调查对象是否构成税务犯罪为前提"这一原则,最终旨在"实现公平的竞争环境"[2]。税收情报交换协定范本第 5(1)条规定,假使正在被调查的行为发生在情报提供国,无论依据情报提供国的立法该行为是否构成犯罪,情报提供国

---

〔1〕 从内容来看,该范本为缔约国提供了双边版本和多边版本两种选择,但实践中,多边版本并未得到广泛使用。See Xavier Oberson, *International Exchange of Information in Tax Matters: Towards Global Transparency*, Edward Elgar Publishing, 2015, p. 59.

〔2〕 See OECD: Tax Co-operation 2006: Towards a Level Playing Field, OECD Publication, Paris, 2006, p. 10.

仍应当提供与该调查相关的情报。[1]

然而,鉴于瑞士等国的国内立法中仍存在较为严格的银行信息保密制度,税收情报交换协定范本第15(2)条规定,在2004年1月1日生效的协定,其交换的情报应当均用于税务犯罪的调查;而在2006年1月1日生效的协定,其交换的情报则可以用于该协定第1条所规定的所有涉税事项,[2]从而为瑞士等国的国内立法修订提供缓冲时间。

②情报交换的适用范围

税收情报交换协定范本文本中并未表明情报交换的主体适用范围。但是,通过其注释可知,该范本与经合组织DTC范本(1977)相似,并未将被交换情报的主体范围限制在缔约国双方的税收居民范围内,而是适用于更为广泛的主体范围。[3]

在适用的税种范围方面,该范本虽然在双边和多边版本中做出了两种不同的规定方式,但相较于经合组织2000年更新后的版本而言,该范本所能涵盖的税种范围整体上更为局限。在多边版本中,范本规定了对于收入或利润、财产、净资产以及不动产,或赠与、继承的财产的课税,均属于该范本的适用范围。[4] 而在双边版本中,范本虽规定可由缔约国双方自行决定,但注释中规定至少应当包含四种直接税,即对于收入或利润的课税、对财产的课税、对净资产和不动产的课税,以及对遗产与赠与的

---

〔1〕原文系"Such information shall be exchanged without regard to whether the conduct being investigated would constitute a crime under the laws of the requested Party if such conduct occurred in the requested Party."

〔2〕原文系"This Agreement shall enter into force on 1 January 2004 with respect to exchange of information for criminal tax matters. The Agreement shall enter into force on 1 January 2006 with respect to all other matters covered in Article 1."

〔3〕针对第2条的注释中规定,"The requested Party's obligation to provide information is not, however, restricted by the residence or the nationality of the person to whom the information relates or by the residence or the nationality of the person in control or possession of the information requested"。See OECD, Commentary on Article 2 of Agreement on Exchange of Information for Tax Matters, para. 7.

〔4〕See OECD, Commentary on Article 3 of Agreement on Exchange of Information for Tax Matters, para. 8.

课税。[1]

对于情报本身的范围规定上，税收情报交换协定范本对于情报的条件限制从“必要”转变为“可预见的相关性”，极大地增加了缔约国可请求获取的情报范围。该范本第1条引入“可预见的相关性”标准，一方面将可交换的情报范围拓展至最大限度，另一方面也宣示对“撒网捕鱼式调查”(fishing expeditions)的禁止。依据税收情报交换协定范本注释，“撒网捕鱼式调查”是指并无任何证据能够证明缔约国一方申请交换的情报与其课征行为具有相关性。[2] 通过引入“可预见的相关性”标准，税收情报交换协定范本意图在缔约国双方以及课税权与纳税人的权利保护之间达致平衡。那么，何以证明请求交换的情报与该请求具有“可预见的相关性”？税收情报交换协定范本在第5(5)条中详细列举了情报获取国在发起请求时应当向对方提供的一揽子情报，其中不仅包括相关主体的身份识别信息、请求交换的信息概要、交换目的等基本信息，还包括能够证明对方当局持有该信息或持有该信息的当事人在对方国家的管辖范围内的证据。此外，情报获取国还应当提供两份声明，旨在说明该项请求合乎情报获取国的国内立法和征管实践，以及情报获取国主管当局已经用尽国内手段来获取待交换的情报。

③保密条款

税收情报交换协定范本第8条规定情报接收国应当将接收到的信息作为机密文件，并仅可以向与该范本所涵盖的税种相关的税收评估、税收征收、税收执法、税收控告、上诉等过程中所涉及的人员或机关公开，同时这些情报也可能在公开的法庭审判或司法判决中公开。对比之前的DTC版本可知，税收情报交换协定范本第8条的规定有四点不同之处：a. 此处的保密(confidentiality)概念并未指向情报获取国的国内保密立法，而采用了绝对的保密概念；[3] b. 获取的情报仅可以用于与该范本所

[1] See OECD, Commentary on Article 3 of Agreement on Exchange of Information for Tax Matters, para. 9.

[2] See OECD, Commentary on Article 1 of Agreement on Exchange of Information for Tax Matters, para. 3.

[3] See Oliver – Christoph Günther & Nicole Tüchler eds., *Exchange of Information for Tax Purposes*, Linde Verlag Ges. m. b. H., 2013, p. 99.

涵盖的税种相关的活动；c. 公开主体中并未包含监管（oversight）主体；[1] d. 范本规定，取得情报提供国主管当局明确的书面同意后，情报获取国主管当局可以向其他任何第三方（包括其他税收管辖区）公开获取的情报。

④情报提供国可拒绝提供情报的情形

税收情报交换协定范本第7条集中规定了五种情报提供国可拒绝提供情报的情形。

其一，如果依据情报获取国有关税收执法或税收征管的国内立法，此类情报无法获取，则情报提供国可拒绝向其提供。较之于之前的范本而言，国内立法的考虑不再涉及情报提供国的国内立法，仅考虑情报获取国的国内立法。其二，若情报的交换将公开贸易、经营、工业、商业、专业秘密或贸易过程，则情报提供国可拒绝提供。同时，依据税收情报交换协定范本第5(4)条之规定，银行保密信息以及有关所有权的信息不再作为秘密。其三，信息公开将违反公共政策（公共秩序）的，也不得要求情报提供国提供相关信息。其四，当客户与律师、法律顾问或其他被承认的法定代理人之间的秘密通信（confidential communications）发生于寻求或提供法律咨询中或用于已经进行的或即将来临的法律诉讼中，则不得要求情报提供国提供这些秘密通信信息。其五，如果情报提供国获取相关信息是用于执行或实施情报获取国的税收立法条款，而该执行或实施结果将造成对情报提供国国民的歧视，则情报提供国有权拒绝提供此项情报。

(2)《多边税收征管互助公约》的修订与开放签署

作为专门适用于各国之间开展税收征管互助的法律工具，《多边税收征管互助公约》（以下简称《互助公约》）经过2010年的修订后，不仅在交换方式上提供了5种具体的情报交换方式，而且内容规定也较为具体和细致，涵盖了情报获取国应提供的信息、对协助请求的答复要求，以及

---

〔1〕 See Xavier Oberson, *International Exchange of Information in Tax Matters: Towards Global Transparency*, Edward Elgar Publishing, 2015, p. 63.

情报提供国可拒绝提供信息的具体情形、保密制度等,功能不可不谓之强大。[1] 此外,为了将更多国情不一的国家纳入国际税收协助框架中,该公约提供了具有灵活性的保留制度,使各国在此框架下能够寻找到最大限度的共识。[2] 随着参与国数量的不断增加,该公约逐渐成为国际税收合作领域重要的法律工具。[3]

从《互助公约》具体的修订内容来看,主要体现在以下落实国际税收透明度标准和强化对于纳税人保护的制度两个方面。首先,为了落实国际税收透明度原则,2010 年修订主要包括以下三大方面:其一,《议定书》对原《互助公约》第 4 条第 1 款中"可预见的相关性"的范围做出进一步扩大,即任何与《互助公约》所涉及税种的国内法的管理和执行具有可预见相关性的情报均应当交换。[4] 其二,针对《互助公约》第 18 条的修订将降低情报获取国在发起情报交换请求时所应当提供信息的要求。在修订前的版本中,第 18 条的规定是"请求涉及人的姓名、地址和任何其他有助于认定其身份的信息",经过 2010 年修订后,该条款的规定变为"请求涉及人的姓名、地址或任何其他有助于认定其身份的信息"。[5] 此规定不仅降低了情报获取国提供信息的要求程度,而且为群组式请求提供了适用空间。其三,《议定书》在原《互助公约》第 21 条后增加两款内容,明确地排除了"国内税收利益要求"和"银行保密制度"作为情报提供国拒绝提供税收情报的理由。"国内税收利益要求"是指"情报提供国只有在情报同样与自己国内税收目的有关的时候才能获取并提供情报",[6] 这

---

〔1〕 See Achim Pross & Raffaele Russo, *The Amended Convention on Mutual Administrative Assistance in Tax Matters: A Powerful Tool to Counter Tax Avoidance and Evasion*, Bulletin for International Taxation, Vol. 66:7(2012).

〔2〕 See Xavier Oberson, *International Exchange of Information in Tax Matters: Towards Global Transparency*, Edward Elgar Publishing, 2015, p. 68.

〔3〕 See Achim Pross & Raffaele Russo, *The Amended Convention on Mutual Administrative Assistance in Tax Matters: A Powerful Tool to Counter Tax Avoidance and Evasion*, Bulletin for International Taxation, Vol. 66:7, p. 361(2012).

〔4〕 See The Protocol Amending the Convention on Mutual Administrative Assistance in Tax Matters, Article Ⅱ.

〔5〕 See The Protocol Amending the Convention on Mutual Administrative Assistance in Tax Matters, Article Ⅲ.

〔6〕 参见廖益新主编:《国际税法学》,高等教育出版社 2008 年版,第 306 页。

一要求可能导致因情报提供国税收利益的缺乏而致使情报交换无法有效开展,是故经合组织在2000年发布的《为税收目的促进金融情报交换》的报告中呼吁各国进行必要的改革,消除国内税收利益要求对有效税收情报交换的阻碍。[1] 因此,在2010年修订后,《互助公约》第21条第3款规定"在情报获取国依据本公约请求交换情报的情况下,情报提供国应当使用该国的情报收集措施获取相关情报,即便情报提供国从自身税收利益角度并不需要该情报"[2]。银行保密制度往往以客户的金融隐私权为基石,要求银行不得将相关信息向其他主体披露。同样地,这一制度会妨碍有效税收情报交换的实现,故经合组织在前述报告中也提出各成员方应当重新审视其政策和实践,允许税务机关直接或间接为税收情报交换的目的而获取银行信息。[3] 因此,修订后的《互助公约》第21条第4款规定,由银行、其他金融机构、代名人、代理人或受托人所持有的情报,或涉及某人的所有者权益的情报,在无其他限制因素的情况下,应当向情报获取国提供。[4]

其次,为了强化对于纳税人的保护程度,2010年《议定书》对于《互助公约》第21条(对人的保护和提供协助义务的限制)和第22条(保密条款)做出以下修订。其一,此次修订并未改变原《互助公约》第21条第1款的基本精神,但在表述上更为严谨。也就是说,"情报交换请求方依据该公约所获取的情报,均应当与通过国内法获取的情报采取同等保密等级,并采取同样的保密措施。同时,如果情报提供国依据其国内法提出的保密措施更能够实现对情报的必要保护,情报获取国应当采取该措施"。其二,对于公开范围的规定有三处修改:①《议定书》删除了原《互助公约》第4条第2款的内容,使得情报获取国可以根据其国内法的规定,自

[1] See OECD, Improving Access to Bank Information For Tax Purposes, OECD Publication, Paris, 2000, para. 21.

[2] See Multilateral Convention on Mutual Administrative Assistance in Tax Matters, Article 21(3).

[3] See OECD. Improving Access to Bank Information For Tax Purposes, OECD Publication, Paris, 2000, para. 21.

[4] See Multilateral Convention on Mutual Administrative Assistance in Tax Matters, Article 21(4).

主决定是否将取得的情报作为证据用于刑事诉讼过程中。[1] 在公开诉讼和司法判决中披露相关信息的前置条件,不再要求进行此类信息公开时应当事先获取对方当局的授权。②第 22 条第 2 款中将“监督”(oversight)主体也纳入情报的可公开范围内。③删除了原《互助公约》第 22 条第 2 款中原有的“但是,任何两方或多方可以通过相互约定,豁免前述授权条件”。

除前述修订外,经合组织 2010 年巴黎部长会议上同意向经合组织和欧盟成员国以外的国家开放签署,这一点也体现在此次《互助公约》的修订之中。依据《互助公约》第 28 条第 5 款可知,“在 2010 年议定书生效后,任何非欧洲委员会成员国或非经合组织成员国,可申请应邀签署和批准经 2010 年议定书修订的本公约。此类申请应向公约保存人之一提出,由公约保存人将申请转交给各缔约方”。同时,《互助公约》还为其他国家参与《互助公约》设置了硬性条件,即“对提出公约缔约申请的国家发出邀请的决定应由本公约全体缔约方通过协调机构一致同意后做出”。《互助公约》的现有缔约方将主要考虑以下多个方面的条件,即该国家是否拥有保密规则、既有实践状况如何、该国家是否是全球税收论坛的成员方等。[2]

3. 组织建构:全球税收论坛的组建、完善与功能发挥

2000 年,为了应对有害税收实践活动,经合组织分别组建了有害税收实践论坛和全球税收论坛,后者旨在为非经合组织成员方与经合组织成员方提供专门的沟通平台,以讨论国际税收透明度和情报交换的问题,故其成员中除经合组织成员方外还包括非经合组织成员方。2009 年,在二十国集团的支持下,全球税收论坛于墨西哥会议上决定对该论坛进行结构性重组,使其成为一个建立在共识基础上,所有成员享有平等地位的组织,并将其名称更改为“全球税收透明度与情报交换论坛”(Global Forum on Transparency and Exchange of Information for Tax Purposes,为方

---

〔1〕 修订前的《互助公约》第 4 条第 2 款规定,“情报交换的请求方仅在获取情报提供方的事先授权的情况下,可以将通过该《公约》获取的情报作为证据用于刑事诉讼中”。

〔2〕 See OECD, *Process to Become A Party to the Amended Convention*, http://www.oecd.org/ctp/exchange-of-tax-information/Process_to_Become_a_Party_to_the_Amended_Convention.pdf.

便论述,以下简称全球税收论坛)。综合而言,该论坛通过发挥以下三个方面的作用,客观上促进国际税收情报交换制度的发展。

首先,发挥对话平台的作用,促进经合组织成员方与非经合组织成员方之间的沟通,为国际税收透明度标准的形成和实施提供基础。作为全球最大的税收国际组织和涵盖主体广泛的多边框架,全球税收论坛的成立和不断扩围使得利益诉求不同的各方能够在同一的议题下进行讨论、交换意见并最终达成共识,《税收情报交换协定范本》及其内含的标准即为此对话和利益协调的结果。经过改组和扩张后,全球税收论坛作为全球性的多边对话机构的功能得以进一步凸显。截至 2024 年 1 月,全球税收论坛共计 171 个成员方和 23 个观察员,[1] 其中超过一半的成员方为发展中国家。这一结构使得全球税收论坛中的成员方组成具有广泛的代表性。同时,论坛的各个机构中均吸纳了来自不同国家的代表,亦是这一点的体现。最新一届的指导委员会(Steering Group,2023—2025)由 20 名成员方组成,其中不仅有来自经合组织成员方的美国、法国、英国、西班牙、意大利、日本等,亦有中国、印度、巴西、肯尼亚等非经合组织成员的国家,以及开曼群岛、列支敦士登等传统的避税港等。此外,经过改组之后成立的同行评议小组(Peer Review Group,2023—2025)中,诸多发展中国家(如中国、阿根廷、印度尼西亚、哥伦比亚、肯尼亚等)亦作为成员参与其中。通过参与同行评议小组,发展中国家也可在同行评议过程中发挥自己的影响力。

其次,制定和完善国际税收透明度标准的内容。2002 年,全球税收论坛制定并发布《税收情报交换协定范本》,以作为国际税收透明度标准中应请求的情报交换标准最具权威的渊源。除此之外,针对会计方面的标准,全球税收论坛还支持组建了"会计问题联合特别行动小组",由后者针对会计记录的留存、可获取性和真实性等标准的认定做出了详细的规定。[2] 此外,全球税收论坛在制定透明度标准时,考虑到金融行动特

---

[1] 全球税收透明度与情报交换论坛的成员方和观察员名单可参见 Global Forum Members, https://www.oecd.org/tax/transparency/who-we-are/members/。

[2] See JAHGA: Enabling Effective Exchange of Information: Availability and Reliability - The Joint Ad Hoc Group on Accounts(JAHGA) Report, OECD Publication, Paris, 2010.

别小组针对反洗钱方面制定的标准也是“税收管辖区依据全球税收论坛标准应当提供的可预见相关性情报的核心内容”[1]，故在其于2019年发布的《实施受益所有权制度工具箱》的报告中，沿用金融行动特别小组的概念方式界定受益所有人（beneficial owner），并吸收金融行动特别小组的相关建议及注释，为各国识别受益所有人提供更为细致的标准指引。针对公司、合伙等法律实体的受益所有人识别问题，全球税收论坛引入了降序适用的标准框架，即逐次适用“所有权控制标准”、“其他方式控制标准”和“高级管理人员控制标准”。[2] 针对法律安排的受益所有人识别问题，全球税收论坛以信托为例进行了详细阐述。由于信托以及类似的法律安排架构更为复杂且在实际中难以确定何者可有效控制该信托，为此，该报告指出委托人、受托人、受益人（群）、保护人（protector）以及其他任何可有效控制该信托的主体均应当被认定为受益所有人。[3]

最后，促进国际税收透明度标准的实施。为此，全球税收论坛的工作主要体现在评估、审议、援助、汇报四个方面。其一，全球税收论坛以国际税收透明度标准为依据，对于各国的税收透明度和情报交换机制进行例行评估，并逐年发布年度评估报告。其中，2006年的年度评估报告[4]对于应请求的情报交换标准的具体内容作了一个简要的总结，并在此基础上总结了各国执行该标准的情况。其二，开展持续性的同行评议程序，审查成员方和非成员税收管辖区执行国际税收透明度标准的具体情况，并发布相关报告，督促各税收管辖区按照相关报告中的修改意见进行调整。其三，鉴于各国（特别是发展中国家）在落实该标准的过程中可能面临的法律和技术难题，该平台还为发展中国家不断提供技术援助，针对其在执

[1] See OECD: Terms of Reference: To Monitor and Review Progress towards Transparency and Exchange of Information for Tax Purposes, OECD Publication, Paris, 2010, p. 16.

[2] See Global Forum on Transparency and Exchange of Information for Tax Purposes & Inter – American Development Bank: A Beneficial Ownership Implementation Toolkit, OECD Publication, Paris, 2019, p. 13.

[3] See Global Forum on Transparency and Exchange of Information for Tax Purposes & Inter – American Development Bank: A Beneficial Ownership Implementation Toolkit, OECD Publication, Paris, 2019, p. 16.

[4] See OECD: Tax Co – operation 2006: Towards a Level Playing Field, OECD Publication, Paris, 2006.

行该标准过程中存在的缺陷提出清晰且具体的指引，以增强其提供、获取和使用税收情报的能力。[1] 其四，鉴于全球税收论坛的同行评议工作的开展和推动离不开二十国集团的支持，以及二十国集团对于落实税收透明度标准的高度重视，[2]是故全球税收论坛定期向二十国集团汇报其工作进展，为后者推动国际税收征管合作提供依据。

4. 保障机制：同行评议机制的引入

为了建立一个公平、透明的国际税收环境，全球税收论坛认为有必要对于所有成员方在税收情报交换制度方面的现状进行一次不同于以往的深度监测，以确定各成员方是否在实践中贯彻了国际税收透明度标准。2010 年 3 月，全球税收论坛正式启动同行评议机制，对全球税收论坛的所有成员方以及被认定为与论坛相关工作相关的其他税收管辖区开展同行评议，主要通过审查其境内的法律、监管框架和实施状况，从而确定其是否已充分执行国际税收透明度标准。

(1)评议内容

从实体内容上来看，同行评议机制的主要内容是落实适用于应请求的情报交换方式的国际税收透明度标准和适用于自动情报交换方式的通用报告标准。[3] 在引入伊始，同行评议机制的主要内容是落实国际税收透明度标准。如前文所述，国际税收透明度标准以 2002 年的《税收情报

---

[1] See OECD：Terms of Reference：To Monitor and Review Progress towards Transparency and Exchange of Information for Tax Purposes, OECD Publication, Paris, 2010, p. 10.

[2] 二十国集团在历次峰会上多次对全球税收论坛的同行评议工作表示支持。在华盛顿峰会上，二十国集团领导人呼吁各国重视税收透明度和情报交换的问题，并充分落实国际税收透明度标准；此外，在伦敦峰会上，对于经合组织已识别的违反国际税收透明度标准的税收管辖区，二十国集团敦促其尽快采取措施执行该标准，否则将对其采取一系列有效的“对抗措施”(counter measures)。除此之外，二十国集团在杭州峰会上要求经合组织在 2017 年 7 月前准备一份尚未落实国际税收透明度标准的税收管辖区名单，并考虑对此名单上的税收管辖区采取“防御性措施”。See G20：Declaration of the Summit on Financial Markets and the World Economy, Washington D. C, 2008；G20：Global Plan Annex：Declaration on Strengthening the Financial System, London, 2009；OECD：Secretary - General Report to G20 Finance Ministers, Chengdu, 2016.

[3] 全球税收论坛针对两大透明度标准分别建立了两个同行评议小组，即应请求的情报交换同行评议小组和自动情报交换同行评议小组。除此之外，为推进加密资产(crypto - assets)报告框架的广泛实施，全球税收论坛于 2023 年 9 月另行成立加密资产报告框架小组(Crypto - Asset Reporting Framework，CARF)。

交换协定范本》和经合组织2004年修订后的DTC范本第26条为基础，并已得到二十国集团2004年柏林峰会和联合国范本的认可。因此，自2010年引入同行评议机制以来，落实国际税收透明度标准即为该机制的重要内容。随后，在适用于自动交换方式的通用报告标准成为全球的共同标准后，该标准随即也已于2020年成为同行评议机制的内容。

为了明确国际税收透明度标准或通用报告标准在同行评议中的适用，同行评议小组以重要的渊源性文件为基础，制定了相关文件，以供使用。以国际税收透明度标准为例，同行评议小组共提出了四份重要文件，分别为：①《针对同行评议和非成员评议的方法》（Methodology for Peer Reviews and Non－member Reviews）；②《为监督和审议关于税收透明度和情报交换进程的审议标准》（Terms of Reference to Monitor and Review Progress towards Transparency and Exchange of Information for Tax Purposes）；③《评估标准》（Note on Assessment Criteria）；④《评议安排》（Schedule of Reviews）。[1]

（2）评议方式

从评议的方式来看，同行评议机制主要分为两个部分。第一阶段主要评估一国是否存在符合标准的涉及税收情报交换的法律和监管框架；第二阶段则主要评估该国在实践中落实两项标准的具体情况。同时，针对一些在税收透明度与情报交换表现良好的全球税收论坛成员方，评议小组主要采用第一阶段和第二阶段的联合审议，即对该国的法律和监管框架以及该标准在实践中的落实情况进行合并评估。

在第一阶段的评议过程中，同行评议小组会针对两大标准中的不同要点分别评定，并将其分为三个不同的等级，即“执行到位”（in place）、“基本到位但尚待进一步完善”（in place but）以及“没有执行到位”（not in place）。同时，评议小组也会针对被评议国的具体情况给出改善建议，供被评议国在完善法律和监管框架时进行参考。在存在改善建议的情况下，评议小组还会在第二阶段的审议过程中对被评议国落实改善建议的情况进行再次评议。

---

〔1〕 See OECD：Implementing the Tax Transparency Standards：A Handbook for Assessors and Jurisdictions（Second Edition），OECD Publication, Paris, 2011.

在第二阶段的评议过程中，评议小组同样会针对每一个具体的要素给出评估等级，并针对具体情况给出改善建议。除此之外，评议小组还会在结合第一阶段和第二阶段评议结果的基础上，对被评议国给予一个整体等级的评定，共分四个等级，即“完全遵从”(compliant)、“基本遵从”(largely compliant)、“部分遵从”(partially compliant)与“未遵从”(non - compliant)。同样地，在给出等级评定的同时，审议报告中还会给予相应的改进措施。在全球税收论坛完成第二阶段的评议后，被评议国家应当向同行评议小组提交一份报告，以说明针对该小组提出的改进建议所采取或计划采取的措施，并在实施后向该小组提交一份更为详尽的书面报告以备评估。

可以看出，同行评议是一个持续、动态的过程。通过该机制发布的审议报告，可以有效引导各税收管辖区执行国际税收透明度标准与通用报告标准，以促进全球税收情报交换制度的整体“升级”。

(3)评议效果

自2010年全球税收论坛正式启动同行评议机制以来，应请求的情报交换标准同行评议已进入第二轮的审议过程中。第一轮于2010年至2016年开展，已完成268次同行评议，共认定了119个税收管辖区的遵从等级。经过该轮审议后，有60多个税收管辖区已经消除了国内法上对于银行信息交换的限制性规定，并有30多个税收管辖区取消了不记名股票的机制或限制不记名股票的流通。[1] 自2016年始，全球税收论坛以新发布的同行评议审议标准为依据开展了新一轮的同行评议过程，重点审议成员方境内有关受益所有人(beneficial ownership)的信息获取问题，并于2017年8月开始发布第一批审议报告。

同样地，自动情报交换标准的同行评议也自2023年开始进入第二轮的审议过程中。[2] 2022年完成第一轮审议后，第二轮审议的关注重点在于确保自动情报交换标准现实有效的实施。

---

[1] See Global Forum on Transparency and Exchange of Information for Tax Purposes: Tax Transparency 2016, Report on Progress, OECD Publication, Paris, 2016.

[2] See OECD: *Peer Review of the Automatic Exchange of Financial Account Information* 2023 *Update*, OECD Publishing, Paris, 2023.

第二节 驱动偏颇性发展的理念检讨与思路重塑

回顾国际税收情报交换整体制度的发展历史可知,在经合组织发起遏制有害税收竞争倡议之前,制度发展主要局限在协定范本条款及其注释的更新范围之内。然而自1998年之后,国际税收情报交换整体制度得到迅速发展,不仅体现在最低标准的统一、认可与落实,[1]还体现在具体谈签的协定数量急速增加[2]等方面。那么,驱动国际税收情报交换制度在1998年后得到迅速发展的动因是什么呢?

从表面上来看,国际税收情报交换制度之所以在1998年后得到迅速发展,其原因在于主要国家的政治支持、全球税收论坛的组建、同行评议制度的引入与适用等。诚然,全球税收论坛的组建为各国讨论国际税收情报交换问题提供了合适的平台,而其中内含的同行评议制度更是使得此标准从文本走向实践,即同行评议制度分析各被审议国家在开展国际税收情报交换时所存在的制度性问题,并提出相应的改善意见,而主要国家的政治支持则为同行评议结果的落实提供了"牙齿",未能通过同行评议的税收管辖区,必须按照同行评议小组对其提出的完善建议进行修改,否则将面临国际社会的制裁。

本书认为,前述原因固然有道理,但是潜藏在国际税收情报交换制度迅速发展背后更深层次的原因在于国际社会在面对跨境逃避税问题时对

---

〔1〕 国际税收透明度标准发布之后,奥地利、比利时、卢森堡和瑞士等对于国际税收情报交换持保留态度的国家纷纷在2009年3月撤回了对该标准的保留意见,并与其他国家按照新的统一标准展开缔结双边税收协定的程序,卢森堡和比利时已于当时至少签订12个满足国际税收透明度标准的协议。See OECD: Tax Cooperation 2009: Towards A Level Playing Field – 2009 Assessment by the Global Forum on Transparency and Exchange of Information, OECD Publication, Paris, 2009, p. 11. 同时,主要的离岸金融中心都已经表示支持该标准,并进入相关的立法程序中,以消除落实该标准时可能遇到的法律障碍。See Jeffery Owens, *Moving towards Better Transparency and Exchange of Information on Tax Matters*, Bulletin for International Taxation, Vol. 63:11, p. 557(2009).

〔2〕 举例而言,仅在2009年当年,以全球税收论坛2002年发布的《税收情报交换协定范本》为模板新签署的税收情报交换专项协定已新增75个。

于牵涉其中的各项利益的优先顺位认知产生了变化。也就是说,国家税收利益在与其他利益的权衡过程中逐渐取得了绝对性的优位,而更准确地讲,资本输出国的国家税收利益在此过程中取得了利益衡量结果的优位,旨在保护其他利益的制度或做法在国际压力下纷纷被修订或废止。这一点从银行保密制度、信息提供豁免制度的式微可窥一斑。因此,在后文展开对国际税收情报交换语境下纳税人保护制度的完善探讨之前,有必要从利益优先顺位的认知检讨入手,厘清其中的症结所在。

一、国家税收利益优位保护理念驱动下纳税人保护制度的式微

在税收征管过程中,税务机关的信息获取除受制于征管法本身的制度外,往往还受到征管法之外法律规定中的制度掣肘。其中,"银行保密制度"和"职业特权制度"即为典型代表。观察可知,此二者制度均受到国际税收情报交换不断推进的影响。面对税收情报交换制度的"汹涌前进",前者几乎已经"缴械投降",情报交换的被请求方不得再以银行保密制度为由拒绝向对方提供相关信息;后者的使用范围则"大幅缩水",不仅职业特权的涵盖范围被完全局限在法律职业特权这一种类之下,涵盖的信息范围也受到压缩。

(一)国际税收情报交换制度 vs. 银行保密制度

在国内税收征管语境下,许多国家的国内立法对于税务机关从金融机构处获取相关涉税信息的权力行使设置了诸多严格的条件限制。举例而言,《德国税法通则》中对于税务机关从银行金融机构处获取涉税信息的权力做出了较为详细的限制,即税务机关在原则上不能"一次性、概括性、整体性"地获取金融机构账户信息。首先,依据该法第93条第7款规定可知,"税务机关可以从可利用的材料中提取个别交易数据"[1]。同时,该条第8款规定,"税务机关可以根据请求,通过联邦税务总局,从可利用的材料中提取个别交易数据,并通知提出请求的机关或法院"[2]。其次,依据该法第93b条第2款之规定,"联邦税务总局可以应主管征税的税务机关向信贷机构提出的请求,从可使用的材料中提取个别交易数

[1] See Germany, General Tax Code(Abgabenordnung), Section 93(7).

[2] See Germany, General Tax Code(Abgabenordnung), Section 93(8).

据,并将该数据转交给提出请求的税务机关"[1]。

此种做法虽然会对税务机关的征管效率造成一定限制,但从纳税人的保护角度而言具有重要的积极意义,其核心之处在于实现对于个人金融隐私权这一具有正当性基础的权利的保护。"金融隐私权"是指"个人对其金融信息所享有的依法受到保护,不被他人侵扰、知悉、搜集、利用和公开等的权利"[2],在各国的银行保密法中,金融隐私权均系重要内容。举例而言,《瑞士关于银行和储蓄所的联邦法令》(Swiss Federal Act on Banks and Savings Banks)第47条规定,银行的雇员、代理人或清算人,故意擅自公开本对其保密的客户银行信息或由于履行工作内容而获知的客户银行信息,或鼓励他人违反职业保密规则,应承担高达250,000瑞士法郎的罚款或最高三年的监禁。[3] 除此之外,奥地利、比利时、列支敦士登、卢森堡、巴拿马的国内银行保密法也都禁止银行雇员将信息泄露给其他主体或向其他税收管辖区提供银行信息。[4]

然而,银行保密制度的正当性基础却因跨境逃避税活动的滥用而受到质疑,列支敦士登LGT银行案和UBS逃避税丑闻等案件的相继爆发更是将银行保密制度在离岸逃避税、洗钱以及腐败等行为中扮演的负面角色推向顶峰。2008年,列支敦士登最大的银行(LGT银行)的前雇员Heinrich Kieber,将刻有客户资料信息的CD光盘出售给许多国家的税务部门。这份信息涉及包括来自美国、德国和英国在内的1400多名客户。同年2月,其中的91人向德国税务机关承认逃税事实,并补缴了高达2780万欧元的税款,未在此光盘中的72人也主动向德国税务机关补缴已逃的税额。[5] 在这些案件爆发后,国际社会再一次意识到避税港所提

[1] See Germany, General Tax Code(Abgabenordnung), Section 93b(2).

[2] 邵朱励:《金融隐私权与税收征管权的冲突与平衡》,载《现代经济探讨》2013年第5期。

[3] See OECD: Global Forum on Transparency and Exchange of Information for Tax Purposes Peer Reviews: Switzerland 2011: Phase 1: Legal and Regulatory Framework, Global Forum on Transparency and Exchange of Information for Tax Purposes: Peer Reviews, OECD Publication, Paris, 2011, para. 202.

[4] See A Tony Anamourlis & Les Nethercott, *An Overview of Tax Information Exchange Agreements and Bank Secrecy*, Bulletin for International Taxation, Vol. 63:12, p. 617(2009).

[5] 参见邵朱励:《金融隐私权与税收征管权的冲突与平衡》,载《现代经济探讨》2013年第5期。

供的复杂的金融产品以及严格的金融保密制度阻碍了有效的应对措施的出台,致使携手应对离岸金融港的呼声不断增加,将避税港和银行保密制度推上了风口浪尖。是故,自2008年开始,在全球范围内促进该标准的落实已成为二十国集团华盛顿峰会、伦敦峰会和匹兹堡峰会的重要内容,并于2009年4月的伦敦峰会上,二十国集团共同向避税港施压,提出"银行保密时代已经结束"的宣言。[1]

那么,值得追问的是,国家税收利益的保护与银行保密制度之间是否天然不能共存?质言之,国家税收利益的保护是否需要以完全破除银行保密制度对于税收征管的限制为代价?瑞士在此过程中的反应和做法可以为此问题的思考提供参考。瑞士作为传统的国际财富管理中心,因其国内法体系中严格的银行保密制度而备受高净值人士和跨国集团的偏爱。面临税收情报交换和银行保密制度或金融隐私权的冲突,瑞士并没有选择完全的不合作态度,而是选择了一种折中的做法。在1998年报告发布后,瑞士对该报告选择了弃权态度。2002年,《税收情报交换协定范本》所设定的标准中仅规定了最低标准的应请求交换,并将情报交换仅限于情报提供国国内立法所定义的税收欺诈(tax fraud)范围,[2]瑞士和卢森堡并未坚持其在1998年报告发布时的弃权态度,转而选择支持该报告。[3] 同样地,在2003年欧盟发布《对存款所得采用支付利息形式的税收指令》后,瑞士虽然拒绝透露信息,但同意向在其境内银行存款的欧盟成员居民自2005年起征收15%的预提税,至2007年起提高至35%。此为瑞士面对国际税收透明度标准的"第一次让步"。[4]

随后,在税收情报交换迅猛发展态势的压力下,瑞士被迫作出"第二次让步",提出以匿名预提(anonymous withholding)协议作为替代自动情

---

[1] See G20, *London Summit – Leaders' Statement*(2 April 2009), https://www.imf.org/external/np/sec/pr/2009/pdf/g20_040209.pdf.

[2] See OECD: Improving Access to Bank Information For Tax Purposes, OECD Publication, Paris, 2000, para. 21.

[3] See Xavier Oberson, *International Exchange of Information in Tax Matters: Towards Global Transparency*, Edward Elgar Publishing, 2015, p. 6.

[4] 参见朱晓丹:《自动信息交换的全球化时代到来了吗?——评析美国—瑞士签署执行FATCA协定》,载《国际税收》2013年第5期。

报交换的征管合作方式。此种做法虽然在实质上回避了自动情报交换标准的实施，但通过以预提税款的方式代替情报交换，也可在很大程度上兼顾情报提供国银行账户信息保密与情报获取国国家税收利益的平衡。[1]根据瑞士与英国、德国、奥地利等国之间签订的"对先前未公开资产及未来的资本投资所得的税收待遇协定"（又称"魔方协定"），纳税人可以在先前未公开的资产[2]的税收征管问题上，于匿名一次性付款和自愿公开信息之间做出选择，前者是指该资产的"相关人"[3]借由"瑞士支付代理人"[4]按照协定规定的计算方式从相关人的账户中直接代扣代缴，并转交给英国、德国或奥地利税务机关。同时，在未来的资本投资所得的税收征管问题上，纳税人也可以在匿名预提税和自愿公开信息之间进行选择，前者是指瑞士支付代理人按照相关的预提税税率[5]代扣后，将此款项转交给相关人所对应的国家。

但是，在贯彻国际税收透明度标准的洪流中，瑞士的种种让步措施仍然难以挽救银行保密制度的倾颓之势。对于瑞士在2003年以预提税的形式回避欧盟《对存款所得采用支付利息形式的税收指令》的适用的做法，经合组织秘书长曾致信欧盟主席表示难以接受这一妥协，认为此种做法损害了经合组织致力于实现银行信息透明化的努力，使得欧盟成员国无法确切地知悉其税收居民在瑞士的账户数量和存款金额。[6] 同时，新的匿名预提协议方案也被认为是向纳税人兜售的"赎罪卷"，[7]仍然难以消除税收征管过程中银行保密制度所带来的不透明状况，致使居民国难

---

〔1〕 参见朱晓丹：《"魔方协定"：瑞士在国际税收信息交换领域的又一里程碑》，载《涉外税务》2013年第2期。

〔2〕 以瑞士与英国之间签订的"Agreement between the Swiss Confederation and the United Kingdom of Great Britain and Northern Ireland on Cooperation in the Area of Taxation"为例，此协定中的"先前"是指该协定生效（2013年1月1日）后第4个月（不含1月）的最后1日之前的时间段。

〔3〕 "相关人"（Relevant Person）一般是指英国、德国或奥地利等国的居民个人，且是与瑞士支付代理人有合同关系的账户持有人或储蓄持有人或资产的受益所有人。

〔4〕 "瑞士支付代理人"（Swiss Paying Agent）主要是指瑞士的银行和证券商等金融机构。

〔5〕 其中，利息的预提税税率为48%、股息为40%、资本利得为27%、其他所得为48%。

〔6〕 参见崔晓静：《从"瑞银集团案"看国际税收征管协调机制的走向》，载《法学》2010年第12期。

〔7〕 参见崔晓静、熊昕：《国际税收自动信息交换法律制度的新发展》，载《法学》2014年第8期。

以真正获取纳税人在瑞士金融机构中真实的账户信息。最终,在国际社会的巨大压力下,瑞士作出第三次转变,从公众印象中的封闭的避税港走向税务透明,顺从了国际税收透明度标准的各项要求。2017 年,瑞士联邦财政部开启与多个国家(地区)关于自动情报交换的协商,相关协议多于 2018 年生效,并于 2019 年开展自动情报交换。[1]

(二)国际税收情报交换制度 vs. 职业特权制度

在国内税收征管语境下,为了充分尊重和保护纳税人利益,多国税法上对于由特定身份第三人所持有的涉税信息规定了信息提供豁免制度。其中,最为基础和普遍的是“法律职业特权制度”。通常而言,税收征管语境下的“法律职业特权制度”是指在符合一定条件下的法律执业者与客户之间的通信内容可免于向税务机关提供的特权,不同国家的区别在于“一定条件”和“通信内容涵盖范围”的不同。以《新西兰税收征管法》为例,该法第 3 部分第 20 条第 1 款规定,“符合以下三项条件的信息可免于提供:(1)该秘密通信是在法律执业者与另一个法律执业者或客户之间进行的,无论该法律执业者是基于直接或间接通过任何一方的代理;(2)该秘密通信是为了寻求或提供法律咨询的目的而产生的;(3)该秘密通信不是为了从事或促进某些非法行为而产生的”[2]。

考虑到法律职业特权下所涵盖的信息也可能发生在其他特定身份的主体之间,诸多国家将该特权的适用范围拓展至医生、税务师、税务代理人、审计师等(如表 3 - 1 所示)。但是,在国际税收情报交换的制度环境中,职业特权的涵盖范围被完全局限在法律职业特权这一种类之下,且涵盖的信息范围也受到了进一步的限制。根据应请求的情报交换标准的规定,被请求提供情报的税收管辖区仅可以拒绝提供受“律师—当事人”保密特权所保护的情报类型。[3] 同时,《税收情报交换协定范本》(2002)

[1] 这些国家或地区包括中国、印度尼西亚、俄罗斯、沙特阿拉伯、列支敦士登、哥伦比亚、马来西亚、阿联酋、蒙特塞拉特岛、阿鲁巴、库拉索岛、伯利兹、哥斯达黎加、安提瓜和巴布达、格林纳达、圣基茨和尼维斯、圣卢西亚、圣文森特和格林纳丁斯、库克群岛和马绍尔群岛等。

[2] See New Zealand, Tax Administration Act 1994, Section 20(1).

[3] See Global Forum on Transparency and Exchange of Information for Tax Purposes: Exchange of Information on Request: Handbook for Peer Reviews 2016 - 2020(Third Edition), OECD Publication, Paris, 2016, p. 26.

的注释中对于此种秘密通信的内容应当满足的四方面要求做出了进一步的明确和限制。因此,在一国国内法上的法律特权制度所涵盖的保密信息范围大于应请求的情报交换标准下的范围时,该国应对于相关制度进行协调,要求该国税务机关和信息持有人不应当拒绝向缔约国对方提供超出部分所涵盖的相关信息。举例而言,列支敦士登在《国际税收征管互助法》(LIAATM)的第12条中明确规定法律特权制度的限制效果不应当阻碍税收情报交换制度的正常开展。[1]

表3-1 不同国家职业特权适用范围对比

国家	职业特权的适用范围
印度、土耳其	法律执业者
法国	法律执业者、医生、记者
荷兰	法律执业者、医生、药剂师、税务顾问
德国	神职人员、联邦议会、州议会或参议院议员、辩护人、律师、税务顾问、公证人、审计师、税务代理人、已宣誓的会计师、医生、心理医生以及前述人员的助手以及为职业准备而参与职业活动的人员

资料来源:Baker Philip & Pasquale Pistone, *General Report, in the Practical Protection of Taxpayers' Fundamental Rights*(*IFA Cahiers 2015, Vol. 100B*), IBFD Online Books, 2015。

二、理念纠偏与纳税人保护制度的思路重塑

从利益衡量的角度而言,国际税收情报交换制度与信息提供豁免制度之间的冲突背后,所体现出的是在不同情况下利益顺位的选择偏好。基于本节第一部分所陈列的事实,我们可以清晰地看出,经合组织发起的遏制有害税收竞争倡议是国际税收情报交换制度发展过程中的"分水岭",其中不仅体现在制度层面的调整,更体现在对于不同利益顺位选择的变动。综合而言,这些变动中虽不乏合理性,但亦有值得商榷之处。是

[1] See OECD: Global Forum on Transparency and Exchange of Information for Tax Purposes Peer Reviews: Liechtenstein 2015: Phase 2: Implementation of the Standard in Practice, OECD Publication, Paris, 2015, para. 292.

故，在讨论纳税人保护制度的思路重塑之前，应当以前述理念的检讨为起点，具体如下。

在1998年之前，税务机关开展国际税收情报交换时涉税信息获取的权力行使仍然受到诸多国内法制度的限制。究其原因，在于此阶段中对于其他利益的保护在价值判断上优先于对于国家税收利益的保护。是故，基于税收主权绝对性特征而采取的不合作态度、银行保密制度的限制以及其他特殊信息豁免制度的适用等，均是此种利益衡量结果在制度层面的体现。诚如一些"避税地"国家或地区所主张的观点，本国立法机关通过正当的立法程序选择适合本国国情的税制体系，这本身就是税收主权的应有之义，其"主观目的"不应再由其他国家予以判断和评价。[1]

在国际层面，是否选择与他国展开税收情报交换以及以何种标准与他国开展税收情报交换，亦是该国的主权范畴，应当由主权者自行决断。在缺乏非经合组织成员方参与的情况下，因其缺少有效的税收情报交换机制而将其认定为"不合作的避税港"，实质上是绑架了这些国家的主权。[2] 同时，鉴于涉税信息中往往包含个人隐私、商业秘密以及其他利益内容，且信息范围的不断扩张也势必在客观上会增加纳税人的税法遵从成本和风险。在此情况下，这一优位保护并非对于国家税收利益的否定，对于其他利益的优位保护正是为了平衡纳税人与国家税务机关之间的地位，即通过限制征税权的不断扩张，以避免给纳税人的其他正当利益可能造成的损害。

然而，跨境逃避税活动对于前述各类信息豁免制度（特别是避税地及其银行保密制度）的"滥用"打破了国家税务机关与纳税人在跨境税收征管过程中的平衡。较之于税务机关，纳税人可以更为灵活地利用跨境因素，从而在税收征管过程中取得优势地位，进而造成各资本输出国国家税收利益的普遍性受损。正如经合组织在其报告中所言，银行保密制度

---

〔1〕 在2000年5月召开的英联邦小国司法部长会议上，一些国家指出其国内拥有石油资源，并不需要通过税收来筹集收入，其做出的税制安排完全是其主权国家的自主选择，并质问经合组织"作为一个主权国家，应当对谁负责？" See Rajiv Biswas, *International Tax Competition: Globalization and Fiscal Sovereignty*, Commonwealth Secretariat, 2002, p. 45.

〔2〕 参见崔晓静：《国际税收行政合作的新发展及其法律问题研究》，中国社会科学出版社2014年版，第7～16页。

虽然可以合法地保护消费者的金融隐私权,[1]但却被跨国集团及其他高净值人士滥用,进而有损于各离岸国的国内税收利益。同时,基于对税收主权决定性与非合作性的特征认知与推崇,[2]各国之间无法调和因税收利益而产生的矛盾,这不仅体现在一些所谓的"避税地"利用低税率或零税率吸引投资,还表现在这些国家或地区中基于国内的银行保密制度而拒绝与他国开展有效税收情报交换的做法上。

在此情况下,以国家税收利益优位保护为目标的制度设计和制度调整,在很大程度上可以被视为对前述利益权衡中失衡局面的"矫正"。经合组织所采取的做法是将可能对于国内税收利益的保护造成阻碍的其他利益类型的制度基础相继贴上"有害"标签,并使其在经合组织及全球税收论坛的报告聚焦以及二十国集团的政治施压下逐渐消除,从而确立国内税收利益保护的绝对优势地位。举例而言,经合组织认为在消除国内立法或实践中"有害成分"的过程中,金融信息的获取障碍成为妨害有效税收情报交换的"重灾区"。是故,经合组织税务委员会开展了一项有关税收征管中获取银行信息实践状况的国别调查,[3]并于2000年发布了名为"完善为税收目的获取银行信息渠道"的报告。在该报告中,经合组织承认银行保密制度虽然可以合法地保护消费者的金融隐私权,[4]但鉴于该制度已经成为非法活动以及逃税行为的"保护伞",[5]故建议"在理想情况下,所有的成员国均应当允许为税收目的获取银行信息"[6]。同时,经合组织认为,如果一国的低税率设计并非"体现出主权国家在选择与公共支出的适当水平相匹配的税负水平或税种集合时的判断",而旨

---

〔1〕 See OECD: Improving Access to Bank Information For Tax Purposes, OECD Publication, Paris, 2000, para. 1.

〔2〕 参见崔晓静:《国际税收行政合作的新发展及其法律问题研究》,中国社会科学出版社2014年版,第18页。

〔3〕 See OECD: Harmful Tax Competition: An Emerging Global Issue, OECD Publication, Paris, 1998, paras. 52, 65.

〔4〕 See OECD: Improving Access to Bank Information For Tax Purposes, OECD Publication, Paris, 2000, para. 1.

〔5〕 See OECD: Improving Access to Bank Information For Tax Purposes, OECD Publication, Paris, 2000, para. 48.

〔6〕 OECD: Improving Access to Bank Information For Tax Purposes, OECD Publication, Paris, 2000, para. 20.

在“刻意”利用各国之间的税制互动来侵蚀他国税基，同时拒绝与他国开展有效的税收情报交换工作，其目的就应当被认定为“偷猎”本应正当地归属于他国的税基，[1] 此时该种税制设计应当被视为有害的。同时，经合组织主张此种“有害性”的判断并非单从税收竞争的失败方而言，而是从全球经济整体的角度出发所做出的判断，即“此种有害税收竞争将减损全球福利，并损害纳税人对于税制公平性的信心”。[2] 因此，全球税收论坛将“国内税收制度不透明”和“不能开展有效税收情报交换”作为有害税收实践的认定标准，并将是否签订足够的可交换税收情报的协定作为该国是否遵从国际税收透明度的客观标准。

纳税人保护作为国际税收情报交换制度的一环，其制度设计理念也深受前述思路的影响，并主要体现在经合组织对于纳税人保护两大诉求的不同态度以及具体保护思路的设计之上，使得国际税收情报交换的高效开展成为纳税人保护制度设计时不可逾越的“天堑”。

根据经合组织的相关报告可知，由于纳税人和税务机关有权要求通过国际税收情报交换机制提供的涉税信息的安全得到保障，且此类信息的安全保障可以有效促进纳税人的义务履行，是故对于纳税人涉税信息的安全保障不仅不会与国家税收利益的保护相冲突，反而有助于后者的保护，致使此问题自墨西哥范本和伦敦范本以来一直在国际税收情报交换条款中得到明确体现。然而，由于纳税人的有效参与虽然可在一定程度上助力于国际税收情报交换的顺利开展，但参与相关的制度实施在更大的可能上将降低国际税收情报交换的效率，甚至在一定程度上还可能阻碍该机制的运行，是故经合组织虽然承认此等保护机制的客观功能，但不仅未将此内容作为协定条款的内容从而赋予情报交换双方以协定义务，反而在国际税收透明度标准中提出各国应当限制国内法上的纳税人保护程度，以避免阻碍或不适当地延迟有效税收情报交换的开展。但是，该标准并未对纳税人保护可能阻碍或延迟有效税收情报交换开展的诸多

[1] See OECD: Harmful Tax Competition: An Emerging Global Issue, OECD Publication, Paris, 1998, para. 29.

[2] See OECD: Harmful Tax Competition: An Emerging Global Issue, OECD Publication, Paris, 1998, para. 4.

情形的区分提供进一步的指引,致使一些国家为了顺利通过同行评议进而采取更为激进的做法,如大面积地废止相关保护措施,不合理地压缩纳税人的保护程度。

本书认为,不同利益保护顺位的变动虽然确实有助于国家税收利益的保护,但此种做法存在矫枉过正的嫌疑,致使纳税人保护程度受到不合理的压缩或忽视。具体而言,在国际税收情报交换中,国家税收利益的保护与纳税人的利益保护这一对本来应当在税收征管过程中互相发挥制衡作用的因素之间出现了地位上的显著失衡。在当下国际税收情报交换制度的建构和完善过程中,"行政权应当被优先保护"的理念认知借助于"公平税收竞争"的外衣而再次成为该制度发展过程中的主导理念,并因可回应各国缓解财政压力的现实需求而得到主要国家的政治支持。也正因如此,由于国家税收利益与纳税人合法利益的保护未被置于同一层面予以考虑,国际税收情报交换中现行纳税人保护制度在设计过程中始终难以摆脱"重行政效率、轻公平保护""重行政管理、轻监督行政"的色彩。

从本书第一章第二节的内容可知,纳税人保护理念的兴起所意图实现的内在目标就是实现征纳双方在地位上的平衡,以防止行政权在税收征管中的肆意行使。除此之外,该理念更为重要的意义还在于打破了行政权天然地应当被优先保护的片面认知,进而强调征纳双方应当被放置在一个对等的框架中予以考虑。正如第三次税改浪潮中所呈现的,征管机制在设计之时即应当从征纳双方的角度予以考虑,分析此制度的引入为纳税人既有保护制度所可能带来的挑战,并针对性地在其制度之中设计相匹配的保护措施。

基于此,当我们重新审视国际税收情报交换中纳税人保护制度的设计思路时,不应当完全以确保国家税收利益作为该制度设计的起点和前提,而应当结合具体情形,以兼顾国家税收利益和纳税人利益保护为目标,统筹国际层面与国内层面,针对涉税信息安全保障和纳税人有效参与两大诉求的不同特点对应性地完善相关的利益内容与保护机制,从而实现对于纳税人在国际税收情报交换中的周延保护。

第四章　国际税收情报交换中纳税人信息安全诉求的保障制度

国际税收情报交换在促进涉税信息跨境流动的同时，势必会引发涉税信息的安全能否在跨境情形下得到充分保障的质疑与担忧。由于涉税信息的内容往往关乎个人隐私或商业机密，对于涉税信息安全的有效保护既是保障纳税人个人尊严或财产利益之必要手段，又是促使纳税人消除安全疑虑主动选择与税务机关合作之积极策略。鉴于此，诸多国家的国内税收征管法均围绕涉税信息的安全保护设置了相应条款，《美国国内收入法典》第6103条、[1]《德国税法通则》第30条[2]即属于此类。从规范结构来看，这些条款的共性特征在于以纳税人的保密权[3]为核心，

---

[1] See U. S., Internal Revenue Code, Section 6103.

[2] See Germany, General Tax Code(Abgabenordnung), Section 30.

[3] 值得说明的是，在理论界的既有讨论中一直暗藏着对于纳税人"隐私权"（right to privacy）和"保密权"（right to confidentiality）概念之间关系的不同看法。以中文学术的研究现状为例，一种观点认为，纳税人隐私权等同于纳税人保密权，二者互为同义词。举例而言，李帅在《论我国纳税人隐私权的构建与保护》一文中提出，纳税人隐私权是指"纳税人享有的在税收征纳过程中产生的涉税信息及个人隐私不受侵犯的权利"。同时，全文虽然并未提及纳税人保密权这一概念，但是，结合其文章其他内容的分析可以推导出纳税人隐私权即纳税人保密权的观点，二者所指向的内容在于涉税信息应当进行保密。另一种观点认为，纳税人隐私权不同于纳税人保密权，二者的侧重不同，前者更侧重于税务机关是否可以获取涉税信息的问题，而后者则侧重于涉税信息是否可以公开的问题。举例而言，汤洁茵在《税收征管与隐私权的冲突与制衡》一文中明确提出，"隐私权划定了私人领域与公共领域的界限，防御国家权力的侵入是其重要的价值取向"。因此，虽然该文中并未涉及对于纳税人保密权的讨论，但从其对于纳税人隐私权的界定可以明确地推导出隐私权与保密权是两项独立权利的观点。对此，本书更偏向于第二种观点，主要基于以下三个方面的原因。其一，从权利渊源角度而言，纳税人隐私权更多是宪法隐私权在税法领域的投射，而纳税人保密权

一方面通过规定税务机关的保密义务以确保该权利的实现,另一方面通过明确基于公共利益的保护而要求信息公开的情形,从而尽可能地实现纳税人保护与公共利益保护之间的动态平衡。

然而,在国际税收情报交换语境下,纳税人的涉税信息安全保护所依据的并非单个国家层级较为清晰的规范体系,而是一个层级多元、价值偏好多样,甚至概念并不统一的规范体系,其中不仅包括各国的国内立法,还包括双边和多边协定以及在区域范围内具有强制约束力的公约或其他工具等。因此,依托于单一国家国内法所建构的保密权保护体系将难以适应和满足国际税收情报交换中涉税信息安全保护的需求。鉴于此,如何建构逻辑合理、效果较佳且确定性程度较高的纳税人涉税信息安全保护体系,是该领域制度完善过程中所面临的主要难题。

同时,涉税信息安全的保障制度完善应当建立在确保其与税收情报交换制度的目的相互协调的基础之上,从利益衡量的角度来看即表现为兼顾纳税人的个人利益和情报获取国的税收利益。鉴于该利益权衡的主要规范是双边或多边协定,是故本章将以国际税收情报交换制度中所确立的涉税信息安全保护框架为基础进行分析,以寻求促进信息自由流动与确保信息安全之间的平衡。

并非来自宪法,其主要规范依据主要来自税收法律(特别是税收征管法的相关规定),是故二者的渊源存在差别。其二,一般而言,宪法隐私权的权利主体往往仅包括自然人,将隐私权等同于保密权的做法将不利于非自然人纳税人的利益保护。其三,从国外经验来看,纳税人隐私权与纳税人保密权虽然在权利功能上存在一定的重合性,但仍然被分立为两项独立的权利类型。举例而言,《欧盟欧洲纳税人准则范本的指引》中的“税收信息保密并保护数据安全原则”和“保护隐私原则”虽然在细化要求中存在一定的内容重叠,但该指引仍然将它们作为两项并列的原则。因此,本书认为纳税人保密权与纳税人隐私权虽然在权利内容上存在竞合之处,但二者应当独立讨论。以上论述的诸多内容可参见李帅:《论我国纳税人隐私权的构建与保护》,载《经济法学评论》2017 年第 2 期;汤洁茵:《税收征管与隐私权的冲突与制衡》,载《河北法学》2008 年第 12 期。另参见 Filip Debelva & Irma Mosquera, *Privacy and Confidentiality in Exchange of Information Procedures: Some Uncertainties, Many Issues, but Few Solutions*, Intertax, Vol. 45:5(2017)。

第一节 涉税信息安全保护规范体系的基本框架

传统观点认为,协定层面的涉税信息安全保护条款仅指"涉税信息保密条款",特殊类型情报的限制交换条款因其表述所选取的角度方式并未被纳入涉税信息安全保护条款之列。对此,本书认为,考虑到不同涉税信息类型对于纳税人利益影响程度的不同,为实现国际税收情报交换制度中对于涉税信息安全的差异化保护,现行制度中应采用双层规范体系的构建做法,以便有效矫正因仅适用涉税信息保密规则所带来的个人利益与国家税收利益之间的不均衡地位。

一、框架证成:双层保护规范体系

具体而言,双层保护规范体系通过区分不同类型的涉税信息,将其中对于纳税人具有更大经济价值的信息单列。同时,在税收情报交换的利益衡量过程中,如果一项信息仅系一般类型的涉税信息,适用涉税信息保密规则进行保护即可;但如果一项信息系特殊类型的涉税信息,在税收情报交换的利益衡量时则应当审慎考虑,如果情报获取国的保密措施存在较大的不当使用或泄露风险,此时应当秉持个人利益优先于国家税收利益的做法,通过援引特殊类型情报限制交换条款进行处理。

(一)涉税信息类型化区分的必要性

1. 国际税收情报交换中的信息类型

在适用"可预见相关性标准""筛查"是否应纳入国际税收情报交换范围的涉税信息之后,现行国际税收情报交换法律工具的条款按照信息所涉及的纳税人利益类型的不同,将待交换的涉税信息进一步区分为商业秘密类信息、法律职业特权信息、公开行为会违背公共秩序或公共政策的信息、银行账户信息和所有权信息,以及除此之外的一般类型的涉税信息。

从发展史的角度来看,这一区分框架发轫于国际联盟 1946 年的"税收行政合作协定范本”[1]。在该范本中,国际联盟在第 2 条“必要信息”的范围内,另行区分了商业秘密条款(第 5 条第 3 项)和国家安全条款(第 5 条第 5 项),前者包括职业秘密(professional secrecy)、工业秘密(industrial secrecy)和交易秘密(trade secrecy)三种类型,[2]后者主要针对国家安全或主权。具体条款表述为:

> 缔约国为征税目的依据本协定第 2 条和第 4 条请求获取特定的信息或帮助时,在以下情形中该请求可能会被拒绝:……
>
> (3)遵从该请求会涉及对职业、工业或交易秘密的违反;……
>
> (5)依据情报提供国的观点,遵从该请求将损害情报提供国的安全或主权。

随后,各类税收情报交换法律工具版本在此基础上进行了完善和发展,其中具有里程碑意义的范本主要包括经合组织 DTC 范本(1963)和 2002 年的《税收情报交换协定范本》。

首先,经合组织 DTC 范本(1963)文本中对于“商业秘密”的类型进行了明确,即“贸易、经营、工业、商业、专业秘密或贸易过程的情报”均可作为商业秘密条款的适用类型,并调整了“公共秩序”条款的内容表述,将“安全或主权”的规范内容变更为“公共秩序或公共政策”。[3]

其次,法律职业特权条款在《税收情报交换协定范本》(2002)的文本之中得以明确后,随即在经合组织 DTC 范本和《互助公约》的注释中得以确认。

---

〔1〕 该范本的全称为“Model Bilateral Convention for the Establishment of Reciprocal Administrative Assistance for the Assessment and Collection of Taxes on Income, Property, Estates and Successions”。

〔2〕 值得注意的是,在该版本的注释中,租金、特许权使用费、股息、利息、银行账户及储蓄信息、房地产投资之类的信息不得援引该条款。注释认为,税务机关在其日常征管过程中已经频繁地收集诸如租金、银行账户之类的信息,是故将其作为税收情报交换的内容并不会涉及侵入个人私密事务或政府机密的问题。See League of Nations Fiscal Committee: London and Mexico Model Tax Conventions Commentary and Text. C. 88. M. 88. 1946. II. A, Geneva, 1946, 54[4374].

〔3〕 在国联 1946 年版本中,其表述的原文是“compromise its security or sovereign rights”,而在经合组织 1963 年版本中,表述原文则变为“be contrary to public policy(ordre public)”。

最后，鉴于银行保密制度和公司保密制度在跨境逃避税问题上的消极作用，以及诸多国家的实践中已经出现了不再允许将银行信息作为商业秘密类型的先例，[1]为了进一步向其他仍然坚持将银行信息作为商业秘密的国家施压，[2]《税收情报交换协定范本》(2002)明确规定了银行账户信息和所有权信息不再作为商业秘密类型的内容，并被随后的经合组织 DTC 范本和《互助公约》所认可。

由此，国际税收情报交换工具中可交换信息的范围和分类如图 4-1 所示。

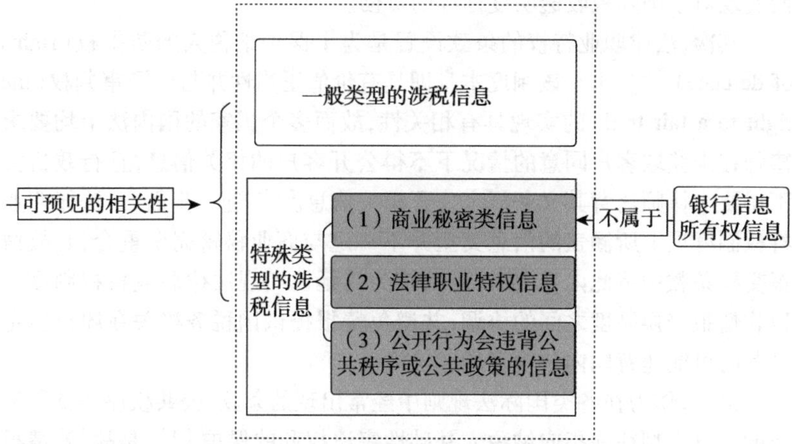

图 4-1 国际税收情报交换工具中可交换信息的范围和分类

2. 不同类型信息的利益重要性不同

诚然，所有类型的涉税信息均会与纳税人的某项利益直接关联，是故各国税收征管法中均采用对于涉税信息进行普遍保密的做法。然而，从利益保护侧重的角度细分而言，特定类型的信息对于纳税人的利益保护更为重要，且不同类型信息所影响的纳税人的利益类型也不相同，具体

---

〔1〕 See OECD: Improving Access to Bank Information For Tax Purposes, OECD Publication, Paris, 2000, para. 86.

〔2〕 See Viktoria Wöhrer, *Data Protection and Taxpayers' Rights: Challenges Created by Automatic Exchange of Information*, IBFD, 2018, p. 34.

如下。

首先，商业秘密条款主要关注纳税人的经济利益，旨在避免因税收情报交换涉及的商业秘密被第三方不当利用而严重损害纳税人的经济利益，[1]是故通过该条款的引入在情报提供国对缔约国对方保密程度不信任的情况下能够获取条款依据，以平衡纳税人的财产利益和情报获取国的国内税收利益。同时，银行保密规则和公司保密规则在很大程度上是对于“商业秘密条款”适用范围的限缩，以避免情报提供国援引商业秘密（职业秘密）条款拒绝向缔约国对方提供银行账户信息或所有权信息，从而实现对于国际税收透明度标准的贯彻。

其次，法律职业特权的条款设置是为了保护纳税人的防御权（rights of defence）。[2] 由于该制度本身即具有价值正当性并与公平审判权（the right to a fair trail）的实现具有相关性，故而多个国家的国内法上均要求律师在未获取客户同意的情况下不得公开客户的相关信息，且行政机关不得要求律师违背其义务规定公开相关信息。[3] 进一步而言，法律职业特权制度项下所涵盖的信息类型并不一定与商业秘密完全重合，是故情报交换条款中将此内容引入，可以较为周延地实现法律职业特权制度与税收情报交换制度之间的协调，并避免情报提供国税务机关在履行协定义务时可能违背国内法规定的尴尬境地。

最后，作为在各类国际法规则中经常出现的条款，公共秩序条款所涉及的信息类型往往指向纳税人基础性宪法权利的保护。[4] 是故，若情报提供国税务机关认为情报的使用目的或使用方式可能违背情报提供国所认可的基本价值（如人权保护、法治等），其可以通过援引该条款实现对纳税人此类权利的保护。

---

〔1〕 See Ekkehart Reimer & Alexander Rust eds., *Klaus Vogel on Double Taxation Conventions* (*Fourth Edition*), Kluwer Law International, 2015, p. 1924.

〔2〕 See Xavier Oberson, *General Report, in Exchange of Information and Cross – border Cooperation between Tax Authorities*(*IFA Cahiers 2013, Vol. 98B*), IBFD Online Books, 2013, p. 49.

〔3〕 See Baker Philip & Pasquale Pistone, *General Report, in the Practical Protection of Taxpayers' Fundamental Rights*(*IFA Cahiers 2015, Vol. 100B*), IBFD Online Books, 2015, p. 35.

〔4〕 See Ekkehart Reimer & Alexander Rust eds, *Klaus Vogel on Double Taxation Conventions* (*Fourth Edition*), Kluwer Law International, 2015, p. 1924.

(二)保护措施差异化设计的证成

在区分不同类型的涉税信息的基础上,国际税收情报交换制度应当针对不同的涉税信息类型采用不同的保护方式,大致可分为以下两类。

1. 一般规则:涉税信息的保密条款

作为国际税收情报交换制度中保护涉税信息安全的一般性条款,税收协定中的保密规则具有以下两个方面的特点。

其一,该条款的适用范围包含了国际税收情报交换过程中可能涉及的所有信息类型。以经合组织 DTC 范本为例,协定文本对于情报类型的表述是"任一缔约国依据第一款所获取的任何类型的信息"。是故,从文义角度来看,该条款的适用范围不仅应当涵盖税收情报交换过程中由提供国向发起国提供的各种类型的涉税信息,还应当包括情报提供国从缔约国对方处获取的税收情报交换请求中所包含的相关信息。经合组织 DTC 范本的注释也对此观点予以认可。[1]

其二,该条款以缔约国的国内信息保密制度和税收协定中的附加要求为主要的组成内容。此种方式在部分适用各国已有的涉税信息保密制度资源的基础上,通过非歧视原则的结合适用,可以使得情报提供国纳税人的涉税信息在获取国得到同等保护,同时,协定中的附加要求规定还可以避免因一些国家过于宽泛的披露范围而可能产生的信息泄露或不当使用。因此,对于国内法上保密规则的违反同样也将构成对协定保密义务的违反。

2. 特殊规则:特殊类型情报的限制交换条款

在保密规则之外,各类国际税收情报交换法律工具针对几种特殊类型的涉税信息设计了特定的限制交换条款,以实现对于与纳税人个人利益保护具有更大影响的涉税信息类型的特殊保护。

本书认为,之所以应当将此条款作为涉税信息安全保障的特殊规则,其原因主要在于国际税收情报交换制度与国内税收征管制度所处的环境并不相同。如果对于纳税人在国际税收情报交换背景下的涉税信息安全保护遵循与国内语境下纳税人涉税信息安全保护相一致的思路,其中的价值序位将始终是国家税收利益优先于个人利益,此等保护思路所追求

---

〔1〕 See OECD, Commentary on Article 26 of OECD Model Convention(2017), para. 11.

的目标将从“平衡涉税信息自由流动与涉税信息安全保障”演变为“在确保涉税信息自由流动目标得以优先实现的前提下尽可能地保障涉税信息的安全”。随着税法实体规范的不断发展,与税法实施相关的信息类型亦不断扩张,致使越来越多的信息类型处于“涉税信息”概念的射程范围之内,纳税人可以以与征税无关为由拒绝提供相关信息的空间不断受到挤压。因此,纳税人对于私人利益的保护虽然可以依赖保密权的制度体系设计和运作,但信息泄露给纳税人造成经济损失的阴影在实践中仍然一直挥之不去。如果说在国内法语境下此种风险尚可因公平实施本国税法而成为纳税人“不得不承受之痛”,那么在跨境语境下,由于纳税人并不对于他国税法的实施负有天然的遵从义务,一国税务机关为履行其自身的协定义务而使得纳税人承担额外的信息泄露风险则并不必然具有充分的正当性基础。特别是考虑到各国国内立法对于涉税信息保密措施存在差异的事实,此种风险将从纳税人纯粹主观上的焦虑而逐步演变为客观现实上的可能。任何一国税务机关均必须承认的是,虽然对于纳税人的涉税信息应当保密已经成为各国税务征管过程中的基本共识,但各国彼此之间的具体保密措施仍然存在较大差异,而这些差异的存在将会使涉税信息在不同国家所受到的安全保障程度并不相同,特别是在一些国家范围内可能接触到涉税信息的人员范围较为宽泛,而过宽的公开范围又显然将增加涉税信息被泄露的风险。在此情况下,即使情报获取国税务机关遵循其国内立法与税收协定所赋予的保密义务,涉税信息仍然存在一定的不当使用和泄露的风险,其中具有较高经济价值的商业秘密所面临的此等风险尤甚。此时,即便纳税人可以通过主张保密权寻求损害赔偿,但此等信息泄露所造成的经济损害已成既定事实。因此,在双边协定的框架中引入情报提供国的保护义务便显得十分必要。

此种情况下,情报提供国的税务机关可以依据税收协定中的特殊类型情报的限制交换条款,拒绝向缔约国对方提供相关情报,从而避免因情报获取国境内的保密程度较低而可能产生的泄露或税收情报交换与其他国内法律制度之间的冲突,以化解潜在的“体制冲突”。一般而言,情报提供国税务机关在履行保护义务时将受到主权原则和协定义务两个方面的牵制。其一,基于主权原则的考虑,情报提供国不得向情报获取国的国内保护措施施加影响,除非协定条款中允许此种做法。因此,只有协定条款中存在诸如《互助公约》第 22 条第 1 款后半段之规定[1]时，情报提供国方可依据本国国内法向情报获取国施加额外的信息保护要求。基于对个人数据的特殊考虑，《互助公约》在该条款中允许情报提供国依据其国内法之规定要求情报获取国对于个人数据(personal data)履行额外的保护义务。其二，为了确保情报获取国的信息获取权利能够得到充分保障，情报提供国一般不得以信息安全存在隐患为由拒绝向缔约国对方提供情报。是故，只有存在特殊类型情报限制交换条款所涵盖的情形时，情报提供国方可基于本国国内情形之考虑拒绝提供。对此，本书认为，两者的适用结果虽然均可以在客观上发挥保护涉税信息安全的作用，但《互助公约》第 22 条第 1 款后半段所提供的保护措施仍然依赖于情报获取国的实施，本质上是对于情报获取国既有保密义务的进一步强化，与涉税信息保密规则的保护逻辑并不存在根本上的区别。相较之下，特殊类型情报限制交换条款可以为情报提供国履行保护义务提供更大的协定制度空间，使情报提供国可以更好地在履行情报提供的协定义务与保护纳税人合法利益的义务之间取得平衡。

二、传统支柱：涉税信息保密规则

作为国际税收情报交换中涉税信息安全保护的传统支柱体系，“涉税信息保密规则”(confidentiality rules)一直以来都是理论研讨和实践探索的重要关注对象。当下，无论是基于双边框架的税收协定，还是基于多边框架的多边征管互助法律工具，其中均包含了涉税信息保密规则，并明确赋予了情报获取国相应的信息保密义务。作为涉税信息安全保护在协定层面的主要依据，涉税信息保密规则对于所有纳入国际税收情报交换范围内的涉税信息均可适用。从规范目的来看，此条款旨在协调各国涉税信息保密规则之间的差异，特别是对于涉税信息可公开范围的协调，以避免一些国家国内法上过于宽泛的公开范围所引发的情报泄露的风险。但是，由于该条款的关注点主要在于纳税人的保密权以及情报获取国不

---

[1] 《多边税收征管互助公约》第 22 条第 1 款：“缔约一方根据本公约所获得的任何情报，均应视同通过其国内法获得的情报予以保密，并采取同样的保密措施，同时要执行有关保障措施，确保对个人信息的必要保护。具体措施可由情报提供国根据其国内法提出。”

断强化的信息安全保障义务，忽视了国际税收情报交换带来的特殊语境，难以实现对于涉税信息的充分保护，具体如下。

从规范结构来看，涉税信息保密规则主要包括了“保密标准”和“公开范围”两个部分，后者又进一步区别为“公开主体范围”和“使用目的”两个方面。同时，在情报获取国未能履行保密义务时，情报提供国可以提供的救济措施也是保密规则的规范内容。接下来，本书将结合三类较为普遍适用的税收情报交换法律工具，对于保密规则从保密标准、公开范围和救济措施三个层面进行介绍和分析。

（一）涉税信息保密标准

从内容上来看，三类税收情报交换法律工具中对于保密规则的表述并不一致，致使三者之间规定的保密标准并不相同。大致而言，经合组织DTC范本内的保密标准要求较低，《税收情报交换协定范本》（2002）和《互助公约》的保密标准要求相对较高，具体如下。

1. 经合组织 DTC 范本：“同等保护标准”

在经合组织 DTC 范本第 26(2)条中，该条款首先规定通过税收情报交换渠道获取的信息应当与通过国内法渠道获取的信息采取同等的保密措施，即“同等保护标准”。在此种情况下，情报提供国向缔约国对方提供的涉税信息的安全保护措施主要取决于情报获取国国内法上所规定的信息保护制度。

2.《互助公约》：“较高保护标准”

在《互助公约》的规定中，情报获取国除适用本国保密规则对其予以保密之外，公约还通过两方面的规定赋予了情报获取国额外的保密义务，是故采用的是“较高保护标准”，具体如下。

其一，在序言中，《互助公约》表明缔约国在采取措施或提供情报时“应当”(should)考虑保护隐私和个人数据的国际文件。[1] 结合上下文可知，该序言条款虽未给予情报获取国以明确的条约法义务，但可以理解为给予了情报提供国一项权利，后者在提供情报时有权参考与隐私和数据保护相关的国际法律文件，向缔约国对方提出相应的要求。

其二，《互助公约》第 22 条表明情报获取国除应当将通过国际税收

---

〔1〕 See Multilateral Convention on Mutual Administrative Assistance in Tax Matters, Preamble.

情报交换渠道所获取的情报视同通过国内法渠道获取的情报予以保密外,还应当执行情报提供国依据其国内法而提出的、对于个人信息(personal data)的必要保护措施。因此,情报获取国在公约框架下对于情报保密问题承担的是"累积性保密义务",相关的义务来源既包括情报获取国本国的保密立法,还包括情报提供国的国内立法(强制性渊源)以及与保护个人隐私和个人数据相关的国际法律文件(倡导性渊源)。[1] 同时,在主管当局协定范本框架下,《互助公约》第5节还要求缔约国应当遵循"提供情报一方主管当局的国内法和附件C中列举的保护性措施",对情报获取国的义务来源做出了进一步延伸。

3.《税收情报交换协定范本》:"绝对保护标准"

依据《税收情报交换协定范本》第8条可知,情报获取国承担的保密义务等级为"自主性"(autonomous)保密标准。依据协定范本的规定,缔约方依据协定范本获取的任何涉税信息均应当作为密件(confidential)处理,并未指向任一缔约国的国内保密立法,是故该标准又被称为绝对的保密标准。[2]

除税收情报交换协定范本外,该标准还存在于其他国际税收情报交换的法律工具之中。举例而言,1963年版本的经合组织DTC范本以及《美国改善税收遵从、实施FATCA政府间协议范本(一)》中[3]均采用了此种标准。同时,在《关于税收透明度和情报交换进展监督和评议的

---

〔1〕 参见彭岳:《税收情报自动交换中的个人数据保护问题》,载《法学》2018年第1期。

〔2〕 See Oliver – Christoph Günther & Nicole Tüchler eds., *Exchange of Information for Tax Purposes,* Linde Verlag Ges. m. b. H., 2013, p. 99.

〔3〕 该条款规定,"Information provided to the US competent authority must be treated as confidential and may be disclosed only to persons or authorities (including courts and administrative bodies) of the government of the United States concerned with the assessment, collection or administration of, the enforcement or prosecution in respect of, or the determination of appeals in relation to US federal taxes or the oversight of such functions. Such persons may disclose the information in public court proceedings or in judicial decisions. The information may not be disclosed to any other person, entity, authority, or jurisdiction. Notwithstanding the foregoing, where [FATCA Partner] provides prior, written consent, the information may be used for purposes permitted under the provisions of a mutual legal assistance treaty in force between the Parties that allows for the exchange of information"。See U. S. Inter – governmental Agreement, Model 1b, Article 9(2).

审议标准》中，第 C.3.1 项规定“税收情报交换机制应规定取得的任何情报应视为机密”，[1]故从其表述来看，该标准采用了与《税收情报交换协定范本》第 8 条相同的“绝对的保密标准”。

然而，“自主性”标准在实践中却经常面临难以操作的困境。鉴于此，一些国家在以税收情报交换协定范本为模板签署税收情报交换协定时，往往选择以对数据保护采用较高水准的法律文件作为绝对的保密标准的替代。举例而言，在德国与泽西岛签署的税收情报交换专项协定中，缔约国双方指出此处的保密标准应当与欧盟 1995 年制定的《数据保护指令》采用同等的保护水准。[2] 此外，在我国与阿根廷签订的《税收情报交换协定》中，双方采取的标准则是“较高保护标准”，即原则上视同根据国内法获取的情报以同样方式作密件处理，但如果提供情报的缔约方管辖范围内执行的保密条件限制更为严格，可以根据其更为严格的保密条件进行处理。[3]

(二)涉税信息公开范围

1. 主体范围

三类税收情报交换法律工具中对于通过国际税收情报交换制度所获取的信息可披露的主体范围的规定大体相似，仅存在细微的区别。为更清晰地展现这一点，本书通过表格和文字论述的方式加以说明。(见表 4-1)

---

[1] See Global Forum on Transparency and Exchange of Information for Tax Purposes: Exchange of Information on Request: Handbook for Peer Reviews 2016-2020 (Third Edition), OECD Publication, Paris, 2016, p. 25.

[2] See Ana P. Dourado, *Exchange of Information and Validity of Global Standards in Tax Law: Abstractionism and Expressionism or Where the Truth Lies*, EUI Working Paper RSCAS, p. 16 (2013).

[3] 参见《中华人民共和国政府和阿根廷共和国政府关于税收情报交换的协定》，第 8 条。

表 4－1　允许公开的主体范围对比

比较项目	与税收核定、征收、执行或刑事追诉以及诉讼裁决相关的人员或机关	纳税人、代理人或证人	监管主体	第三国
《税收情报交换协定范本》(2002)	√	√	×	√
经合组织 DTC 范本	√	√	√	√
《互助公约》	√	√	√	√

其一，三者在文本中均明确地允许涉税信息可向情报获取国境内与税收的核定、征收、执行或刑事追诉以及诉讼裁决相关的人员或机关（包括法院和行政部门）公开。同时，上述人员或机构可以在公开法庭的诉讼或有关的司法判决中公开相关情报。以经合组织 DTC 范本为例，在"同等保护标准"之外，经合组织 DTC 范本第 26(2) 条进一步规定了通过国际税收情报交换渠道获取的相关情报的范围，即"仅限于对第一款所述税收的评估、征收、执行、起诉、裁决上诉有关的人员或当局（包括法院和行政机关）或其监督部门披露。上述人员或当局应仅为上述目的使用该项信息，但可以在公开法庭程序或法院判决中披露有关信息"。其二，三者的注释中均表明，参与前述活动的纳税人、代理人以及证人等主体类型，虽然三者文本中并未明确表明他们可以接触相关涉税信息，但这些主体仍然可以因为参与前述活动而成为涉税信息公开的主体范围。其三，与经合组织 DTC 范本和《互助公约》的做法不同，《税收情报交换协定范本》(2002) 的公开主体范围中不包含对于前述各项活动实施监管的主体类型。其四，三者虽然均允许情报获取国的税务机关在符合一定条件的情况下，将通过国际税收情报交换渠道所获取的涉税信息提供给第三方主体，但具体的要求并不一致。经合组织 DTC 范本注释规定只有在缔约国双方的双边条约中明确规定允许将所获情报向第三方披露时，情报获取国才可将此情报传递给第三国。《互助公约》第 22 条第 4 款规定"经情报提供国主管当局事先授权，情报获取国可将获得的情报传递给第三方"。《税收情报交换协定范本》(2002) 规定"未经情报提供国主管当局

明确的书面同意，所获情报不得向任何其他人、实体、机关或国家披露”。

2. 目的范围

涉税信息的使用目的已从主要用于税收目的扩展至非税收目的（如反洗钱、反腐败或反恐怖活动融资等）。但是，三类税收情报交换法律工具对于是否可以将通过国际税收情报交换渠道获取的相关情报用于非税收目的的态度并不一致，并对此附加了不同的条件限制。

《税收情报交换协定范本》（2002）对于将税收情报用于非税收目的的态度最为保守，仅允许将通过国际税收情报交换制度所获取的情报用于税收目的，不允许用于其他非税收目的。《互助公约》的态度最为开放。根据《互助公约》规定，在情报提供国的国内立法允许且该国税收主管当局有授权的情况下，情报获取国可将所获情报用于除税收目的之外的其他目的。经合组织 DTC 范本文本在 2012 年修订后，允许将此类情报用于其他非税收目的，但要符合以下两个条件：（1）缔约国双方的国内法均允许将税收情报用于其他非税收目的；（2）情报提供国的税收主管当局已另行授权此种使用。对比可知，虽然经合组织 DTC 范本和《互助公约》均允许将相关情报用于其他非税收目的，但前者的限制条件显然更为苛刻。（见表 4－2）

表 4－2　是否允许将情报用于其他非税收目的的对比

比较项目	是否可用于非税收目的	用于非税收目的的限制条件
《税收情报交换协定范本》（2002）	×	—
经合组织 DTC 范本	√	1. 缔约国双方的国内法均允许将税收情报用于其他非税收目的； 2. 情报提供国的税收主管当局允许将情报用于其他非税收目的
《互助公约》	√	1. 情报提供国的国内立法允许； 2. 该国主管当局已经授权允许此种使用

除此之外，鉴于三者均允许“在公开法庭的诉讼或有关的司法判决

中公开相关情报”,那么自然引申出的问题是,该信息在公开审判中的公开行为是否意味着其保密性的完全丧失。对此,《互助公约》注释认为,虽然情报获取国可以基于其他目的援引在公开审判或判决中披露的信息,但其可获取的信息范围将止步于此,在未满足前述用于其他目的的条件的情况下,不得要求税务机关公开更进一步的详细信息。[1] 经合组织DTC范本中也做出了类似的处理,即在法庭或判决中公开的部分信息虽然可以被作为证据引用,但此事实并不意味着允许税务机关提供更多的额外信息。[2]

(三)救济措施

如果情报获取国并未履行税收协定中所规定的保密措施,情报提供国以及纳税人是否可以采取相关措施?对此,经合组织DTC范本、《互助公约》和《税收情报交换协定范本》(2002)均未表明纳税人是否可以依据税收协定采取相应的救济措施,并对于情报提供国的救济措施做出了不同的回答。

《税收情报交换协定范本》(2002)虽然认识到了缔约国双方按照此规则履约的重要性,[3]但对于情报获取国违反协定义务的情形下情报提供国可以采取的反制措施保持了沉默,既未明确情报提供国可采取的救济措施,也未赋予纳税人相应的救济渠道。在经合组织DTC范本的注释中,经合组织认为如果情报提供国认为情报获取国未能遵守协定中赋予的保密义务,前者可以暂停向对方提供该条款下规定的情报协助活动,直至后者做出将确实履行该条款下保密义务的保证。[4] 同样的规定亦可见于《互助公约》的注释之中。根据公约相关注释可知,在情报提供国认为缔约国对方未能履行该公约规定的情报保密义务的情况下,可以暂停向对方提供该公约规定的协助活动,直至后者做出承诺,将确实履行该公

[1] See Commentary on Article 22 of Multilateral Convention on Mutual Administrative Assistance in Tax Matters, para. 221.

[2] See OECD, Commentary on Article 26 of OECD Model Convention(2017), para. 13.

[3] See OECD, Commentary on Article 8 of Agreement on Exchange of Information for Tax Matters (2002), para. 94.

[4] See OECD, Commentary on Article 26 of OECD Model Convention(2017), para. 11.

约规定的保密义务。[1]

值得注意的是，经合组织 DTC 范本和《互助公约》注释中采用的表述均为“可以”(may)而非“应当”(shall)。从中可知，该条款赋予情报提供国的是暂停征管协助的自由裁量权，而非强制性义务。对此，有学者认为，这一规定对于纳税人而言并非具有确定性的制度保障，情报提供国仍可基于其他因素而决定继续提供相应情报。[2]

三、补充支柱：特殊类型情报限制交换条款

前文已述，国际税收情报交换制度中对于涉税信息的安全保护，除诉诸涉税信息保密规则外，还应当考虑另行增加额外的保护措施，以期实现对于纳税人特殊类型涉税信息的差异化保护。然而，从性质上来看，国际税收情报交换制度在引入特殊类型情报限制交换条款时，其本来目的是免除情报提供国税务机关在特定情形下的情报提供义务，以避免不合理地加重情报提供国税务机关的情报提供义务，或造成协定义务与国内法的冲突。是故，该条款的适用虽然在客观上可以发挥对于纳税人涉税信息安全的保护作用，但其本身并非为了向纳税人的涉税信息安全保护提供条款依据。因此，虽然特殊类型情报限制交换条款具有作为情报提供国履行保护义务协定条款依据的潜在可能性，但鉴于该条款中所包含的情形较为繁杂，且涉及的情报类型较多，是故有必要先对此条款的性质及其涵盖范围加以探讨。

特殊类型情报限制交换条款的文本并未采用“情报提供国在以下情形中不得提供相关情报”的表述方式，而是采用“情报提供国在以下情形下不被视为负有提供相关情报的义务”的表述方式。同时，应当注意的是，情报提供国之所以可以免于提供这些条款中所规定的诸多情报类型，其中原因并非全部都直接指向纳税人的涉税信息的安全保护问题，故应当先加以甄别。经合组织 DTC 范本第 26 条第 3 款规定，“不应赋予情报

---

[1] See Commentary on Article 22 of Multilateral Convention on Mutual Administrative Assistance in Tax Matters, para. 191.

[2] See Xavier Oberson, *International Exchange of Information in Tax Matters: Towards Global Transparency*, Edward Elgar Publishing, 2015, p. 220.

提供方以下义务：a）采取与该国或缔约国另一方的法律和行政惯例不相一致的行政措施；b）提供按照该缔约国一方或缔约国另一方的法律或正常行政渠道无法得到的信息”，这两项内容之所以被罗列其中，其目的在于避免缔约国通过适用国际税收情报交换条款绕过本国立法上对于税务机关获取涉税信息的制度限制，进而贯彻“互惠原则”（principle of reciprocity）。由于这两类限制条款具有镜面效应（mirror effect），“发出请求的缔约国受制于这些限制，所以互惠原则成为信息交换的一部分”[1]。因此，这些内容旨在赋予情报提供国在税收情报交换过程中的优势地位，与涉税信息的安全保护存在一定的距离。

鉴于此，本书认为，特殊情报限制交换条款中更适合作为涉税信息安全保护协定条款的内容应当局限于经合组织 DTC 范本第 26 条第 3 款第 3 项之规定及其他协定中的类似条款，其中所包含的具体情报类型主要包括“贸易、经营、工业、商业、专业秘密或贸易过程的信息”，“公开此信息会违反公共政策（公共秩序）的信息”以及《税收情报交换协定范本》（2002）中规定的“‘律师—客户’之间的秘密通信信息”类型。同时，由于“银行账户信息与所有权信息”往往与该条款的适用存在紧密的关联，是故本书也将其一并分析，具体如下。

（一）商业秘密

商业秘密“作为一种具有实际的或潜在的商业价值的无形资产，是市场主体采取保密措施的技术信息和经营信息”[2]。如果此类信息被泄露，将对被涉及的企业造成不可挽回的重大经济损失。鉴于此，经合组织 DTC 范本第 26 条第 3 款第 3 项、《税收情报交换协定范本》（2002）第 7 条第 1 款、《互助公约》第 21 条第 2 款第 4 项均引入了限制商业保密信息交换的条款，以协调包含商业秘密的涉税信息在跨境流动与安全保护之间的可能冲突。

---

[1] ［奥］迈克尔·朗：《避免双重征税协定法导论》（第 2 版），朱炎生译，法律出版社 2017 年版，第 173 页。

[2] 李薇薇、郑友德：《欧美商业秘密保护立法新进展及对我国的启示》，载《法学》2017 年第 7 期。

1. 商业秘密的定义

三种国际税收情报交换法律工具对于商业秘密的外延均进行了明确阐述。依据经合组织 DTC 范本第 26 条第 3 款第 3 项之规定,商业秘密主要包括"贸易、经营、工业、商业、专业秘密或贸易过程的信息"六种类型,《税收情报交换协定范本》(2002)和《互助公约》亦对此六种信息类型进行了规定。但是,在《关于税收透明度和情报交换进展监督和评议的审议标准》第 C.4.1 项中仅列举了五种商业秘密类型,即"贸易、经营、工业、商业和专业秘密",并未包含"贸易过程的信息",致使在实践中,如果缔约国双方签署的税收情报交换条款中仅包含前五类商业秘密的条款也可被认定为符合应请求的情报交换的审议标准。[1]

相较之下,对于商业秘密的概念内涵,三者的条款中均未进行明确界定,仅对于此概念的具体适用做出了一些指引性的建议。经合组织 DTC 范本对于商业秘密的界定指引包括以下两个方面:其一,为了避免阻碍有效税收情报交换的开展,商业秘密的涵盖范围不应过于宽泛,且情报提供国在援引该条款认定商业秘密之前,应当仔细权衡此项涉税信息中所涉及的纳税人利益是否足以证成。[2] 其二,商业秘密应当具备三个特征,即"具有相当可观的经济重要性"、"可能被实际利用"以及"未经授权的使用可能会导致严重的损害"。[3] 同时,针对实践中对于财务信息是否构成商业秘密的争议,经合组织 DTC 范本注释也给予了适当指引,从案例的角度再次重申了商业秘密的认定应当尽可能避免宽泛的态度,是故财务信息(包括账簿和记录)本身并不天然地构成商业秘密,只有在这些财务信息的公开可能会间接泄露保密配方等商业秘密时,才可被视为商业秘密。[4]

同样地,《互助公约》也仅仅是在注释中建议情报提供国在认定商业秘密时应当考虑到以下两个方面的内容。其一,商业秘密概念的适用范

[1] See Global Forum on Transparency and Exchange of Information for Tax Purposes: Exchange of Information on Request: Handbook for Peer Reviews 2016 – 2020 (Third Edition), OECD Publication, Paris, 2016, 26.

[2] See OECD, Commentary on Article 26 of OECD Model Convention (2017), para. 19.

[3] See OECD, Commentary on Article 26 of OECD Model Convention (2017), para. 19.2.

[4] See OECD, Commentary on Article 26 of OECD Model Convention (2017), para. 19.2.

围不应当过于宽泛，且在具体判断时，情报提供国的税务机关应当仔细权衡这些涉税信息中所涉及的纳税人利益是否足以证成“商业秘密”的认定结果。[1] 其二，商业秘密的认定应当考虑到经合组织 DTC 范本中所提出的三个典型特征，并指出在多数情况下情报交换并不会产生商业秘密的问题。[2]

《税收情报交换协定范本》(2002)及其注释并未指出商业秘密的典型特征，但在商业秘密的认定倾向上与前二者采取了相似的保守态度，即大部分税收情报交换活动不会引起商业秘密的问题。[3] 除此之外，《税收情报交换协定范本》(2002)注释中还以财务信息为例对于如何谨慎地认定商业秘密做出指引，即通常情况下财务信息并不会构成商业秘密，但若财务信息(如其中的采购信息)的披露可能泄露某种产品的秘密配方，此时的财务信息应当被认定为商业秘密。[4]

2. 商业秘密的保护措施

从三类税收情报交换法律工具的文本来看，一旦涉税信息被认定包含商业秘密后，情报提供国税收主管当局即有权拒绝向缔约国对方提供该情报。从效果上来看，此种做法可以有效保障商业秘密的信息安全，但不利于涉税信息在全球范围内的自由流动。鉴于此，三类税收情报交换法律工具的注释中均提供了替代性措施，以便在确保商业秘密信息安全的基础上，缓解信息安全保护和自由流动之间的矛盾。

在经合组织 DTC 范本的相关注释中，经合组织首先对于该条款的性质进行了澄清。经合组织认为，情报提供国的税务主管当局在此事项上应当享有充分的自由裁量权。是故，如果情报提供国的税务主管当局决定向缔约国对方税务机关提供被认定为商业秘密的涉税信息时，纳税人

〔1〕 See Commentary on Article 21 of Multilateral Convention on Mutual Administrative Assistance in Tax Matters, para. 192.

〔2〕 See Commentary on Article 21 of Multilateral Convention on Mutual Administrative Assistance in Tax Matters, para. 194.

〔3〕 See OECD, Commentary on Article 8 of Agreement on Exchange of Information for Tax Matters (2002), para. 79.

〔4〕 See OECD, Commentary on Article 8 of Agreement on Exchange of Information for Tax Matters (2002), para. 80.

也不得主张此决定违反了税收协定所规定的保密义务。[1]《互助公约》的相关注释中也表达出同样的观点。[2]《税收情报交换协定范本》(2002)在其注释中虽然没有明确对于该条款的性质进行表述,但其注释中指出"在援引本款规定前,情报提供方应认真权衡其法律所保护的人的利益与请求方的利益。在考虑这个问题方面情报提供方还应考虑第八条的保密规则"[3],此等表述事实上承认了情报提供国税务主管机关在此事项的判断上享有充分的自由裁量权。

在此基础上,经合组织 DTC 范本注释建议情报提供国可以在综合考虑协定中的保密规则、情报获取国的国内立法及行政实践情况之后,作出提供情报的决定。也就是说,如果情报获取国的国内立法和具体实践足以确保此等商业秘密不会被用于未经授权的目的,情报提供国可以作出向缔约国对方提供相应情报的决定。[4]

《互助公约》在前述建议之外,还提出可以对商业秘密在进行额外保护的前提下进行情报交换。也就是说,情报提供国在决定提供相应信息时,可以向对方明确该信息作为商业秘密的性质,并为对方税务当局对该信息的使用附加其他的特殊条件,如特殊的保密要求、通知纳税人等。[5]《互助公约》认为无论是此二者中的任何一种处理方式,均可以在确保纳税人商业秘密安全的前提下,最大限度地实现税收情报交换的顺利开展。

(二)法律职业特权信息

在国际税收情报交换过程中,法律职业的保密信息同样可以作为情报提供国税收主管当局拒绝提供的情报类型之一。作为律师与委托人建立互信的基础,许多国家均为律师与委托人之间的秘密交流提供了制度性的保护。例如,《美国证据法》将律师与委托人之间的秘密交流作为

---

〔1〕 See OECD, Commentary on Article 26 of OECD Model Convention(2017), para. 19.

〔2〕 See Commentary on Article 21 of Multilateral Convention on Mutual Administrative Assistance in Tax Matters, para. 192.

〔3〕 See OECD, Commentary on Article 8 of Agreement on Exchange of Information for Tax Matters (2002), para. 83.

〔4〕 See OECD, Commentary on Article 26 of OECD Model Convention(2017), para. 19. 1.

〔5〕 See Commentary on Article 21 of Multilateral Convention on Mutual Administrative Assistance in Tax Matters, para. 191.

"律师—客户"特权保护的对象,规定不得强迫律师公开此类信息。[1] 因此,经合组织 DTC 范本和《互助公约》的注释均认为应当限制对"律师—客户"之间秘密通信内容的交换,《税收情报交换协定范本》(2002)更是将其明确规定在协定文本中,以尽可能缓解税收情报交换制度与法律职业保密制度在适用上的冲突。

依据《税收情报交换协定范本》(2002)第 7 条第 3 款及其相关注释可知,协定范本意义上的"律师—客户"之间的秘密通信内容应当具有以下四个方面的特征:其一,此信息应当是"秘密"的通信,若客户能够合理预期此种通信是保密的,则该信息即可构成"秘密通信"。因此,在律师与客户联系时存在第三方或客户明确指示将通信内容向第三方分享的,不构成秘密通信。[2] 其二,此秘密通信应当发生在"客户和律师、事务律师或其他经认可的法律代表"之间,客户与仅受过法律训练但尚未获准从事法律实务工作的人之间的通信不属此类。[3] 其三,律师、事务律师或其他被认可的法律代表只有在其以律师代理的身份行事的条件和范围内,发生的秘密通信方属此类。[4] 其四,此秘密通信是"为寻求或提供法律咨询目的而产生的"或"为用于正在进行的或计划进行的法律诉讼目的而产生的",因此为了避免文件或记录被泄露而交给律师保管的文件或记录不属此类。[5]

经合组织 DTC 范本和《互助公约》中并未详细地界定何为协定意义上的"律师—客户"之间的秘密通信内容,仅对此概念的适用做出了以下四点指引。其一,此概念的认定不应过于宽泛。其二,秘密通信内容不应当包含为了避免被公开而交给律师、事务律师或其他被认可的法律代表

[1] 参见刘译砜:《论委托人与辩护律师的关系——以美国律师职业行为规范为切入的分析》,载《浙江工商大学学报》2018 年第 3 期。

[2] See OECD, Commentary on Article 7 of Agreement on Exchange of Information for Tax Matters (2002), para. 86.

[3] See OECD, Commentary on Article 7 of Agreement on Exchange of Information for Tax Matters (2002), para. 87.

[4] See OECD, Commentary on Article 7 of Agreement on Exchange of Information for Tax Matters (2002), para. 88.

[5] See OECD, Commentary on Article 7 of Agreement on Exchange of Information for Tax Matters (2002), para. 89.

的文件或记录。其三,个人身份信息(如公司董事或受益所有人)一般不认定为秘密通信内容。其四,律师、事务律师或其他被认可的法律代表以匿名股东、受托人、公司董事或在商业事项上作为公司代理律师的身份行事时,发生的秘密通信不属于此类。[1]

同时,在与国内法上的"律师—客户"之间保密制度的协调问题上,三者均认为协定条款的适用范围应当窄于国内法的适用范围。《税收情报交换协定范本》(2002)中指出,如果情报提供方国内法上同样的特权规定范围窄于该协定范本中界定的范围(譬如,情报提供国的国内法上不承认在税收事项方面有这样的特权,或者不承认在涉及税收犯罪事项时仍有这种特权),情报提供国不应拒绝请求,除非可援引该协定范本第7条第1款拒绝提供信息。[2] 而经合组织 DTC 范本注释中指出,对于此条款适用范围的认定应当完全依据情报提供国的国内法进行,在此基础上考虑协定注释中进行的限制性指引内容,无须考虑到情报获取国的国内立法对于此问题的规定。[3] 《互助公约》的注释中也做出了与经合组织 DTC 范本注释几近相同的表述。[4]

本书认为,此条款的引入可以有效避免国际税收情报交换制度为"律师—客户"之间秘密通信信息所造成的压力。一般而言,"律师—客户"之间的秘密通信内容既可能涉及商业秘密,又可能涉及纳税人的税收筹划,甚至逃避税的问题。如果说前者尚可以适用商业保密制度条款进行保护的话,后者则无法涵盖在商业保密制度条款下,应当另行予以明确。正因如此,经合组织 DTC 范本建议,缔约国双方应当在协定中明确引入此条款,以实现对此类内容的周延性保护。[5] 同时,在应请求的情

---

[1] See OECD, Commentary on Article 26 of OECD Model Convention(2017), para. 19.3; also see Commentary on Article 21 of Multilateral Convention on Mutual Administrative Assistance in Tax Matters, para. 195.

[2] See OECD, Commentary on Article 7 of Agreement on Exchange of Information for Tax Matters (2002), para. 84.

[3] See OECD, Commentary on Article 26 of OECD Model Convention(2017), para. 19.3.

[4] See Commentary on Article 21 of Multilateral Convention on Mutual Administrative Assistance in Tax Matters, para. 195.

[5] See Oliver – Christoph Günther & Nicole Tüchler eds., *Exchange of Information for Tax Purposes*, Linde Verlag Ges. m. b. H., 2013, p. 554.

报交换的审议标准中,该类信息也被明确列为审议标准的组成部分。[1]

(三)公开将违背公共政策(公共秩序)的信息

与前两种特殊类型的涉税信息相同,如果一项信息的公开与情报提供国的公共政策或公共秩序相违背,情报提供国也可以拒绝提供该信息。

何为公开将违背公共政策(公共秩序)的信息? 对此,在经合组织DTC 范本注释中,经合组织认为此类信息往往关涉到情报提供国的重要利益(vital interest),是故公开此类信息以及所造成的后果会违背情报提供国的公共政策或公共秩序。[2] 经合组织在注释中列举了两种情形作为指引案例。其一,如果情报获取国的税务调查基于政治、种族或宗教破坏而产生,此种情形将构成本条款所适用之范围。其二,如果该项信息构成国家机密(state secret),那么情报提供国也可援引此条款拒绝提供。在《税收情报交换协定范本》(2002)[3]和《互助公约》注释[4]中,相关表述与经合组织 DTC 范本几乎一致。

由于此类信息的概念内涵较为模糊,虽然经合组织认为此条款应当仅在较为极端的情形下被援引,并且《税收情报交换协定范本》(2002)中还明确表示了银行保密制度不应当被视为公共政策(公共秩序)的一部分。[5] 但实践中,一些国家出现了扩张此条款适用范围的情形。举例而言,列支敦士登的相关法律规定,如果缔约国对方发起情报交换请求所基于的情报是盗窃的数据,由于数据盗窃在列支敦士登是刑事犯罪行为,故在此种情况下向对方提供相关涉税信息将构成对列支敦士登公共政策的

---

[1] See Global Forum on Transparency and Exchange of Information for Tax Purposes: Exchange of Information on Request: Handbook for Peer Reviews 2016 - 2020(Third Edition), OECD Publication, Paris, 2016, p. 26.

[2] See OECD, Commentary on Article 26 of OECD Model Convention(2017), para. 19. 5.

[3] See OECD, Commentary on Article 7 of Agreement on Exchange of Information for Tax Matters (2002), para. 91.

[4] See Commentary on Article 21 of Multilateral Convention on Mutual Administrative Assistance in Tax Matters, para. 196.

[5] See OECD, Commentary on Article 5 of Agreement on Exchange of Information for Tax Matters (2002), para. 46.

违背。[1]

(四)银行账户信息与所有权信息

银行账户信息与所有权信息一直是国际税收情报交换制度中的重要关注对象。二者虽然往往被并列提及,但银行账户信息与所有权信息的内容指向并不完全相同。银行与客户之间的保密合同与相关的银行保密立法,构成了银行保密制度的基础。而所有权信息往往是指公司、合伙、信托以及其他用于从事商业交易法律工具的所有权链条的信息。[2] 在应对避税港和跨国逃避税的问题中,国际社会逐渐意识到银行保密制度是在避税港国家或地区获取相关信息的最大障碍。[3] 因此,经合组织于2000年发布了"为税收目的提高获取银行信息的能力"的报告,总结各成员方在获取纳税人涉税银行信息的制度现状,揭示了银行保密制度作为逃税等非法活动保护伞的现实,并提出应当从国内、国际两个层面采取措施,以提高各成员方为税收目的获取银行信息的能力。[4] 同样地,所有权信息(特别是受益所有权)的不透明状况也是制约有效税收情报交换的重要障碍。正如二十国集团杭州峰会公报中所指出的,"金融透明度和所有国家对透明度标准的有效落实,特别是落实法人和法律安排的受益所有权方面的透明度标准,对保护国际金融体系的完整性,防止将这些实体用于腐败、逃税、恐怖主义融资和洗钱活动至关重要"[5]。

那么,哪些信息属于此条款项下所包含的信息类型呢?依据《税收情报交换协定范本》(2002)第5条第4款之规定,银行账户信息主要是指"银行、其他金融机构以及包括被指定人和受托人在内的任何以代理

---

[1] See OECD: Global Forum on Transparency and Exchange of Information for Tax Purposes Peer Reviews: Liechtenstein 2015: Phase 2: Implementation of the Standard in Practice, OECD Publication, Paris, 2015, para. 271.

[2] See OECD, Commentary on Article 5 of Agreement on Exchange of Information for Tax Matters (2002), para. 55.

[3] See Tony Anamourlis & Les Nethercott, *An Overview of Tax Information Exchange Agreements and Bank Secrecy*, Bulletin for International Taxation, Vol. 63:12, p. 616(2009).

[4] See OECD: Improving Access to Bank Information For Tax Purposes, OECD Publication, Paris, 2000.

[5] 《二十国集团领导人杭州峰会公报》,载2016年G20峰会官网,http://www.g20chn.org/hywj/dncgwj/201609/t20160906_3392.html。

或受托身份行事的人所掌握的信息”，而所有权信息主要是指“有关公司、合伙人、信托、基金、机构(Anstalten)和其他所有权的情报，包括根据第2条的限定，在同一所有权链条上所有上述人的所有权信息。包括财产信托(trust)情形下的委托人、受托人和受益人信息，基金(foundation)情形下基金创立人、基金理事会成员和受益人的信息。此外，本协定的缔约方并没有获取或提供与上市公司或开放式集合投资基金或计划的所有权信息的义务，除非此类信息的获取不造成不合比例的困难”。经合组织DTC范本和《互助公约》也将此规定引入文本之中，但采用的表述较之于《税收情报交换协定范本》(2002)更为简单。在2005年，经合组织DTC范本中引入第5款，即“在任何情况下，第3款的规定不应被理解为允许缔约国仅因信息由银行、其他金融机构、被指定人、以代理或受托资格行事的人所持有，或者由于信息与人的所有权利益有关而拒绝提供信息”。

从内容上看，由被指定人、以代理或受托资格行事的人所持有的信息在一些国家可能被视为“职业秘密”(professional secrets)，而所有权信息则可能被视为“商业秘密”。在此种情况下，情报提供国有可能援引商业秘密(职业秘密)条款拒绝向缔约国对方提供银行账户信息或所有权信息。为了避免这种情况的发生，三大税收情报交换法律工具通过明确引入银行账户信息和所有权信息条款，使之从商业秘密(职业秘密)中独立出来并被加以区分，以及在协定的适用效力上体现为经合组织DTC范本第26条第5款的效力优先于第26条第3款，[1]致使由被指定人所持有的信息并不会仅仅因该信息由被指定人持有这一事实而构成“职业秘密”。[2]

从实际效果上来看，此条款的引入将压缩纳税人利用离岸金融中心及其银行保密制度和所有权信息不透明等制度规避税收情报交换的空间。诚如前述，在一些国家，银行信息、代理人持有信息以及所有权信息分别可能成为银行保密制度、职业保密制度和商业保密制度的保护客体。但是，在税收情报交换制度的发展过程中，考虑到各国既有的国内立法在

---

〔1〕 See OECD, Commentary on Article 26 of OECD Model Convention(2017), para. 19.11.

〔2〕 See OECD, Commentary on Article 26 of OECD Model Convention(2017), para. 19.12.

保护纳税人相关权利的同时,也可能阻碍税收情报交换范围的扩大。故而,在税收情报交换制度与相关制度之间产生冲突时,该条款的引入可使得税务机关优先考虑税收情报交换的有效实施。

除前述四类限制交换的情形外,在《互助公约》和《税收情报交换协定范本》(2002)的限制交换情形中,还存在一类情形值得特别注意,即"如果请求方请求的信息是用于实施或执行其国内税法某项规定或任何相关要求,且此种规定或要求与在相同情形下的情报获取国国民相比,构成对情报提供国国民的歧视,在此情形下,情报提供国可以拒绝此项情报交换请求"[1]。本质上而言,此条款是非歧视原则的延伸适用,旨在避免情报交换的结果导致对于情报提供国国民的税收歧视。当然,仅仅依据税收居民身份的不同而做出的区别对待不属此类。[2]

第二节 情报提供环节的涉税信息安全保护体系

在现行国际税收情报交换制度中,情报提供国在情报提供环节对于涉税信息的安全保障并不承担协定义务。然而,正如前文所述,情报提供国在此环节中对于纳税人及其他信息提供者应负保护义务,以确保该制度的运作不会过分损害纳税人及其他信息提供者的正当利益,其中合适的条款依据即为"特殊类型情报限制交换条款"。然而,基于前节对于该条款的性质分析可知,情报提供国在是否向缔约国对方提供相关情报的判断中无论作出何种选择均不应被视为违背协定义务,是故该条款的最终适用结果完全取决于情报提供国基于利益权衡后的自主判断。

因此,立足于完善情报提供环节中的涉税信息安全保障制度,其核心内容在于规范该条款的解释思路,并辅以相关的国内法制度,以确保情报提供国在利益衡量之时能够在私益与公益之间做出最合理的选择。本节

---

[1] See Agreement on Exchange of Information for Tax Matters, Article 7(6); Also see Multilateral Convention on Mutual Administrative Assistance in Tax Matters, Article 21(2)(f).

[2] See Commentary on Article 21 of Multilateral Convention on Mutual Administrative Assistance in Tax Matters, para. 200.

立足于此，分别讨论围绕该条款所建构之制度的制度目标、核心内容、实践反思以及完善之道。

一、体系目标：确保安全前提下的信息流动

尽管特殊类型情报限制交换条款的文本是从赋予情报提供国拒绝提供相关情报权利的角度进行表述的，但结合相关注释的内容可知，该条款的设置并非旨在阻碍国际税收情报交换制度的有效开展，而是为该条款项下所涵盖的特殊情报类型提供额外的保障措施。诚如前述，特殊类型情报限制交换条款项下所涵盖的情报类型较之于一般的涉税信息更具敏感性，一旦泄露可能给纳税人造成更大的经济损失或其他损害。同时，因其中所包含经济利益的巨大诱惑，此类情报在传输和使用过程中面临的泄露风险更大。是故，该类情报的特性促使情报提供国在进行私益与公益的衡量过程中应当对于前者予以特别考虑。假使情报提供国认为缔约国对方现行的保障措施不足以确保此等敏感信息的安全，其既可以要求对方当局提供额外的保障措施以确保该类情报的安全，也可以拒绝向其提供以完全消除该类情报在他国泄露的可能。

因此，该条款与"可预见的相关性标准"不同，并非旨在将此类情报完全从情报交换制度的涵盖范围中排除，而是在于赋予情报提供国以更为灵活的地位，在确保信息安全的前提下开展情报交换。质言之，特殊类型情报限制交换条款的设置可以为情报提供国税务机关保护纳税人的合法权利提供有力依据，即情报提供国税务机关可以通过援引此条款，拒绝向情报交换的情报获取国提供相应情报，从而避免该情报在获取、传输和使用过程中的潜在泄露风险。然而，由于各国已经或正在不断完善国内法上有关涉税信息的安全保护体系，该条款过于频繁或宽泛的使用会在客观上造成不利于有效的税收情报交换开展的效果，与国际税收情报交换背景下所追求的纳税人权利保护的理念并不完全契合。

鉴于此，各类税收情报交换法律工具通过调整注释内容，澄清该条款在适用时应秉持的审慎态度，以尽可能地在纳税人的权利保护与涉税信息自由流动之间取得平衡，具体体现在以下两个方面。

（一）特殊类型情报限制交换的替代性保护选择

针对已被认定为特殊类型的涉税信息的待交换信息，国际税收情报

交换制度在建构安全保障体系时文本表述选取的保护模式是“一刀切”的保护模式。具体而言，一项信息一旦被认定为特殊类型的涉税信息，情报提供国的税务机关即可以此为据拒绝向对方税务机关提供相关情报。此种做法可以通过阻止涉税信息流动至对信息保护程度较低的国家，避免因此而产生的信息泄露。

但是，此种“一刀切”的保护模式显然会阻碍信息的自由流动，无助于国际税收情报交换制度目的的实现。在此情况下，现行国际税收情报交换制度希望通过各类国际税收情报交换法律工具的注释为各国解释适用相关条款时提供指引，以尽可能地避免“一刀切”的情形发生，从而实现在保障特殊类型情报安全的前提下尽可能地促进信息的自由流动。举例而言，经合组织DTC范本注释中针对已被情报提供国税务机关认定为商业秘密的涉税信息，规定在充分考虑协定中的保密规则、情报获取国的国内立法和行政实践的情况下，情报提供国如果认为情报获取国的国内立法和具体实践足以确保此等商业秘密不会被用于未经授权的目的，可以作出提供情报的决定。[1] 同时，该范本注释中还建议情报提供国可以通过删除情报中包含的商业秘密部分，仅交换余下不涉及商业秘密部分的信息。[2] 同样地，即便情报获取国当下的保密措施未能达到情报提供国的要求，《互助公约》框架下还提出了另一种建议方案，即情报提供国在决定提供相应信息时，可以向对方明确该信息作为商业秘密的性质，并为对方税务当局对该信息的使用附加其他的特殊条件，如特殊的保密要求、通知纳税人等。[3]

（二）特殊类型情报涵盖范围的合理认定

从效果上来看，针对特殊类型情报保护的前述变通措施虽然可以在一定程度上缓解信息安全与自由流动之间的矛盾关系，但是，这些变通措施并未从根本上改变现行国际税收情报交换制度针对特殊类型的税收情报在价值选择过程中的序位偏好，实践中仍然存在一些国家对于特殊类

---

〔1〕 See OECD, Commentary on Article 26 of OECD Model Convention(2017), para. 19.1.

〔2〕 See OECD, Commentary on Article 26 of OECD Model Convention(2017), para. 19.2.

〔3〕 See Commentary on Article 21 of Multilateral Convention on Mutual Administrative Assistance in Tax Matters, para. 191.

型情报采用"一刀切"的保护方式。为此,各类国际税收情报交换法律工具通过注释内容的不断调整,尽可能地指引各国在解释适用特殊类型情报限制交换条款时,能够尽可能地压缩该条款的适用范围。

经合组织 DTC 范本(1963)虽然已经引入并较为全面地对于特殊类型情报限制交换条款进行表述,但该条款涵盖范围的倾向并不清晰。彼时,注释中对于何为"秘密"并未提供过多的指引,致使实践中对此概念的理解产生了一定的分歧。[1] 一种观点认为一切在公开场合下无法获取且对于纳税人具有经济相关性的信息均应当作为"秘密"适用该条款,另一种观点则认为该限制条款的适用范围应当尽可能趋向狭窄。这一争论直到经合组织 DTC 范本(1977)注释中才得以明确,即"秘密"应当尽可能地采用狭义解释,以避免过宽的概念范围阻碍有效的税收情报交换。[2] 同时,情报提供国税务机关应当衡量此等信息作为商业秘密后所保护的个人利益是否足以证成该条款的适用,并考虑到税收协定中的保密规定。综合这些表述可知,由于税收协定对于所有的涉税信息类型均提供了保密规定,是故在理论上而言特殊类型涉税情报概念应当仅适用于保密规定仍不足以确保其安全的信息类型,如此适用方才具有合理性。[3]

从该条款在协定中的引入和发展历史可知,特殊类型情报(特别是商业秘密)概念的内涵和涵盖范围具有极大的弹性。因此,为了避免特殊类型涉税情报概念的涵盖范围过于宽泛,协定文本和注释的理念从两个方面得以逐步落实。其一,如果某缔约国的国内立法对于同一概念的适用范围大于协定适用范围而可能阻碍国际税收情报交换的开展时,协定范本往往建议各国通过在其国内立法上对此问题进行明确的方式避免潜在的法律冲突。举例而言,列支敦士登在《国际税收征管互助法》(LI-AATM)第 12 条中明确规定法律特权制度的限制效果不应当阻碍税收情报交换制度的正常开展。质言之,当列支敦士登国内法上的法律特权制

〔1〕 See Viktoria Wöhrer, *Data Protection and Taxpayers' Rights*: *Challenges Created by Automatic Exchange of Information*, IBFD, 2018, p. 22.

〔2〕 See OECD, Commentary on Article 26 of OECD Model Convention(1977), para. 16.

〔3〕 See Viktoria Wöhrer, *Data Protection and Taxpayers' Rights*: *Challenges Created by Automatic Exchange of Information*, IBFD, 2018, p. 26.

度所涵盖的保密范围大于应请求的情报交换标准所提供的保密范围时，税务机关不得以特殊类型情报限制交换条款为依据拒绝向缔约国对方提供超出部分的涉税信息。[1] 其二，在实践中严格落实相应条款的内容，并针对实践中出现的适用难点进行指引。举例而言，三类税收情报交换法律工具的注释中均对于财务信息这一实践中常见的认定难点进行了描述，认为该类信息在通常情况下并不构成商业秘密，仅在可能泄露产品秘方的情况下方才构成商业秘密。同时，三者的注释中还对于实践中可能出现的其他类型的保密制度是否可以适用该条款进行了重申，即缔约国各国国内法上规定的其他保密制度均不得成为拒绝提供信息的理由。银行保密制度自不必言，缔约国国内法上的税收保密(tax secrecy)制度也不应当构成对于税收情报交换的障碍。[2]

概括而言，诸多国家在开展国际税收情报交换实践时，大体上能够遵循各类税收协定范本中的相关指引，审慎适用特殊类型情报限制条款，从而在有效税收情报交换的开展和纳税人涉税信息安全保护之间获取平衡。然而，随着国际税收情报交换制度所涵盖交换范围的不断扩大、国际社会对于涉税信息安全保护重视程度的不断增加、加之各国立法发展的不均衡状态持续存在，情报提供国在适用该条款进行权利保护之时将面临着越来越多的挑战，致使在国内税收利益和纳税人权利保护之间出现过分侧重一方的情形时有出现。鉴于此，本书接下来将对于该制度的适用实践进行反思，以期寻求完善之路。

二、实践异化:绝对自由裁量权路径下的脆弱平衡

诚如前述，特殊类型情报限制交换条款的适用目标应当是在确保信息安全前提下尽可能地促进信息流动，并通过该条款的审慎适用得以实现。但从实际状况来看，该条款对于纳税人保护作用的真正发挥还面临着两个方面的不确定性，即保护范围的不确定性和保护措施的不确定性。

---

〔1〕 See OECD: Global Forum on Transparency and Exchange of Information for Tax Purposes Peer Reviews: Liechtenstein 2015: Phase 2: Implementation of the Standard in Practice, OECD Publication, Paris, 2015, para. 292.

〔2〕 See OECD, Commentary on Article 26 of OECD Model Convention(2017), para. 14.

其一，尽管该条款列举了特殊类型情报的大致类别，如将商业秘密分为"贸易、经营、工业、商业、专业秘密或贸易过程的信息"，但协定文本中并未对相关概念的内涵予以界定。对此，界定该条款的概念时有两种不同的主张。一种主张依据税收协定中的概念解释规则，即转向缔约国的国内税法和其他可适用的法律。[1] 质言之，这些概念的最终适用范围将直接取决于不同国家的国内法。另一种则认为，由于此类概念应当被视为独立于国内法体系的概念，故不能适用各国的国内法上的定义方式。[2] 其二，该条款的表述方式为情报提供国税务机关的自由裁量留下了较大的空间。从文本表述来看，该条款是从不得向情报提供国施加情报提供义务的角度进行规定，而非采用"情报提供国不得提供以下类型信息"的方式表达。因此，情报提供国税务机关在援引此条款时既可以拒绝向对方提供相关情报，也可以自行决定是否向对方提供。同时，无论情报提供国税务机关作出的决定是提供还是不提供，纳税人和情报获取国的税务机关均不得主张情报提供国税务机关违背了协定义务，此时对于该决定的唯一限制因素是情报提供国的国内立法。

鉴于商业秘密类型在此条款的适用过程中出现频次较高，是故本书接下来的分析主要以商业秘密条款的适用为例进行说明。

（一）认定环节：概念认定思路存在分歧

特殊类型情报概念的合理认定是此条款发挥应然功能的前提条件。在实践中，如何确保此类概念认定结果的一致性且与税收协定的目的相符合，是困扰概念认定环节的两类主要问题。本书以两个对比案例为例展开说明。

2004 年，荷兰法庭曾在一起发生在英国与荷兰税务机关之间的情报

---

〔1〕 以经合组织 DTC 范本第 3 条第 2 款为例，该条款规定，"缔约国一方在实施本协定时，对于本协定未明确定义的术语，除非上下文另有要求，应当具有该缔约国当时适用于本协定税种的法律所规定的含义，此用语在该国有效适用的税法上的含义优先于在该国其他法律上的含义"。

〔2〕 See Ekkehart Reimer & Alexander Rust eds., *Klaus Vogel on Double Taxation Conventions* (*Fourth Edition*), Kluwer Law International, 2015, p. 1923.

交换的案件中,提出商业合同清单也可以构成贸易秘密。[1] 这一观点实际上不同于经合组织所提倡的商业秘密应当避免过分扩张的理念。在该案中,作为荷兰税收居民的纳税人所从事的经营内容,主要是马里布朗姆酒的购销活动。此纳税人从其他地方购买朗姆酒后,再将其销售给多个客户,从中赚取差价。在向荷兰税务机关进行税收申报时,该纳税人不仅申报了自己销售朗姆酒的数量,同时还提供了客户名单信息。在英国税务机关向荷兰税务机关进行情报交换请求时,该纳税人明确表示拒绝,认为在朗姆酒的制造商可能获取客户名单的情况下,将会跳过该纳税人,直接与下一级客户进行交易,因此客户名单信息应当作为"贸易机密"。荷兰法庭支持了纳税人的这一观点,认为商业合同清单构成商业秘密,故荷兰税务机关不得向英国税务机关提供。然而,新加坡高等法院在 2013 年裁判 BJY 案件时,采取了与荷兰法庭相反的做法,认为银行文档(banking documents)不具备与消费者名单或供应商名单类似的性质,不应当被视为"商业秘密"。[2]

从上述案例可以看出,由于国际税收情报交换法律工具中并未界定特殊类型情报条款的概念,致使在实践过程中对于此类概念的解释适用存在矛盾之处。更进一步而言,之所以会产生解释适用结果的分歧,其原因在于解释此类概念时的思路存在分歧,即由于该条款并未对特殊类型情报的概念进行界定,在对其进行具体解释时选择的法律依据是否应当指向缔约国的国内法律,特别是情报提供国的国内法律。对此,理论界产生了以下两种不同的主张,即肯定观点和否定观点。

1. 肯定观点

持肯定观点的学者认为,由于商业秘密等特殊类型情报条款在税收协定中没有进行明确规定,是故在解释适用时应当遵循税收协定中的概

---

〔1〕 See The Netherland District Court for the District of Groningen, 28 May 2004, AWB 04/274 BESLU V05, Shipstores v. The State Secretary for Finance.

〔2〕 See High Court of Singapore, 13 Sep. 2013, [2013] SGHC 173, Comptroller of Income Tax *v.* BJY and others.

念解释规则，转向缔约国的国内税法和其他国内法层面可适用的法律。[1] 更进一步而言，这些概念的最终适用范围往往取决于情报提供国的国内法规定。同时，由于一些国家的国内税法上对于此类概念并未界定，是故这些概念的最终界定往往取决于商业秘密法上的界定结果。

在各国的国内法上，无论是适用于税收征管语境的商业秘密概念，还适用于市场竞争相关立法语境下的商业秘密概念，二者虽在具体范围上有所不同，但对于商业秘密的认定范围均呈现扩大的趋势。作为一种特殊类型的知识产权，美欧针对商业秘密的保护制定了专门的法律文件，分别为《保护商业秘密法》(Defend Trade Secrets Act of 2016, DTSA)[2] 和《商业秘密保护指令》(EU Directive 2016/943 on the Protection of Trade Secrets, EU - TSD)[3]。其中，《保护商业秘密法》采用举例概括的归纳式立法体例，认为商业秘密是指符合秘密性、价值性、保密性要件的所有形式和类型的财务、商业、科学、技术、经济或工程信息，为了实现更充分的保护，其认定范围相对宽松。相较而言，《商业秘密保护指令》对于商业秘密的定义主要是采用构成要件的方式，即凡不符合"秘密性"、"价值性"和"保密性"三要件的信息均不属于商业秘密的范围。[4] 我国虽然没有制定专门的商业秘密保护法，但《反不正当竞争法》第 9 条也对于商业秘密的概念进行了界定，其中采用的构成要件同样为"秘密性"、"价值性"和"保密性"。[5] 同时，为了避免因税务机关的不当泄露而致使纳税人承受经济受损，税收征管语境下的商业秘密概念往往比商业保密法语

---

[1] 以经合组织 DTC 范本为例，该范本第 3 条第 2 款规定，"缔约国一方在实施本协定时，对于本协定未明确定义的术语，除非上下文另有要求，应当具有该缔约国当时适用于本协定税种的法律所规定的含义，此用语在该国有效适用的税法上的含义优先于在该国其他法律上的含义"。

[2] See U. S., Defend Trade Secrets Act of 2016, Public Law No. 114 - 153 (05/11/2016). S. 1890.

[3] See EU, EU Directive 2016/943 of the European Parliament and of the Council of 8 June 2016 on the Protection of Undisclosed Know - How and Business Information (Trade Secrets) Against Their Unlawful Acquisition, Use and Disclosure.

[4] 参见李薇薇、郑友德：《欧美商业秘密保护立法新进展及对我国的启示》，载《法学》2017 年第 7 期。

[5] 《反不正当竞争法》第 9 条第 4 款："本法所称的商业秘密，是指不为公众所知悉、具有商业价值并经权利人采取相应保密措施的技术信息、经营信息等商业信息。"

境下的概念范围更为广泛。在我国国家税务总局发布的《纳税人涉税保密信息管理暂行办法》中,商业秘密和个人隐私主要包括"纳税人的技术信息、经营信息和纳税人、主要投资人以及经营者不愿公开的个人事项"[1]。其中可以明显看出,税法语境下商业秘密的涵盖范围大于商业秘密法语境下的范围。举例而言,按照我国《反不正当竞争法》的要件规定,第三方的纳税信息很难被认定为商业秘密,但是依据《纳税人涉税保密信息管理暂行办法》之规定则可以被认定为商业秘密,司法实践中的相关案例也证明了这一点。[2]

2. 否定观点

相较之下,持否定观点的学者认为,由于此类概念是对于税收情报交换范围的直接限制,是故应当与"可预见的相关性"条款视为性质相似的条款类型,故在解释时应当被视为独立于各国国内法体系的协定概念。[3] 进一步而言,在税收情报交换条款针对情报交换缔约国双方所设置的权利义务框架中,可预见相关性条款是针对情报提供国的义务性规定,而特殊类型情报交换条款则应当被视为权利性规定。

同时,如果允许各国参照国内法进行解释的话,将在实践中产生与税收协定目的相悖的负面效果,具体体现在两个方面。其一,如果允许各国分别援引本国国内法进行解释,从前述分析可知,其解释结果往往会过于宽泛,从而与设置该条款的目的相冲突,不利于情报交换的顺利开展。其二,不同国家国内法上对此概念的界定结果并不一致,是故允许各国分别援引本国国内法进行解释的话,将可能导致缔约国双方由于对于同一种情报类型的认定结果有所不同,致使一国允许向对方提供而另一国不允许提供的情形发生,从而损害该条款的基础性原则——互惠原则的实现。

---

[1] 《纳税人涉税保密信息管理暂行办法》第2条第1款:"本办法所称纳税人涉税保密信息,是指税务机关在税收征收管理工作中依法制作或者采集的,以一定形式记录、保存的涉及纳税人商业秘密和个人隐私的信息。主要包括纳税人的技术信息、经营信息和纳税人、主要投资人以及经营者不愿公开的个人事项。"

[2] 参见李柯奇:《税务机关受理和处理依申请公开政府信息疑难问题探讨》,载《税务研究》2019年第10期。

[3] See Ekkehart Reimer & Alexander Rust eds., *Klaus Vogel on Double Taxation Conventions* (*Fourth Edition*), Kluwer Law International, 2015, p. 1923.

因此，在解释适用此类条款时，可以参照各类税收情报交换法律工具注释中所提供的因素，并结合具体案情进行判断。

(二)提供环节：情报提供国税务机关的自由裁量缺乏有效控制

实践过程中，情报提供国税务机关在是否向对方提供相关情报的判断环节中已出现了较大的制度异化。诚如前述，为了平衡纳税人和情报获取国的利益冲突，该条款赋予了情报提供国税务机关条约层面的绝对的自由裁量权，即无论情报提供国税务机关在提供与否之间做出何种规定，情报获取国税务机关和纳税人均不得主张情报提供国税务机关违反了协定义务。同时，为避免在特殊类型情报协定文本的适用过程中出现“一刀切”的保护模式，各类税收情报交换法律工具的注释中均提供了多种类型的替代性措施，以尽可能地实现信息安全保护和信息自由流动之间的平衡。

从理论上而言，这一方式具有较为明显的优势，主要体现在以下两个方面。其一，鉴于该环节判断因素的多样性，情报提供国税务机关的自由裁量对于应对此环节中复杂的利益衡量具有必要性。在该环节中，合理的认定结果应当综合考虑特殊类型涉税情报对于情报获取国征税活动的重要程度、情报获取国国内有关信息保护的立法和行政状况、信息泄露可能给纳税人造成的损失等因素。同时，由于不同实践案件的情况均不相同，各类税收情报交换法律工具中所能够提供的实质性指引较少，是故情报提供国税务机关享有条约层面上的自由裁量权，是对于其专业能力的尊重。其二，以授权而非赋予义务的方式将情报提供国税务机关引入该制度中，可以为纳税人涉税信息安全保护增加“第二道防线”。在此情况下，由于情报提供国税务机关处于情报交换的优势地位，可以借鉴国际税收情报交换制度中所提供的替代性措施建议，向对方税务机关提出附加的安全保障条件，从而实现涉税信息安全保护与情报获取国国内税收利益之间的共赢。

然而，在实践中，许多国家税务机关在是否提供特殊类型涉税情报的环节中仍然坚持“一刀切”的保护态度，只要一项信息被认定为商业秘密，情报提供国税务机关就会选择拒绝向缔约国对方提供相关情报。[1]

从协定目的角度来看，此种做法显然与国际税收情报交换制度的目的相违背。正如前述，对于商业秘密适用特殊保护措施的原因并非此类信息与情报交换请求之间不具有"可预见的相关性"，而是因此类信息的交换可能增加相关信息的泄露风险，进而引发对纳税人以及情报提供国经济利益的"巨大损害"。因此，如果情报提供国税务机关认为情报获取国的国内保密措施不够完善，贸然将该类信息提供给情报获取国很可能增加纳税人经济利益遭受损害的潜在风险，情报提供国在此种情况下选择拒绝提供情报的做法本身无可厚非。然而，"绝对的保护态度"却将国家税收利益和纳税人个人利益之间的天平拨向了另一个极端，虽然在客观上能够有效地降低纳税人因商业秘密在另一国内泄露而遭受的经济损失，但显然不利于情报获取国税收利益的维护，故偏离了国际税收情报交换制度的发展初衷和目标追求。是故，对于此种情形的妥善处理，是实现特殊类型信息限制交换条款目的的重要完善方向。

三、完善进路：解释思路的厘定与配套制度的补足

本书认为，特殊类型情报限制交换制度的完善应当从以下两个部分展开。首先，在条款适用的思路上，应当明确相关概念的解释依据是税收条款以及该条款的相关注释；其次，在制度配套的问题上，应当在国内法上明确该条款使用的程序性规定，通过引入纳税人和情报获取国税务机关的参与，实现对于情报提供国税务机关"绝对自由裁量权"的合理限制。

（一）协定层面：特殊类型情报限制条款解释思路的厘定

基于对否定观点中有关此类概念性质定位的认同，本书支持否定路径的解释观点，即相关概念应当被视为独立于各国国内法体系的协定概念。无论是应请求的情报交换的审议标准还是自动情报交换的审议标

---

[1] See Ekkehart Reimer & Alexander Rust eds., *Klaus Vogel on Double Taxation Conventions* (*Fourth Edition*), Kluwer Law International, 2015, p. 1924; also see Xavier Oberson, *General Report, in Exchange of Information and Cross - border Cooperation between Tax Authorities* (*IFA Cahiers 2013, Vol. 98B*), IBFD Online Books, 2013, p. 51.

准,其出台和实施的目的均在于促使国际税收情报交换制度摆脱碎片化和差异化的路径,从而逐步迈向标准化和统一化的路径。更进一步而言,此类标准的出台和贯彻在很大程度上是为了让国际税收情报交换制度逐渐摆脱国内法(以及不同国内法背后所隐含的国内利益)的限制,从而最为有效地发挥该制度的应然功能。

在此宏观背景下,选择以国内法作为解释此类条款的依据,将使得一国援引本国国内法上较为宽泛的商业秘密解释结果的做法具有较强的正当性基础。在各类注释内容并不具有强约束力的情况下,将难以实现解释结果趋同化的制度目标。

同时,从实践情况来看,多数国家在税收情报交换实践中往往更偏向于第二种观点,即在参照国际税收情报交换法律工具注释指引所提供的认定要件的基础上,结合个案情况进行判断。[1] 此外,为了避免差异化的解释结果,各类税收情报交换法律工具中除了抽象地对于商业秘密认定要件进行规定之外,还对于实践中容易产生争议的情形(如财务信息)进行了分析,以最大可能地降低不同国家认定结果的差异。因此,特殊类型情报的概念认定在实践中并未遇到较大的难题。[2]

但是,值得思考的是,在一些较早签订的税收协定中,税收情报交换条款中并没有引入将银行保密信息和所有权信息明确从特殊类型情报交换条款的适用范围中排除的相应内容。由此产生的问题是,情报提供国是否可以依据此类协定拒绝向缔约国对方提供银行保密信息或所有权信息?本书认为,此问题的实质在于银行保密信息和所有权信息条款在税收协定中的引入性质究竟系对特殊类型情报交换限制条款适用范围的澄清,还是进一步的限制。进一步而言,本书较为认可联合国 DTC 范本(2011)注释中的观点,即银行保密条款的性质应当被视为是对于特殊类型情报限制条款的进一步解释澄清,除非缔约国的先前实践做法中明确表述出相反之意。[3]

---

〔1〕 See Xavier Oberson, *General Report, in Exchange of Information and Cross – border Cooperation between Tax Authorities*(*IFA Cahiers 2013, Vol. 98B*), IBFD Online Books, 2013, p. 51.

〔2〕 See Xavier Oberson, *General Report, in Exchange of Information and Cross – border Cooperation between Tax Authorities*(*IFA Cahiers 2013, Vol. 98B*), IBFD Online Books, 2013, p. 51.

〔3〕 See UN, Commentary on Article 26 of UN Model Convention(2011), para. 4. 1.

(二)国内法层面:限制自由裁量空间的制度补充

从性质上而言,特殊类型情报交换条款的适用虽然可以在客观上实现对于纳税人涉税信息安全的保障,但该条款的赋权对象并非涉税信息直接关涉的纳税人,而是情报提供国的税务机关。因此,对于该条款完善措施的讨论应当建立在该条款此等性质的理解基础之上。同时,情报提供国税务机关在援引特殊类型情报交换条款的问题上是否具有自由裁量权,还取决于国内法上的相关规定。"裁量"是指"公职人员权力的实际界限允许其在可能的作为或不作为方案中自由做出选择"〔1〕。因此,由于法律职业特权的国内法规定往往会限制税务机关获取相关信息的权力,是故即便税收协定中对于情报提供国税务机关是赋权性规定,后者仍然并不享有自由裁量空间,只能选择拒绝提供相关情报,否则将违背国内法的相关规定。但是在商业秘密的问题上,由于国内税法中并未对商业秘密的获取与提供做出特别的限制性规定,因此情报提供国税务机关在此问题上具有较大的裁量空间。

针对特殊类型情报的提供问题,有必要给予情报提供国税收主管当局以一定的自由裁量空间。有观点认为,鉴于向情报获取国提供相关情报的做法会给纳税人的商业秘密造成风险,是故应当将该条款的适用逻辑进行彻底改造,即通过国内法规定明确要求情报提供国税务机关在一项情报被认定为商业秘密的情况下应当拒绝向情报获取国提供该情报,从而实现对于纳税人权利更具确定性的保护。笔者认为,此等观点与协定目的并不相符。正如前述,该条款并非纳税人的权利条款,是故其规范意旨并不仅限于对于纳税人的权利保护,还在于实现纳税人和情报获取国之间的利益平衡。在国内语境下,纳税人并不能因相关信息属于商业秘密而免于申报义务,这一点无论是在税收征管法〔2〕还是在其他相关

---

〔1〕[美]肯尼斯·卡尔普·戴维斯:《裁量正义——一项初步的研究》,毕洪海译,商务印书馆2009年版,第2页。

〔2〕《纳税人涉税保密信息管理暂行办法》第2条对于纳税人商业秘密的保密作出了规定。对此条款进行反推可知,税务机关在执法过程中并不会仅因某项信息构成商业秘密而免除纳税人的申报义务。

法律[1]中均得以确认。这一做法的正当性既植根于行政行为的公益性,同时也是立足商业秘密的保护目的和核心关注所得出的结论。对商业秘密进行特殊保护,并非完全因为商业秘密的“私密性”,还因为商业秘密能为权利人带来现实的或者潜在的经济利益或竞争优势,[2]是故可对商业秘密造成实质性侵害的主要场域发生在商业竞争而非税收行政之中。同时,由于一些税收征管行为在无法获取相关信息的情况下无法顺利开展,是故此时基于公共利益的原因税务机关可以要求相对人提供包含商业秘密在内的信息。然而,为了防止相对人因向税务部门提供包含商业秘密在内的信息而受到经济损失,税收征管法亦规定了税务部门及其工作人员对于商业秘密的保密义务。此种制度设计可以实现纳税人的私益与国家税收的公益之间的平衡。本书认为,跨境税收情报交换的逻辑与此并无本质区别。正如前文所述,跨境税收情报交换的目的在于实现对纳税人税负的准确认定,一方面确保情报获取国的税基不被侵蚀,另一方面可实现情报获取国税收收入的公平负担。因此,仅从税收征管的角度而言,即便纳税人的相关信息包含商业秘密,该信息也不应当绝对地禁止向情报获取国税务机关提供,否则将与税收情报交换制度的目的相悖。然而,与国内税收征管程序所处环境不同的是,税收情报的跨境交换将使得商业秘密所处的环境更为不确定。同时,在国内税收征管环境中,如果税务机关工作人员发生泄密情况,纳税人可以通过国内法上提供的救济机制予以补救。但在跨境交换情形中,如果情报获取国税务机关工作人员存在泄密的情形,纳税人进行维权的成本将会显著增加。目前税收协定中所提供的救济措施仅为情报提供国可以暂停向缔约国对方提供

〔1〕举例而言,我国《海关进出口货物商品归类管理规定》第10条规定,“收发货人或者其代理人不得以商业秘密为理由拒绝向海关提供有关资料”。

〔2〕这一点在多个文件中有所体现。举例而言,最高人民法院《关于审理不正当竞争民事案件应用法律若干问题的解释》(法释〔2007〕2号,已废止)第10条规定:“有关信息具有现实的或者潜在的商业价值,能为权利人带来竞争优势的,应当认定为反不正当竞争法第十条第三款规定的‘能为权利人带来经济利益、具有实用性’。”同样地,《关于禁止侵犯商业秘密行为的若干规定》(1995年11月23日国家工商行政管理局令第41号令公布,1998年12月3日国家工商行政管理局令第86号令修订)第2条第3款亦规定:“能为权利人带来经济利益、具有实用性,是指该信息具有确定的可应用性、能为权利人带来现实的或者潜在的经济利益或者竞争优势。”

相关信息,但此措施并不能改变纳税人损失已经产生的事实。是故,无论是商业秘密在概念界定时本身的不确定性,抑或情报被认定为商业秘密后对于该情报是否仍向缔约国对方提供的不确定性,由于贯穿其间的是对于纳税人利益与情报获取国利益之间的权衡,必须给予情报提供国税收主管当局以一定的自由裁量空间。

但是,前述结论并不必然意味着情报提供国税务机关的自由裁量权不受任何限制,否则将缺乏对于情报获取国和纳税人利益的制度性保障措施。一般而言,对于自由裁量权的限制途径主要有两种:一种是通过对裁量内容的尽可能明确,从而限制裁量主体的裁量空间;另一种则是通过完善裁量主体进行自由裁量的程序,借助多元主体共享裁量权的方式压缩裁量主体肆意裁量的空间,从而提高裁量结果的合理化程度。在该问题上,前一种路径并不可行,原因如下。其一,从前述针对商业秘密概念的分析可知,通过对此概念的认定标准做出进一步限制以达到压缩税务机关自由裁量权空间的做法并不具有可行性。其二,在决定是否向缔约国提供商业秘密的阶段,税务部门需要权衡的因素主要有该商业秘密被泄露的可能性以及可能引发的经济损失的大小、缔约国对方的保密制度等。鉴于不同国家的保密立法程度并不一致,且不同案件中所面对的情形也不一致,在此情况下制定一个统一抽象的标准来限制税务机关是否提供的决定亦不具有可行性。其三,在税务机关作出提供相关情报的决定之后,是考虑对于相关信息做出"脱敏"处理,还是要求对方税务机关提供额外的保障措施,应当结合具体个案情况方能做出更为合适的判断。是故,在税收情报交换中,一项信息是否应当认定为商业秘密、是否应当提供以及最终的提供方式,最终还应当在个案中结合所有的事实与情形进行全面考量,从而实现个案中利益的平衡。

因此,本书认为,通过对于情报提供国税务机关作出决定的程序进行完善,或许能够实现破局之效,具体措施可以包含以下三个方面。

1. 对于待交换的信息尽可能地进行"脱敏"处理,以便最大限度地实现纳税人与情报获取国之间利益冲突的缓解。正如经合组织 DTC 范本注释中所指出,情报提供国税务主管机关在进行税收情报交换之前可对于待提供的情报进行审核,在不影响情报交换效果的情况下,将其中可能涉及商业秘密或可能披露商业秘密的信息从待交换的范围中删除,仅向对方提供其他的信息即可。[1]

2. 引入纳税人的参与,以充分保障纳税人的相关权益。前文已述,经合组织对于"商业秘密"的认定提供了三个要素,即"具有相当可观的经济重要性"、"可能被实际利用"以及"未经授权的使用可能会导致严重的损害"。[2] 从中可知,无论是经济重要性的判断,抑或可能会导致严重损害的判断,纳税人均可以为税务机关的性质认定提供更多的智力支持和相关的知识资源。同时,较之于税务机关,纳税人更为了解该信息的性质,也更有动力去了解对方国家的相关立法及行政实践是否能够充分地避免秘密泄露。

3. 引入双边税收机关的互动机制,以确保情报获取国税务机关有机会参与到是否提供的决定过程中,并发挥一定的影响。在情报提供国决定是否提供之时,情报获取国虽然受到该决定的直接影响,但却无法在形成该决定的环节中做出充分的利益表达。这一状况的发生不仅使情报提供国与情报获取国在此情报交换过程中的地位过于不对称,也不利于现行国际税收情报交换制度已经形成的跨境税收情报交换网络的有序运行。因此,情报提供国可以通过引入协商制度,为情报获取国的利益表达提供机会和制度可能。具体而言,情报提供国与情报获取国之间的互动可以从以下两个方面展开。其一,情报提供国税务机关在向缔约国对方作出拒绝提供情报的决定之前,应当与该国税务机关进行沟通,要求后者提供对于该信息的适用目的、具体保密措施的详细说明,在此基础上进行综合评估,如果后者所陈述的内容可以确保商业秘密的安全,情报提供国税务机关应当对此决定重新进行评估;其二,在情报获取国决定向对方提供相应情报时,可以明确向对方表明该情报包含商业秘密信息,并要求对方税务机关提供特定的措施,以确保信息的保密性。[3] 匈牙利税务机关

---

〔1〕 See OECD, Commentary on Article 26 of OECD Model Convention(2017), para. 19.2.

〔2〕 See OECD, Commentary on Article 26 of OECD Model Convention(2017), para. 19.2.

〔3〕 See Filip Debelva & Irma Mosquera, *Privacy and Confidentiality in Exchange of Information Procedures: Some Uncertainties, Many Issues, but Few Solutions*, Intertax, Vol. 45:5, p. 376 (2017).

在开展跨境税收情报交换工作时已采用了此种方式。[1]

第三节 情报使用环节的涉税信息安全保护体系

在现行国际税收情报交换制度中，作为情报交换的发起方和信息的最终使用方，情报获取国及其税收主管当局对于通过该制度所获取的涉税信息应当且实际负有主要的保护义务。从规范方式的角度来看，对于涉税信息的安全保障主要通过赋予情报获取国税收主管当局以相应的保密义务而实现，且此种义务的规范体系主要包括情报获取国国内法上有关涉税信息安全保障的规范体系，以及税收情报交换法律工具中的涉税信息安全保障条款。二者相辅相成，通过共同限制情报获取国税收主管当局使用涉税信息的目的和主体范围，从而在最大限度上寻求税收征管的信息公开需求与信息安全保障的保密需求之间的平衡。然而，这一体系在实践中的效果发挥面临着诸多难题，其中核心的难点在于各国国内法层面所提供的涉税信息安全保障程度并不均衡，一方面将因纳税人在国内语境和跨国语境下所得到的保护程度并不一致而引发平等保护的质疑，另一方面将可能因保护程度较高国国内立法的限制而致使情报交换难以顺利开展。因此，在立足于完善情报使用环节中的涉税信息安全保护体系时，其核心内容在于梳理情报获取国保护义务所追求的目标，分析其中的核心内容，并在反思实践做法的基础之上提出相应的完善之道。

一、体系目标：实现信息公开与信息保密的平衡

与情报提供国在涉税信息安全保护中所考虑的矛盾冲突不同，情报使用过程中对于涉税信息的安全保护所需要妥善解决的核心冲突主要在于信息公开与信息保密之间的矛盾平衡。具体而言，情报使用过程中对于涉税信息安全保护所追求的目标并非实现涉税信息的绝对保密，而旨在寻求信息公开与信息保密之间的相对平衡。涉税信息的保密直接关乎

[1] See OECD: Manual on the Implementation of Exchange of Information Provisions for Tax Purposes, OECD Publication, Paris, 2006, para. 58.

纳税人个人隐私、商业秘密以及其他利益内容的保护，是故对于信息的严格保密具有天然的正当性，这一点本书第二章第一节的内容中已有详细论证，在此不再赘述。相较之下，由于信息公开所关乎的利益类型较为复杂，其中既包括税收征管的顺利实现，还包括其他与征税活动并无直接相关性的公共利益，如对于政府税收征管行为的监督、税收政策分析、打击洗钱犯罪以及遏制腐败等，是故信息公开需求的范围不断扩大，亦具有一定的合理性。然而，前述两种利益需求落实到制度层面上时将发生潜在的冲突。从逻辑上而言，公开范围的不断扩大在很大可能上将增加涉税信息的泄露风险，但过窄的公开范围又可能妨碍税收征管的顺利开展，进而阻碍国际税收情报交换制度目的的实现。鉴于此，税收协定和国内法对此冲突问题均作出了相应的回应。

国内法层面，许多国家均明确规定了税务机关对于涉税信息的保密义务，同时也会严格限制信息公开的条件或范围，并通过建立相应的技术性措施予以保障，以求实现对于涉税信息公开与保密的平衡。举例而言，《德国税法通则》第 30 条第 1 款规定“公职人员应当保守税收秘密”，同条第 4 款对于可使用信息的五项条件予以规定。[1] 同时，为了更好地贯彻立法意图，德国税务机关还设置了诸多制度措施和技术措施，以确保只有参与税收评估过程的主体方可获取接触信息的权限。譬如，税务机关人员在接触相关纳税人信息时必须提交个人化的用户数据以确定其身份，且税务机关会对于相关信息访问记录进行实时核查，以确保所有的访问均符合法律。[2]

同样地，税收协定层面对于信息公开和保密之间的平衡问题亦有关注。举例而言，经合组织 DTC 范本第 26 条规定，通过国际税收情报交换制度所获取的信息“仅限于对第一款所述税收的评估、征收、执行、起诉、裁决上诉有关的人员或当局（包括法院和行政机关）或其监督部门披露。上述人员或当局应仅为上述目的使用该项信息，但可以在公开法庭程序

---

〔1〕 See Germany, General Tax Code(Abgabenordnung), Section 30.

〔2〕 See Daniel Dürrschmidt & Karin Kopp, *Branch Report*: *Germany, in the Practical Protection of Taxpayers' Fundamental Rights* (*IFA Cahiers 2015, Vol. 100B*), IBFD Online Books, 2015, p. 409.

或法院判决中披露有关信息”。同样地,《互助公约》和《税收情报交换协定范本》(2002)中亦作出了相似的限制。

综合而言,国际税收情报交换中涉税信息的安全保障虽然在形式上取决于情报获取国的国内法和具体适用的税收协定条款,且后者可对前者在信息公开的范围上作出进一步的限制,然而,对于纳税人涉税信息安全保护在实践中发挥主导作用的主要还是情报获取国的国内法。质言之,情报获取国国内法对于涉税信息安全所提供的保护程度将直接决定涉税信息安全保护的最终效果。其原因有二。

其一,税收协定对于国内法上公开范围的限制程度有限。协定条款由于范围表述并不清晰,故在实践过程中需要依赖于情报获取国的国内法对于何为“与税收的评估、征收、执行、起诉、裁决上诉有关的人员或当局或其监督部门”作出具体化的范围认定,是故在限制情报获取国国内法的公开范围问题上所能够发挥的作用有限。同时,国内法上有关涉税信息的公开与保密的相关规范体系并非局限于单一的税法规范体系之内,往往还包含更为一般性的信息保密立法以及信息公开法案,后者在立法层级上甚至会高于税法的具体条款。因此,在协定条款的落实过程中,如何处理协定实施与国内法实施之间的关系,本质上是税收协定解释的问题,其中既包括税收协定与不同国内立法在适用时的法律层级判断,又包括不同规范体系对于同一概念的阐释,是故存在较大的主观性和随之而来的不确定性。为此,虽然经合组织 DTC 范本注释中作出了部分尝试,[1]但此种尝试对于增强税收协定有关公开范围的限制功能可谓杯水车薪。首先,DTC 范本注释对于缔约国双方在协定条款解释时仅具有参照作用,并不具有较强的约束力;其次,信息公开与保密矛盾所涉及的具体情形十分广泛,特殊情形的明确显然不能够满足现实的需求。

其二,税收协定对于国内法上公开范围的限制程度正逐步趋于软化。首先,随着版本的不断更新,信息公开范围在协定范本的文本层面中呈现

---

〔1〕 针对一些国家国内的信息自由立法(freedom of information legislation)可能要求更广泛信息公开范围的情形,经合组织 DTC 范本注释第 12 段中明确表示,范本第 26 条第 2 款的实施应当优先于此类立法的实施。See OECD, Commentary on Article 26 of OECD Model Convention(2017), para. 12.

允许披露的群体扩大化和使用目的多元化的趋势。[1] 在经合组织 DTC 范本(2005)的文本中,经合组织对于情报使用目的仍然在原则上持限制态度,即对于税收情报的使用仅应当限制在与税收相关的目的范围内。但是,在 2012 年的范本修订时,情报用于其他非税收目的的条款已经出现在第 26 条第 2 款的文本之中;其次,经合组织 DTC 范本注释中对于其他可能在税收征管中涉及的主体类型以及各国国内法上可能出现的立法特例作出了进一步的明确。譬如,该范本注释中规定,参与前述活动的纳税人、代理人以及证人等主体类型因可能参与前述活动,是故从逻辑上分析自然可以成为涉税信息的公开主体范围。同时,《互助公约》的注释中也出现了类似的表述。[2]

鉴于此,在分析和完善情报获取国涉税信息安全保护体系之时,协定条款的分析固然有其独有的价值,但基于前述分析可知,对于各国国内法的关注应当成为该问题分析时的核心内容。因此,本书接下来在对各国涉税信息保密立法的实际效果作出基本判断的基础上,分析此种现象对于国际税收情报交换中涉税信息安全保护所可能带来的问题。

二、现实省思:各国涉税信息保密程度的不均衡

在国内法语境下,各国基于不同的价值评判和利益权衡,围绕纳税人涉税信息安全保护问题进行了符合本国国情的制度设计。[3] 尽管具体细节有所差异,但一旦确立该制度,涉税信息可以依据本国保密立法所建构的客观秩序从而获取相应保护,同时纳税人可在权益受到侵害时借助国内法上提供的救济机制获得救济,从而实现涉税信息的公开与保密在该国范围内相对稳定的平衡。同时,如果保密制度在纳税人私人利益与公共利益的利益平衡中出现利益保护不均衡或失效的情形(如过于侧重公开或过于侧重保密),本国立法机关和行政机关也可以针对实践中存在的问题自主地考虑对应的修订议程和完善措施,从而使二者的利益衡

〔1〕 参见邱冬梅:《晚近跨境税收情报交换规则的最新发展及对我国的回应之反思》,载《武大国际法评论》2013 年第 1 期。

〔2〕 See Commentary on Article 22 of Multilateral Convention on Mutual Administrative Assistance in Tax Matters, para. 218.

〔3〕 参见彭岳:《税收情报自动交换中的个人数据保护问题》,载《法学》2018 年第 1 期。

量重新回到平衡状态。

然而,在跨国税收情报交换背景下,鉴于"在各国政府通过尽可能地搜集纳税人信息以保护其税基的正当权利"与"纳税人保护其隐私,并防止政府强权对其侵害的正当权利"之间存在着客观的紧张关系,[1]涉税信息安全保护制度从"纳税人—情报提供国"之间的利益平衡演变为"纳税人—情报获取国"之间的利益平衡。同时,环顾全球范围可知,不同国家对于信息安全保护的程度存在较大区别。凭借着不断深耕信息保护(特别是个人信息保护)的立法完善,欧盟内的规范体系为信息安全能够提供的保护程度明显居于世界最优水平。同时,根据学者的比较研究可知,加拿大通过颁布实施《个人数据保护和电子化文档法案》(Personal Information Protection and Electronic Documents Act),成为在数据保护领域采用较高水准的国家,并被欧盟认定为与其采用同等的保护水准。美国依靠其部门立法成为对于数据保护采用中等水准的国家,而墨西哥、巴西等新兴经济体对数据保护采用较低水准的立法。[2]

基于此种前提,跨境情形下纳税人涉税信息保护与情报获取国的税收利益保护在实践中可能会出现紧张关系,且其场景往往主要发生在情报从保护水平较高的国家向保护水平较低的国家流动的过程中。同时,采用不同的税收情报交换法律工具所带来的问题并不相同,具体如下。

(一)"同等保护标准"的实践困境

分析经合组织 DTC 范本可知,范本中对于涉税信息的保护采用"同等保护标准",即情报获取国应当将通过国际税收情报交换制度获取的情报视为通过国内机制获取的情报,并采用同等的保护标准。在此标准的主导下,当纳税人的情报从数据保护水平较高的国家向水平较低的国家流动时,情报保密可能存在以下三方面问题。

其一,从理念上而言,"同等保护标准"的规定会在数据保护水平较

---

〔1〕 See Giuseppe Marino, *General Report, New Exchange of Information versus Tax Solutions of Equivalent Effect*, IBFD Online Books, 2015, p. 46.

〔2〕 See Arthur J. Cockfield, *Protecting Taxpayer Privacy Rights under Enhanced Cross - Border Tax Information Exchange: Toward A Multilateral Taxpayer Bill of Rights,* UBC Law Review, Vol. 42:2, p. 446(2010).

高的国家内部引发平等保护的质疑。[1] 具体而言，如果该情报仅在情报提供国国内流动，那么相关情报所享受的保密水准将较高，但在该情报向保护水准较低的国家流动时，该纳税人将因情报提供国税务机关的相关行为而不得不接受较低的信息保护水准。这一点将可能使税收情报交换因违反宪法所确认的平等原则而受到挑战。

其二，经合组织 DTC 范本中对于情报可公开目的和范围的进一步明确，其效果的实际发挥仍然取决于条约与国内法的互动。如果国内法允许公开的范围小于协定允许公开的范围，那么协定义务往往可以得到较好的履行。但是，如果协定允许公开范围小于情报获取国国内立法允许公开的范围，虽然从理论上而言，协定条款应当优先于国内法规定适用，但实践中常常并非如此，即便税务机关依协定履行相关义务，该行为的合（国内）法性也会在司法审查中受到质疑，从而使条约义务不能够较为确定地被遵守。发生在新西兰的 Chatfield & Co. , Ltd. v. Commissioner of Inland Revenue 案即可说明此种情形。[2] 在该案件中，韩国税务机关依据韩国—新西兰之间的税收协定向新西兰税务机关发起税收情报交换请求，希望新西兰税务机关提供新西兰税收居民 KNC 建筑公司的相关信息，同时该公司系一家韩国跨国企业在新西兰设立的子公司。在发起税收情报交换请求时，韩国税务机关向新西兰税务机关提供了部分信息。随后，KNC 公司的代理人（Chatfield & Co. , Ltd.）要求新西兰税务机关将从韩国税务机关处获取的信息向其公开，以便使其了解该交换请求的性质，但新西兰税务机关以履行“协定保密义务”为由拒绝此项公开。然而，新西兰税务机关的做法被法院否决，认为新西兰国内法应当在披露信息和保密之间进行权衡，并不能够以协定保密义务进行概括性的否定。从该案件可知，在税收协定与国内法对于信息披露的规定有所冲突时，纳税人并不能够充分地确信其信息会按照协定中所规定的范围和目的被使用，这一冲突会使纳税人的信息保密处于不确定的状态。

---

〔1〕 See Sergio Rocha, *Exchange of Tax – Related Information and the Protection of Taxpayer Rights: General Comments and the Brazilian Perspective,* Bulletin for International Taxation, Vol. 69:9, p. 513(2016).

〔2〕 See High Court of New Zealand, 1 Sept. 2015, NZHC 2099, Chatfield & Co. , Ltd. *v.* Commissioner of Inland Revenue.

其三，在情报获取国可能违反协定义务的情况下（如先前已有违反协定的案例，或该国国内立法的规定无法确保其遵守协定义务），经合组织虽然指出情报提供国可以暂停向情报获取国提供情报（注意义务），但此处所采用的表述为情报提供国"可以"（may）而非"应当"（should），[1]质言之，暂停提供情报并非情报提供国税收主管当局的义务，是否决定暂停提供情报完全取决于情报提供国的自由裁量。因此，此种制度安排无法给予纳税人以充分的保护。这一点并非单纯的理论推测，前述 Aloe Vera 案即为明证。鉴于本书第二章内容中对此案的基本案情已有介绍，此处不再展开，仅对于美国国内收入局的相关部分予以介绍。在诉讼过程中，Aloe Vera 要求美国国内收入局（IRS）因以下两项行为而承担相应责任，即向日本税务机关提供错误的信息以及在已知日本税务机关有泄露机密前科的情况下仍然向其提供相应信息。此处仅对后一请求进行分析。Aloe Vera 通过进一步举证，证实了日本税务机关在本案之前已有多次向媒体不当泄露信息的行为。法院虽然认可该证据，但认为这些情况所牵涉的仅仅是日本国内税法的适用问题，并不能够证明日本税务机关曾在此之前泄露过通过适用美国—日本税收协定而交换的税收情报，因此税务机关在此之前并未存在违反税收保密义务的情形，故美国国内收入局提供情报的行为并不存在错误。本书认为，Aloe Vera 的主张虽然没有得到法庭的支持，但该案案情已足以说明本书观点：尽管日本税务机关并未有违背税收协定中的保密义务的前科，但该机关曾多次将涉税信息透露给大众媒体的事实，已足以说明该国的保密制度存在较大的问题。在此情况下，美国国内收入局并未遵照经合组织 DTC 范本中为情报提供国设置的"注意义务"，而选择向日本税务机关提供相关情报，致使纳税人遭受到了巨大的经济损失。

（二）"较高保护标准"的实践困境

在《税收情报交换协定范本》（2002）[2]和《互助公约》中，情报获取

---

[1] See OECD, Commentary on Article 26 of OECD Model Convention(2017), para. 11.

[2] 根据本章第一节的内容可知，《税收情报交换协定范本》（2002）所采用的是"绝对保护标准"。但在实践中，一些国家在以该范本为模板签署协定时，往往选择以对数据保护采用较高水准的法律文件替代"绝对保密标准"。是故本书在此将其与《互助公约》共同置于"较高保护标准"下予以分析。

国税务机关对于通过情报交换获取的情报所承担的保密义务除受制于本国的保密立法外,还往往受制于国际法和他国国内法所制定的保护水准。在情报获取国的情报保护水准较低的情况下,后两者将通过多种渠道对该国提出额外的保密义务要求,使其国内的保密制度面临来自境外的制度压力。这一做法虽然可以避免前述经合组织 DTC 范本下关于纳税人权利保护的问题,但会引发不同法律体制之间的冲突,阻碍有效税收情报交换工作的开展,具体如下。

概括而言,适用《税收情报交换协定范本》(2002)或《互助公约》进行情报交换时,情报获取国税务机关往往需要承担不低于本国保密立法所要求的义务水平,这将使得情报保密与情报交换产生直接的关联,即国内法的保密规定成为税收情报交换能够顺利开展的影响性因素之一。虽然情报交换法律工具中指出一国的保密措施不应当过度阻碍或延迟有效的税收情报交换,但实践中的情况往往并非如此,数据保护水平的差异仍然可能阻碍有效税收情报交换的展开。从全球范围来看,欧盟国家的相关立法呈现较高的数据保护水准,是故本书以欧盟为例对此问题进行进一步的说明。

根据欧盟《通用数据保护条例》可知,跨境数据流动主要包括两种类型,即欧盟成员国内部的数据流动以及欧盟成员国与第三方国家之间的数据流动。为此,《通用数据保护条例》针对两者分别设置了保护原则,[1]即针对前者的"自由流动原则"[《通用数据保护条例》第 4(24)条]和针对后者的"充分保护原则"(《通用数据保护条例》第 44 条[2])。其中,"充分保护原则"是指欧盟成员国只有在第三方国家满足欧盟相关立法要求的保护标准的情况下,才可以向该第三方提供相关情报。这一规定意味着,如果第三方的国内立法及实践被欧盟委员会认定为不满足充分保护原则,所有欧盟成员国应当遵守《通用数据保护条例》的规定拒

〔1〕 应当说明的是,针对成员国内部数据流动和与成员国与第三方之间的数据流动分别设立保护原则的方式并非《通用数据保护条例》原创,而系承袭《数据保护指令》。

〔2〕 《通用数据保护条例》第 44 条:"对于正在处理或计划进行处理的个人数据,将其转移到第三国或国际组织,包括将个人数据从第三国或国际组织转移到另一第三国或另一国际组织,控制者和处理者只有满足本条例的其他条款,以及满足本章规定的条件才能进行转移。为了保证本条例对于自然人的保护程度不会被削弱,本章的所有条款都应当被遵守。"

绝向该第三国提供相关的数据。此项原则将会对于欧盟成员国在与数据保护水准较低的第三方国家开展税收自动情报交换时产生不利的影响。

对此情形，数据保护水平较低的国家虽然可以援引《维也纳条约法公约》第 27 条〔1〕主张缔约国对方的国内法规定不得解除该国的协定义务进行抗辩，即欧盟成员国不得援引《通用数据保护条例》第 44 条的规定而拒绝向其认为数据保护水平未达到“充分保护”的国家提供相关情报，但这势必会在国际层面造成典型的“国际体制冲突”。针对此种冲突，联合国国际法委员会曾经做出专门报告，希望将此问题转化为国际法的规范冲突问题，进而取得确定性的答案。〔2〕但是，由于在国际层面缺乏共同认可的争端解决机构，这一问题即便转化为国际法的规范冲突问题，也难以取得确定性的结果。在此背景下，国际体制冲突的结果往往会偏向于拥有更多政治、经济和社会资源的国际体制。〔3〕质言之，当问题具体到国际税收情报交换语境下时，情报获取国往往只能在接受欧盟相关法律文件的要求和放弃寻求情报交换合作之间进行选择。

诚如本书前述所言，可能受到此种体制冲突困扰的国家并非少数，我国在与欧盟成员国开展国际税收情报交换时亦会受到此问题的掣肘。为了避免因保密制度的不同而阻碍有效税收情报交换的开展，美国与欧盟之间通过磋商并由后者发布“隐私盾”决定的方法对此问题给出了解决方案。美国在对外开展自动情报交换工作时，并未加入由经合组织主导的通用报告标准体系，而是依靠该国单边推行的《海外账户税收遵从法案》。根据《海外账户税收遵从法案》的相关规定，外国金融机构在开立有美国人金融账户的情况下应当与美国国内收入局签订协议，并据此承担向美国国内收入局申报美国纳税人特定信息和扣缴相关税款的义务，否则美国国内收入局将向该外国金融机构支付的任何源于美国的款项征收 30% 的预提税。同时，由于美国的数据保护立法未得到欧盟委员会的评估认可，依据欧盟相关规定，欧盟金融机构不得向美国国内收入局提供

〔1〕《维也纳条约法公约》第 27 条：“一当事国不得援引其国内法规定为理由而不履行条约。”

〔2〕See UN: Report of the Study Group of the International Law Commission. Fragmentation of International Law: Difficulties Arising from the Diversification and Expansion of International Law. A/CN. 4/L. 682, 2006.

〔3〕参见彭岳：《税收情报自动交换中的个人数据保护问题》，载《法学》2018 年第 1 期。

相关信息，否则将违背《数据保护指令》以及随后的《通用数据保护条例》的规定。[1] 此时，欧盟金融机构在同时执行《外国账户税收遵从法案》和《数据保护指令》或《通用数据保护条例》的规定时将面临直接的法律冲突。早在2000年，为了解决美欧之间数据流动所面临的法律障碍，在美国商务部与欧盟委员会签署"安全港协议"后，欧盟委员会发布专项决定（Commission Decision 2000/520/EC），确定了适用于美国数据保护问题的安全港原则（Safe Harbour Principles）。在该原则下，美国公司可以通过自我证明遵守欧盟数据保护立法中实质内容的方式接收个人数据。然而，在2015年的Schrems v. Data Protection Commissioner案件中，欧洲法院否定了该决定的合法性，认为安全港规则仅能适用于自我证明的美国公司，并不能涵盖美国的公共机关。此外，该原则的适用范围过于宽泛，且不包含例外情形的规定，不必要地损害了欧盟立法框架下赋予的个人基本权利。[2] 因此，欧盟委员会与美国商务部针对该问题进行了新一轮的协商，前者于2016年7月采用了新的"隐私盾决定"（Privacy Shield Decision），并在该决定中对于安全港决定中的诸多内容做出澄清和修订，其中包括对于公共机构获取个人数据问题的规定。此外，美国先后于2015年和2016年制定了《美国自由法案》（U. S. Freedom Act）[3] 和《美国司法救济法案》（U. S. Judicial Redress Act），[4] 以推动欧盟委员会作

---

〔1〕《数据保护指令》第29条工作组在2012年的两封函件中，明确表达了如下观点，即欧盟金融机构直接处理相关数据并直接向美国IRS报告的做法将违反欧盟数据保护立法的规定。See Article 29 Data Protection Working Party, *Letter from the Article 29 Working Party addressed to Mr. Zourek, Director General of Taxation and Customs Union regarding Foreign Account Tax Compliance Act* (*FATCA*) (21 June 2012), https://ec. europa. eu/justice/article – 29/documentation/other – document/files/2012/20120621_letter_to_taxud_fatca_en. pdf. ; Article 29 Data Protection Working Party, *Letter from the Article 29 Working Party addressed to Mr. Zourek, Director General of Taxation and Customs Union, regarding Foreign Account Tax Compliance Act* (*FATCA*) *and Model* Ⅱ *agreements* (01 Oct. 2012), https://ec. europa. eu/justice/article – 29/documentation/other – document/files/2012/20121001_letter_to_taxud_fatca_en. pdf.

〔2〕See CJEU, 5 Oct. 2015, Case C – 362/14, Schrems *v.* Data Protection Commissioner; also see Xiaoqing Huang, *Ensuring Taxpayer Rights in the Era of Automatic Exchange of Information: EU Data Protection Rules and Cases*, Intertax, Vol. 46:3, p. 235 – 236 (2018).

〔3〕See U. S., Freedom Act of 2015, Pub. L., No. 114 – 23, § 401, 129 Stat. 268.

〔4〕See U. S., Judicial Redress Act 2015, H. R. 1428.

出"能充分保护"的评估决定,从而避免美欧之间数据流动过程中的法律冲突。

本书认为,"隐私盾决定"的解决路径虽然能够有效避免因保密立法水准较低而阻碍有效税收情报交换的问题,但该路径对于包括我国在内的其他国家并不具有较强的参考意义。适用于美欧之间的"隐私盾决定"所涉及的领域较为广泛,其中包括商业数据传输以及税收合作、反恐、洗钱等诸多领域,需要有较强的政治互信作为基础方可实现。[1] 是故,其他国家在借用此种路径消除法律制度的冲突时,显然并不具备美国所拥有的条件和资源。同时,"隐私盾决定"实际上回避了数据在从保护水准较高国向水准较低国流动时如何能够真正得到充分保护的问题,其当下的意义更多是暂时消除了保护水准较低国家的合规负担,并未能从根本上解决此问题。事实上,在该决定实施后,欧盟委员会每年都会对该决定能否实现"对于个人数据的充分保护"进行年度评估并提出相应的改进建议,[2] 同时,欧盟法院也已经受理了多起针对该决定是否具有合法性的案件。[3] 因此,本书认为,此问题真正的解决路径还应当立足各国差异化保护水平和路径的现实前提下,寻求对于数据保护较为统一的保护措施,并以正当的方式在全球范围内开展。

三、应对之道:全球性共识标准的制定与落实

通过前两部分的分析可知,国际税收情报交换中纳税人涉税信息安全保护问题的应对重点在于完善各参与国的国内立法,以整体性地提升全球范围内的涉税信息安全保护水平。然而,从目前的实践来看,各国在此领域的制度构建和完善尚处于各自为政的状态,经合组织与全球税收论坛虽然通过同行评议的开展可敦促各国国内法上设置相应的涉税信息保障制度,但是此种做法仍然不能解决前述各国涉税信息保密程度不均

---

〔1〕 参见彭岳:《税收情报自动交换中的个人数据保护问题》,载《法学》2018 年第 1 期。

〔2〕 See European Commission, *First Annual Review of the EU – U. S. Privacy Shield* (Oct. 18, 2017), https://ec. europa. eu/commission/presscorner/api/files/document/print/en/memo_17_3967/MEMO_17_3967_EN. pdf.

〔3〕 See CJEU, Case T – 738/16, La Quadrature du Net and Others *v.* European Commission; CJEU, 22 Nov. 2017, Case T – 670/16, Digital Rights Ireland Ltd. *v.* European Commission.

衡的问题。

鉴于此,本书认为,为进一步提升各参与国国内法上涉税信息保密程度,避免因不同国家之间保护程度不均衡而阻碍税收情报交换有效开展的问题,可以考虑以全球税收论坛为平台,由各国围绕涉税信息保密制度的组成部分和基本原则形成共识性标准,并加以落实。质言之,基于涉税信息安全保护规范体系的完整性,此项共识性标准中不仅应当包括对于保护原则的认可与落实,还应当包括对现行各国涉税信息保护规范制度的缺漏补足,分述如下。

(一)基本原则

分析国际社会针对信息保护的国际公约[1]或相关报告[2]可知,在个人信息保护领域,国际社会对于各国国内法制度设计和完善过程中应当遵从的诸多原则已基本达成共识,而这些原则对于国内涉税信息保密制度的完善亦具有十分重要的指引作用。本书认为,国际税收情报交换中的各参与国可在全球税收论坛的框架下对于其中的诸多原则达成共识,并结合本国具体情况予以落实。具体而言,这些原则包括以下五个方面的内容。

1. 充分保护原则

充分保护原则(Security Safeguards Principle)是指信息安全保护规范体系的设计能够满足不同类型信息保护的需求。[3] 根据充分保护原则之要求,尽管各国国内法上所采取的制度措施可能在思路和细节上有所差别,但应当均能够有效避免信息的不当使用或泄露。

具体而言,鉴于涉税信息是一个内容丰富、类型繁杂的类型化体系,

---

〔1〕 例如,1981 年制定的适用于欧洲范围的《关于在个人数据自动处理方面保护个人的公约》(Council of Europe Convention for the Protection of Individuals with regard to Automatic Processing of Personal Data)以及该公约在 2001 年的议定书。

〔2〕 例如,经合组织 2006 年发布的《情报交换手册》(OECD Manual on Information Exchange)、1980 年发布的《隐私保护和个人数据跨境流动保护指引建议》(Recommendation of the Council Concerning Guidelines Governing the Protection of Privacy and Trans – border Flows of Personal Data, 1980)以及 2013 年的更新、联合国 1990 年发布的《计算机化的个人数据保护指引》(UN Guidelines concerning Computerized Personal Data Files. Resolution 45/95 of 14 Dec. 1990)以及亚太经合组织 2005 年发布的《隐私保护框架》(APEC Privacy Framework)。

〔3〕 See OECD: The OECD Privacy Framework, OECD Publication, Paris, 2013, p. 15.

其中包含着与纳税人不同利益类型相关的信息种类。因此，对于具有特殊敏感性的涉税信息类型（如个人隐私或个人数据信息），各国国内法中应当规定更高标准的保护措施。这一点从欧盟成员国对于涉税信息中的个人数据部分往往采用更高保护标准的做法即可见一斑。

2. 目的明确原则

目的明确原则（Purpose Specification Principle）主要是指在获取信息时，对此类信息的使用目的应当予以明确。同时，对于该类信息在获取之后的使用过程中，其具体使用行为不应当与获取之时所明确的目的相冲突。[1]

具体而言，情报获取国国内法上应当设置相关规定，要求本国税务机关在发起相关税收情报交换请求之时即需要对从缔约国对方处获取信息的使用目的予以明确，并在后续的使用过程中确保相关行为符合前述目的。

3. 目的限制原则

目的限制原则（Use Limitation Principle）是前述目的明确原则的自然延伸，即信息在使用过程中不应当超出在获取阶段已确立的目的范围，除非信息使用机关另行获取信息主体（data subject）的同意，或立法中对超出前述目的范围的使用另有授权。[2]

具体而言，情报获取国国内法上应当设置相关规定，要求本国税务机关在使用通过国际税收情报交换制度所获取的情报时，应当严格按照情报交换请求发起时所明确的目的进行使用。同时，应当明确此种规定在适用上的效力优先于国内法上其他关于涉税信息公开范围的规定。

4. 信息质量原则

在信息准确原则（Data Accuracy Principle）的基础上，经合组织进一步将其发展为信息质量原则（Data Quality Principle），后者主要是指所获取的信息应当与使用目的之间具有相关性和必要性。当然，既然该原则源于信息准确原则，故而也要求税务机关在信息收集过程中，应当先确保

[1] See OECD: The OECD Privacy Framework, OECD Publication, Paris, 2013, p. 14.

[2] See OECD: The OECD Privacy Framework, OECD Publication, Paris, 2013, p. 14.

所获取信息的准确性。[1]

具体而言,此项原则要求各国税务机关在获取相关信息时应当制定相应措施确保所获取数据的准确性与相关性,避免在国际税收情报交换过程中传递错误数据或不相关数据。从实践效果来看,这一原则的贯彻对于提升税收自动情报交换的实践效果尤为重要。

5.责任承担原则

责任承担原则(Accountability Principle)是指信息获取方和使用方应当采取措施确保前述原则在具体制度中得以贯彻。[2]

具体而言,此项原则要求各国针对国际税收情报交换中涉税信息安全保护的各项诉求能够制定相关措施,确保前述几项原则在实践中能够得到相应保障。

(二)制度构成

为落实上述基本原则,现行各国的涉税信息保密制度中除应当包括对于情报公开范围的规定之外,还应当包括对于其他相关保障措施的关注。以此观之,一些国家的涉税信息安全保护制度中存在明显的制度性缺漏,是故应当在规范制度的缺漏补足方面形成基本共识,以助力各国做出对照调整,具体如下。

1.税收情报公开范围的规定

在税收情报公开范围方面,虽然各国之间的具体规定有所区别,但整体而言还是呈现对于公开情形严格法定,且解释适用从严从窄的特征。是故,情报公开范围讨论应当重点关注某些存在较高信息泄露风险的领域(如"点名羞辱"制度以及为预防税收欺诈而公开信息的情形等),并重新检讨此类制度的效果以及继续实施的必要性。本书认为,鉴于此类制度的实施过程中存在较高的信息泄露风险,各国在采用相关制度时应当秉持谨慎且保守的态度,尽可能避免实施此类制度。同时,即使采用此类制度,立法者也应当在制度启动、批准等问题上采用从高从严的标准。举例而言,在"点名羞辱"制度中,立法应当严格限制该制度的情形涵盖范围,并提供充分的信息安全保障措施,如选择较高层级的行政机关作为允

[1] See OECD: The OECD Privacy Framework, OECD Publication, Paris, 2013, p. 14.

[2] See OECD: The OECD Privacy Framework, OECD Publication, Paris, 2013, p. 15.

许“点名羞辱”的批准主体等。[1]

2. 信息合理使用的保障制度

各国国内法上应当设置对于信息合理使用的保障制度。譬如，可以在行政层面引入相关的规范体系，以确保信息公开的实践运作能够完全符合立法规定的情形，且只有适格的主体能够接触和使用相关信息。举例而言，日本为了确保涉税信息的安全，采用了两套独立的信息操作系统。一套用于税务机关内部的数据处理和使用，另一套则用于对外交流，包括向纳税人提供信息以及与他国税务机关开展税收情报交换。同时，为了避免税务人员不合理地获取纳税人的相关信息，日本税务局在第一套系统中还对于涉税信息进行加密，使得此类信息只能够从税务局内部进行访问，无法从外部登录或通过其他媒介携带。除此之外，如果税务人员意图获取超出其管辖范围的纳税人的相关信息，该主体应当事先获取其上级的许可，而该许可将定期接受交叉审核。[2]

3. 信息公开的监督措施

各国国内法上应当设置对于信息公开的监督措施。具体而言，行政层面应当对于信息公开的合法性与合理性进行定期监督，其中不仅包括对于具体公开行为的监督，还包括对于批准公开行为的监督。举例而言，爱沙尼亚税务机关对于税务人员使用涉税信息进行严格的监管，任何浏览涉税信息的行为均被严格监控，并对于不合规职员的处分均予以记录并保存。[3]

4. 信息泄露的责任体系与救济措施

各国国内法上应当明确信息泄露的责任规定与救济措施。具体而言，国内法上应当明确规定税务机关工作人员有泄露或不当使用纳税人涉税信息等行为的法律责任，且此等法律责任应当具有较强的威慑性，从

---

〔1〕 See Baker Philip & Pasquale Pistone, *General Report, in the Practical Protection of Taxpayers' Fundamental Rights*(*IFA Cahiers 2015, Vol. 100B*), IBFD Online Books, 2015, p. 32.

〔2〕 See Eiichiro Nakatani & Masato Ohno, *Branch Report*: *Japan, in the Practical Protection of Taxpayers' Fundamental Rights* (*IFA Cahiers 2015, Vol. 100B*), IBFD Online Books, 2015, p. 499 – 500.

〔3〕 See Kaido Loor, *Branch Report*: *Estonia, in the Practical Protection of Taxpayers' Fundamental Rights*(*IFA Cahiers 2015, Vol. 100B*), IBFD Online Books, 2015, p. 351.

而尽可能地避免税务机关工作人员泄露或不当使用涉税信息情形的发生。举例而言，德国国内法上将税务机关工作人员违背涉税信息保密规则的行为认定为犯罪行为。[1] 是故，这一做法在实践中足以发挥避免保密规则被违反的情形发生的功能。同时，各国国内法上也应当明确纳税人在涉税信息发生被泄露或不当使用的情况下如何获取救济。举例而言，土耳其国内法上明确规定纳税人在涉税信息被不当泄露的情况下有权获取赔偿，而智利则规定纳税人可以对泄露其涉税信息的税务人员提起诉讼。[2]

第四节　我国涉税信息安全保护体系的整体回应

当下，我国正在积极参与国际税收情报交换制度的建设与完善过程，税务机关已经与多个国家的税务机关频繁开展相应的税收情报交换合作。在此情况下，我国现行涉税信息安全保护规范体系是否能够有效回应国际税收情报交换过程中对于涉税信息安全保护程度不断增强的制度需求，已经成为我国税务机关意图持续推动国际税收情报交换工作有序开展（特别是从保护水平较高国家获取税收情报）时所面临的“外部压力”。同时，当我们的视野越出税法之后可以发现，我国已于 2021 年 8 月 20 日颁布《个人信息保护法》并于同年 11 月 1 日起开始实施。因此，正如《通用数据保护条例》的颁布实施对于欧盟各国税务机关开展国际税收情报交换会带来实质性影响一样，我国《个人信息保护法》的实施也必将为我国进一步完善涉税信息安全保护体系带来现实性的“内部压力”。总结内外两部分压力可知，为保障我国国际税收情报交换活动的有序开展，接下来的重点应当侧重于国内法层面涉税信息安全保护体系的进一步完善。

---

〔1〕 See Daniel Dürrschmidt & Karin Kopp, *Branch Report: Germany, in the Practical Protection of Taxpayers' Fundamental Rights* (*IFA Cahiers 2015, Vol. 100B*), IBFD Online Books, 2015, p. 409.

〔2〕 See Baker Philip & Pasquale Pistone, *General Report, in the Practical Protection of Taxpayers' Fundamental Rights* (*IFA Cahiers 2015, Vol. 100B*), IBFD Online Books, 2015, p. 31.

鉴于此,本节立足中国语境,通过梳理现行规范体系,并结合前述章节中对于国际税收情报交换中各国涉税信息安全保护国内立法的实践经验和基本原则,提出相应的回应措施,以期助力于我国涉税信息安全保护体系的整体性完善。

一、我国现行涉税信息安全保护体系的概述

我国现行可适用于国际税收情报交换语境下的涉税信息安全保护体系主要包括以下不同层级的规范条款,即以《税收征收管理法》、《税收征收管理法实施细则》(以下简称《税收征管细则》)和《纳税人涉税保密信息管理暂行办法》(以下简称《涉税信息暂行办法》)[1]为宏观的基础性规范,并以《国际税收情报交换工作规程》[2](以下简称《税收交换工作规程》)和《国家税务总局关于加强年所得12万元以上个人自行纳税申报信息保密管理的通知》(以下简称《个人自行申报信息保密通知》)[3]为具体的场景化规范。具体内容如下。

(一)基本规范体系

首先,《税收征收管理法》第8条第2款系涉税信息安全保护的核心条款,《税收征管细则》第5条对于《税收征收管理法》第8条第2款中所确立的保密范围作出了进一步的阐释。《税收征收管理法》第8条第2款[4]围绕涉税信息安全保护的问题,分别从法律确权和义务明晰两个角度进行体系建构。从性质上而言,由于该条款的前半段内容采用了明确的授权性用语,是故本书认为前半段的规范内容实际上是对于纳税人"保密权"的法律表述,即"纳税人、扣缴义务人有权要求税务机关为纳税人、扣缴义务人的情况保密",这一点应无异议。但是,相较之下,该条款后半段的性质显得十分模糊。有学者认为,该条款的重点在于后半段,前半

[1] 参见国家税务总局《关于印发〈纳税人涉税保密信息管理暂行办法〉的通知》,国税发〔2008〕93号。

[2] 参见国家税务总局《关于印发〈国际税收情报交换工作规程〉的通知》,国税发〔2006〕70号。

[3] 参见国家税务总局《关于加强年所得12万元以上个人自行纳税申报信息保密管理的通知》,国税发〔2007〕1248号。

[4] 《税收征收管理法》第8条第2款:"纳税人、扣缴义务人有权要求税务机关为纳税人、扣缴义务人的情况保密。税务机关应当依法为纳税人、扣缴义务人的情况保密。"

段仅仅是后半段的前提条件，即税务机关应当承担保密义务，但前提是纳税人、扣缴义务人应当主动要求。遵循此等逻辑，该学者得出了我国税收征管法对于纳税人隐私权的保护具有非主动性特征的结论。[1] 本书对此观点并不赞同。《税收征收管理法》第8条第2款的规范中前半段的内容属于对于纳税人保密权的确认条款，这一点前文已述；后半段则系对税务机关保密义务的规定，与前半段内容共同构成涉税信息保密规范条款，即前半段面向纳税人或扣缴义务人赋权，后半段面向税务机关规定义务。同时，后半段的表述中所采用的“依法”二字，事实上是对于税务机关保密义务履行方式的明确，即税务机关在判断如何保密/公开、对哪些内容保密等问题时均应当依照相关的具体规范执行，不得肆意而为。

其次，《税收征收管理法》第59条[2]和第13条[3]分别系对于税务检查和涉税举报这些具体的税收征管制度过程中税务机关的涉税信息保密义务的再次确认。从逻辑上而言，《税收征收管理法》第8条第2款相对适用范围更广，第59条则聚焦税务检查过程中的涉税信息保密问题。然而，从规范内容来看，第8条第2款与第59条之间存在一定的交叉情形，且互为补充。第59条在第8条第2款中对于税务机关保密义务范围增加了其他不属于纳税人或扣缴义务人的范围内容。根据该法第54条可知，税务机关在开展税务检查时所针对的被检查人对象不仅包括纳税人和扣缴义务人，还包括其他类型的主体。[4] 是故，税务机关在税务检

---

〔1〕 参见李帅：《论我国纳税人隐私权的构建与保护》，载《经济法学评论》2017年第2期。

〔2〕 《税收征收管理法》第59条：“税务机关派出的人员进行税务检查时，应当出示税务检查证和税务检查通知书，并有责任为被检查人保守秘密；未出示税务检查证和税务检查通知书的，被检查人有权拒绝检查。”

〔3〕 《税收征收管理法》第13条：“任何单位和个人都有权检举违反税收法律、行政法规的行为。收到检举的机关和负责查处的机关应当为检举人保密。税务机关应当按照规定对检举人给予奖励。”

〔4〕 举例而言，《税收征收管理法》第54条：“税务机关有权进行下列税务检查：……（六）经县以上税务局（分局）局长批准，凭全国统一格式的检查存款账户许可证明，查询从事生产、经营的纳税人、扣缴义务人在银行或者其他金融机构的存款账户。税务机关在调查税收违法案件时，经设区的市、自治州以上税务局（分局）局长批准，可以查询案件涉嫌人员的储蓄存款。税务机关查询所获得的资料，不得用于税收以外的用途。”是故，税务机关在此过程中获取的信息所关联的主体除纳税人、扣缴义务人外，还会涉及银行或其他金融机构，进而影响后者的利益。

查过程中还有可能获取与其他主体相关的信息类型，而此类信息并不能够完全涵盖在第8条第2款“纳税人、扣缴义务人的情况”这一概念项下。同样地，该法第13条虽然并不能够完全列属于涉税信息安全保护规范体系之中，但在逻辑上而言会与第8条第2款存在一定的交叉关系，主要发生在纳税人、扣缴义务人同时作为检举人的情况之下。

再次，《涉税信息暂行办法》对于各级税务机关在开展税收征管过程中的涉税信息保密制度进行了更为全面的细化和完善。从结构上而言，《涉税信息暂行办法》共包括五个部分，分别为“总则”“涉税保密信息的内部管理”“涉税保密信息的外部查询管理”“责任追究”“附则”。

最后，《税收交换工作规程》的第16条至第31条主要面向国际税收情报交换语境下的涉税信息保密问题，其适用场景更为特定化。《个人自行申报信息保密通知》则主要面向特定纳税人群体的信息保密问题。

（二）客观保密范围

客观保密范围的规定核心在于如何理解和适用《税收征收管理法》第8条第2款中采用的“纳税人、扣缴义务人的情况”概念。在该解释体系中，主要包括《税收征管细则》第5条[1]、《涉税信息暂行办法》第2条[2]以及《个人自行申报信息保密通知》第2条[3]。从内容上来看，《税收征管实施细则》第5条是对于《税收征收管理法》第8条第2款中“纳税人、扣缴义务人的情况”这一概念的澄清。同时，该条款采用正反界定的

---

〔1〕《税收征管细则》第5条：“税收征管法第八条所称为纳税人、扣缴义务人保密的情况，是指纳税人、扣缴义务人的商业秘密及个人隐私。纳税人、扣缴义务人的税收违法行为不属于保密范围。”

〔2〕《涉税信息暂行办法》第2条：“本办法所称纳税人涉税保密信息，是指税务机关在税收征收管理工作中依法制作或者采集的，以一定形式记录、保存的涉及纳税人商业秘密和个人隐私的信息。主要包括纳税人的技术信息、经营信息和纳税人、主要投资人以及经营者不愿公开的个人事项。纳税人的税收违法行为信息不属于保密信息范围。”

〔3〕《个人自行申报信息保密通知》第2条第1项：“需要保密的年所得12万元以上个人自行纳税申报信息，是指年所得12万元以上的个人自行纳税申报时报送的各种申报资料上的有关信息，包括：1. 纳税人姓名、身份证照类型及号码、境内有效联系地址及邮编、联系电话、任职（受雇）单位及其税务代码。2. 纳税人如实申报的境内外收入项目及年收入额、应纳税所得额、应纳税额、已扣（缴）税额、抵扣税额、减免税额、应补税额、应退税额等。3. 记载与自行纳税申报个人的商业秘密和个人隐私有关信息的申报资料、管理台账、统计报表等各种内部资料。”

方式,对于前述概念的内涵和外延予以界定,即"情况 = 商业秘密 + 个人隐私 - 税收违法行为"。然而,在进一步分析后可知,该条款虽然在一定程度上明确了"情况"一词的概念,但对于其中采用的"商业秘密""个人隐私"这两个概念并未作出进一步的概念明确,所可以确定的仅系税收违法行为不属于保密范围而已。

相较之下,《涉税信息暂行办法》第 2 条的概念界定变化较大,主要体现在以下两个方面。首先,该办法第 2 条中并未采用"纳税人、扣缴义务人的情况"这一概念表述,转而采用"涉税保密信息"的表述方式。结合《涉税信息暂行办法》第 5 条[1]的表述可知,该办法将涉税信息区分为涉税保密信息和涉税非保密信息两种类型。其次,该办法第 2 条在《税收征管细则》的基础上做出更进一步的概念阐释,即"涉税保密信息 = 个人隐私 + 商业秘密 - 税收违法行为 = 技术信息 + 经营信息 + 纳税人、主要投资人以及经营者不愿公开的个人事项"。

《个人自行申报信息保密通知》第 2 条中,无论是概念名称表述还是概念界定方式,均采取了与《税收征管细则》第 5 条或《涉税信息暂行办法》第 2 条不同的路径。首先,该条款并未明确采用"情况"或"涉税保密信息",而是采用"需要保密的……信息"的表述方式;其次,该条款采用"内涵 + 外延"的概念界定方式,且通过其中采用的"各种申报资料上的有关信息"表述可知,该条款的涵盖范围已明显超出《税收征管细则》第 5 条或《涉税信息暂行办法》第 2 条的概念涵盖范围。(见表 4 - 3)

表 4 - 3 不同层级规范条款的客观保密范围对照

规范条款	客观保密范围	
	概念表述	概念内涵及外延
《税收征收管理法》第 8 条第 2 款、《税收征管细则》第 5 条	纳税人、扣缴义务人的情况	纳税人、扣缴义务人的商业秘密及个人隐私; 纳税人、扣缴义务人的税收违法行为不属于保密范围

[1] 《涉税信息暂行办法》第 5 条:"各级税务机关应指定专门部门负责纳税人涉税非保密信息的对外披露、纳税人涉税保密信息查询的受理和纳税人涉税保密信息的对外提供工作。要制定严格的信息披露、提供和查询程序,明确工作职责。"

续表

规范条款	客观保密范围	
	概念表述	概念内涵及外延
《涉税信息暂行办法》第2条	涉税保密信息	税务机关在税收征收管理工作中依法制作或者采集的,以一定形式记录、保存的涉及纳税人商业秘密和个人隐私的信息; 主要包括纳税人的技术信息、经营信息和纳税人、主要投资人以及经营者不愿公开的个人事项。纳税人的税收违法行为信息不属于保密信息范围
《个人自行申报信息保密通知》第2条	各种申报资料上的有关信息	1. 纳税人姓名、身份证照类型及号码、境内有效联系地址及邮编、联系电话、任职(受雇)单位及其税务代码; 2. 纳税人如实申报的境内外收入项目及年收入额、应纳税所得额、应纳税额、已扣(缴)税额、抵扣税额、减免税额、应补税额、应退税额等; 3. 记载与自行纳税申报个人的商业秘密和个人隐私有关信息的申报资料、管理台账、统计报表等各种内部资料

(三)信息公开范围

《税收征收管理法》及《税收征管细则》中并未对于涉税信息公开(使用)范围予以规定,相应的规范体系主要存在于《涉税信息暂行办法》、《税收交换工作规程》以及《个人自行申报信息保密通知》之中。

依据《涉税信息暂行办法》第3条[1]和第12条[2]可知,包括法院、

---

[1] 《涉税信息暂行办法》第3条:"对于纳税人的涉税保密信息,税务机关和税务人员应依法为其保密。除下列情形外,不得向外部门、社会公众或个人提供:(一)按照法律、法规的规定应予公布的信息;(二)法定第三方依法查询的信息;(三)纳税人自身查询的信息;(四)经纳税人同意公开的信息。"

[2] 《涉税信息暂行办法》第12条:"税务机关对下列单位和个人依照法律、法规规定,申请对纳税人涉税保密信息进行的查询应在职责范围内予以支持。具体包括:(一)人民法院、人民检察院和公安机关根据法律规定进行的办案查询;(二)纳税人对自身涉税信息的查询;(三)抵押权人、质权人请求税务机关提供纳税人欠税有关情况的查询。"

检察院、公安机关、抵押权人、质权人等多种主体类型均可依法获取纳税人的相关涉税保密信息。依据《税收交换工作规程》第 28 条、[1]第 29 条[2]和第 30 条[3]可知,涉税信息可以用于司法审判、政府审计、腐败案件调查、金融犯罪调查等活动中。同时,依据《税收交换工作规程》第 31 条[4]可知,通过国际税收情报交换制度所获取的情报一般不得用于新闻传播。此外,依据《个人自行申报信息保密通知》第 2 条第 6 款[5]之规定,个人涉税信息在一定条件下还可以用于正面新闻宣传或反面典型教育等目的。

(四)责任规定与救济措施

1. 责任承担

在责任承担方面,《税收征收管理法》第 87 条[6]是对于税务机关工作人员存在违反涉税信息保密义务情形时责任承担的核心条款规定。分析可知,此条款的适用可包含以下三个方面。其一,该条款中的"未按照本法规定"所对应的不仅是第 8 条第 2 款中所规定的保密义务,还应当包括第 59 条中规定的税务检查中的保密义务,以及第 13 条中规定的针对

---

[1] 《税收交换工作规程》第 28 条:"税收情报在诉讼程序中作为证据使用时,税务机关应根据行政诉讼法等法律规定,向法庭申请不在开庭时公开质证。"

[2] 《税收交换工作规程》第 29 条:"除税收协定另有规定外,缔约国双方交换的税收情报不得转交或透露给与税收无关的其他人员或部门。国家审计部门、纪律检查部门、反金融犯罪部门需要相关税收情报的,应经总局批准后方可提供。"

[3] 《税收交换工作规程》第 30 条:"各级税务机关不得在税收情报涉及的税收违法案件公告、通告,以及《税务处理决定书》或《税务处罚决定书》等税务文书中披露税收情报的来源和内容。"

[4] 《税收交换工作规程》第 31 条:"对情报交换的一般性工作和利用税收情报查处的税收违法案件,一般不在广播、电视、网站和刊物等各种新闻媒体上宣传报道;如确有必要进行宣传报道的,必须逐级上报总局批准,且不得在宣传材料中披露税收情报的来源和内容。"

[5] 《个人自行申报信息保密通知》第 2 条第 6 款:"做好年所得 12 万元以上个人自行纳税申报宣传中的保密工作。宣传年所得 12 万元以上个人自行纳税申报的正面典型时,须预先告知当事人,征得当事人同意,并注意保护好其商业秘密和个人隐私。曝光年所得 12 万元以上个人自行纳税申报反面典型案例时,应遵守《国家税务总局关于印发〈税务违法案件公告办法〉的通知》(国税发〔1998〕156 号)有关规定,注意保护当事人的商业秘密和个人隐私。"

[6] 《税收征收管理法》第 87 条:"未按照本法规定为纳税人、扣缴义务人、检举人保密的,对直接负责的主管人员和其他直接责任人员,由所在单位或者有关单位依法给予行政处分。"

检举人的保密义务;其二,《涉税信息暂行办法》第 23 条[1]对税务机关工作人员违反保密义务的行为类型作出了进一步明确,其中包含诸如日常工作中的不当泄密或违规查询等四种情形;其三,该条款中所规定的责任后果为"行政处分"。根据我国《行政机关公务员处分条例》相关规定可知,行政处分共包含六种类型,[2]是故在实践中还需要结合个案情形对应适用。除此之外,《涉税信息暂行办法》第 24 条[3]还针对税务机关工作人员之外的主体存在违反保密义务的责任承担问题作出了规定,但从内容来看,该条款更多发挥的是"转介条款"的作用。

2. 救济措施

在救济措施方面,《税收征收管理法》中除第 13 条外并未设置其他的救济措施或渠道。细究第 13 条规定可知,该条款所适用的对象表述是"任何单位和个人",并不具有针对性,且检举人无法从该检举行为中获取因税务机关违反保密义务而产生损失的相应补偿。但是,根据前述对于《税收征收管理法》第 8 条第 2 款前半段性质的分析可知,该条款实际上赋予了纳税人和扣缴义务人以一项公法上的权利,即"保密权"。是故,在税务机关工作人员发生违反涉税信息保密义务的情形时,保密权人可以以此为据结合《行政诉讼法》第 2 条之规定向人民法院提起行政诉讼。

(五)其他保密规定

除前述内容之外,《涉税信息暂行办法》《税收交换工作规程》中还对于涉税信息安全保护的具体流程、保障措施等领域内容进行了详细规定。举例而言,《涉税信息暂行办法》第二章中通过共计 6 条内容,对于涉税

[1] 《涉税信息暂行办法》第 23 条:"对有下列行为之一的税务人员,按照《中华人民共和国税收征管法》第八十七条的规定处理:(一)在受理、录入、归档、保存纳税人涉税资料过程中,对外泄露纳税人涉税保密信息的;(二)在日常税收管理、数据统计、报表管理、税源分析、纳税评估过程中,对外泄露纳税人涉税保密信息的;(三)违规设置查询权限或者违规进行技术操作,使不应知晓纳税人涉税保密信息的税务人员可以查询或者知晓的;(四)违反规定程序向他人提供纳税人涉税保密信息的。"

[2] 《行政机关公务员处分条例》第 6 条:"行政机关公务员处分的种类为:(一)警告;(二)记过;(三)记大过;(四)降级;(五)撤职;(六)开除。"

[3] 《涉税信息暂行办法》第 24 条:"有关查询单位和个人发生泄露纳税人涉税保密信息的,按照有关法律、法规的规定处理。"

保密信息的内部管理措施进行详细规定。同时,该法第三章中通过共计9条内容,对于涉税保密信息的外部查询管理工作流程和查询时的具体要求进行明晰,有助于通过相关程序性规定实现对于纳税人涉税信息的保障。

二、我国现行涉税信息安全保护体系的反思

整体而言,我国通过前述各项规范的结合与互动,基本已经建立起涵盖内容丰富的涉税信息安全保障体系。然而,随着税制发达国家对于涉税信息安全保障程度的不断提高,我国现行的安全保障措施在本国范围内所确立的保护程度将因国际税收情报交换的开展而受到其他较高保护程度国家制度的不断挑战。基于此,本书接下来将对于我国现行涉税信息安全保护规范体系中的主要问题进行反思,重点结合国际税收情报交换的语境进行阐释,具体如下。

(一)形式法治化程度低

我国现行涉税信息安全保护规范体系的形式法治化程度整体偏低。举例而言,《税收征收管理法》第8条第2款中仅对于税务机关的保密义务予以规定,而对于在何种情形下涉税信息可以公开的内容并无规定。诚如前述,信息公开在很大可能上会带来泄露风险的增加,进而影响纳税人或扣缴义务人合法利益的保护效果。因此,类似于信息披露范围等事宜应当由立法者通过适当的立法程序予以确定,税务机关所发布之规范仅应当作为解释性文件。然而,在现行规范体系中,涉税信息的公开范围(包括主体范围和目的范围)的核心条款依据是《涉税信息暂行办法》第3条和第12条。此种做法将减损纳税人涉税信息安全保护的程度。

(二)核心要素亟待明确

我国现行涉税信息安全保护规范体系对于诸多核心要素的概念内涵和外延缺乏统一且合理的界定,这一点以税务机关涉税信息保密义务的客体范围限定为典型代表。对比《税收征收管理法》、《涉税信息暂行办法》以及《个人自行申报信息保密通知》可知,三者之间存在概念名称不统一、概念内涵有差异以及概念外延有出入的客观现象。具体而言,《税收征收管理法》所采用的概念是“纳税人、扣缴义务人的情况”,《涉税信息暂行办法》对此概念进行明确,即“情况 = 商业秘密 + 个人隐私 - 税收

违法行为”,然而《个人自行申报信息保密通知》转而采用“涉税保密信息”的概念,且概念外延在前述两项规范基础上作出了进一步扩张。这一点前文已有详述,不再赘述。

此种情况将为涉税信息安全保护的实践带来极大的负面影响。一般而言,保密义务客体范围的统一化界定将直接决定在不同场景化的规范文件中纳税人能够得到平等的保护效果,而《税收征收管理法》和《涉税信息暂行办法》中的客体范围小于《个人自行申报信息保密通知》的现状,将造成不同类型纳税人的涉税信息安全保护程度的不均衡。

(三)配套制度存在欠缺

除前述基础性问题外,我国现行涉税信息安全保护体系中还存在着明显的配套制度欠缺的问题,这一点不仅表现在一般场景下的涉税信息安全保护问题中,还表现在国际税收情报交换这一特殊场景下的涉税信息安全保护问题中。

首先,《税收交换工作规程》的“情报保密”章节所立足的假设前提主要是我国作为情报获取国的情形,只有第19条[1]是基于我国作为情报提供国角色下对于相关情报涉及国家秘密的保护规定。从本章第二节的内容可知,情报提供环节的涉税信息安全保护体系所应当涵盖的信息类型除国家秘密外,还应当包括贸易、经营、工业、商业、专业秘密或贸易过程的情报以及法律职业特权信息等类型。对此,国内法在制度建构时也应当对除国家秘密之外的信息类型的保护措施予以明确。遗憾的是,现行《税收交换工作规程》中并不存在此类条款,致使纳税人的利益主张路径并不清晰。[2]

其次,参酌本章第三节的内容可知,一国涉税信息安全保护规范体系的完整制度建构除包含一般意义上的保密义务条款、情报使用范围限定条款外,还应当包括信息合理使用的保障制度以及信息公开的监督措施。反观我国,《涉税信息暂行办法》将涉税信息的保密区分为内部管理和外

---

〔1〕《税收交换工作规程》第19条第1款:“税务机关在调查、收集、制作税收情报时,遇有纳税人、扣缴义务人或其他当事人申明被调查的事项涉及国家秘密并拒绝提供有关资料的,税务机关应要求其提供由国家保密主管部门出具的国家秘密鉴定证明。”

〔2〕参见陈红彦、张耀斌:《刍议税收情报交换制度中纳税人权利保护和救济机制的完善》,载《国际税收》2015年第8期。

部查询管理两大类型后，对于不同类型下涉税信息的安全保障措施作出规定，如第 8 条至第 11 条分别从程序、技术等层面落实了对于涉税信息安全保护的具体要求。但是，纵观《涉税信息暂行办法》可知，该规范体系相较于其他国家仍然较为粗糙，且其中缺乏对于信息公开监督措施的明确化规定。除此之外，我国现行涉税信息安全保护体系中缺乏对于纳税人或扣缴义务人在因税务机关违反保密义务而遭受损失后的救济措施的规定。同时，在国际税收情报交换的特殊语境下，根据经合组织的相关建议，一旦在国际税收情报交换过程中出现了信息非法泄露的情形，各国应当进入调查程序，针对信息泄露的原因、应当承担责任的人员、可能的完善措施等内容进行调查、分析并出具报告。[1] 然而，我国现行《税收交换工作规程》中缺乏对于信息泄露调查报告制度的规定。

三、我国现行涉税信息安全保护体系的完善

基于前述对于我国现行涉税信息安全保护规范体系的梳理和反思，结合各国在该领域国内立法的实践经验以及本章第三节所述的共识性标准，本书认为我国应当从以下几个方面进行完善。

（一）提高涉税信息安全保护规范体系的法治化层级

本书认为，应当将现行《税收征管细则》《涉税信息暂行办法》等行政法规或规范性文件中的部分内容上升为法律。但问题是，哪些条款内容应当或适宜采用法律形式规定，判断的基准又是什么？

为回答此问题，本书认为有必要重回对于税收法定原则这一聚焦提高税法形式法治化程度的原则的分析。作为税法建构的"帝王"原则，税收法定原则可进一步细分为课税要素法定原则、课税要素明确原则以及依法稽征原则三个方面。其中，依法稽征原则要求与课税要素密切相关或关涉纳税人权利义务的程序法要素必须由法律予以明确规定。[2] 是故，"关涉纳税人权利义务"是应当法定的核心判断标准。

具体到本书语境下，由于纳税人的保密权概念内涵中所主要包含的

---

〔1〕 See OECD: Keeping It Safe: The OECD Guide on the Protection of Confidentiality of Information Exchanged for Tax Purposes, OECD Publication, Paris, 2012, 30.

〔2〕 参见张守文:《论税收法定主义》，载《法学研究》1996 年第 6 期。

要素为税务机关保密义务的客体范围与涉税信息的公开范围，两项要素的规定和适用将直接影响到纳税人该项权利的保护效果，是故应当由立法予以规定。质言之，立法者可在《税收征收管理法》第 8 条第 2 款的基础上，结合《税收征管细则》、《税收交换暂行办法》以及《个人自主申报信息保密通知》中的具体规定，进一步充实相关立法内容，使之成为具有实质约束力的基础性规范。

(二)明确核心要素的概念内涵与外延

作为我国涉税信息安全保护规范体系中的核心要素，客体范围尚存调整空间。在《税收征收管理法》第 8 条第 2 款所采用的“情况”这一概念基础上，《税收征管细则》将其分解为“商业秘密”、“个人隐私”和“税收违法行为”三个要素。同时，《税收交换暂行办法》规定所谓商业秘密和个人隐私包括“技术信息”、“经营信息”以及“纳税人、主要投资人以及经营者不愿公开的个人事项”。

本书认为，此种界定方式存在以下四方面问题。其一，《税收征收管理法》以“纳税人、扣缴义务人的情况”为概念表述，此种做法与法律严谨性的特征相悖；其二，无论是商业秘密还是个人隐私，《税收征管细则》中均没有对其予以规定，此种以新的不确定概念解释原有概念的做法在实践过程中并未从根本上解决法律适用结果不确定性的问题；其三，《税收交换暂行办法》以“纳税人、主要投资人以及经营者不愿公开的个人事项”作为兜底的做法，将导致此概念适用结果的泛化；其四，从更一般的意义上而言，商业秘密和个人隐私所包含的范围远远小于纳税人涉税信息的范围，且需要专门的认定过程。[1] 质言之，纳税申报书和纳税申报信息在很大程度上难以符合商业秘密或个人隐私的要求。[2] 此种做法将使得税务机关保密义务的客体范围过窄，既难以与《个人信息保护

---

〔1〕 参见陈红彦、张耀斌:《刍议税收情报交换制度中纳税人权利保护和救济机制的完善》，载《国际税收》2015 年第 8 期。

〔2〕 参见熊伟:《美国联邦税收程序》，北京大学出版社 2006 年版，第 50 页。

法》[1]相衔接，又难以与单行税种法[2]中的规定相匹配。

鉴于此，可综合现行规范体系中的做法，选取表述更为清晰且严谨的概念名称（如涉税信息或涉税保密信息），辅之以合理的概念内涵与外延界定（如《个人自行申报信息保密通知》第2条的方式）。有学者认为，可将《税收征收管理法》第8条第2款的客体对象表述为“隐私权、个人信息权和商业秘密”[3]。本书认为，此种表述方式既能够有效涵盖自然人纳税人情形下的个人隐私和个人信息两种类型，又可以覆盖非自然人纳税人情形下的商业秘密，并能够回应中共中央办公厅、国务院办公厅印发的《关于进一步深化税收征管改革的意见》中“维护纳税人缴费人合法权益”的具体要求，较之于现行规定更具有合理性。

（三）明确信息公开的具体范围和条件

除公检法机关可依法获取相关信息的认知已达成共识外，现行规范体系中对于其他情形下是否允许公开信息的规定并不一致。正如前述，《涉税信息暂行办法》第3条和第12条允许抵押权人、质权人等主体类型依法获取纳税人的欠税信息，《税收交换工作规程》第28条、第29条和第30条允许将信息用于政府审计、腐败案件调查、金融犯罪调查等活动中，《个人自行申报信息保密通知》第2条第6款允许将信息用于正面新闻宣传或反面典型教育等目的。

本书认为，税务机关在何种条件下可将包括从国际税收情报交换渠道中所获信息向其他主体公开，这一问题的回答可参酌《个人信息保护法》的立法规定予以阐述。首先，政府部门之间开展信息传递时应满足“为履行法定职责或者法定义务所必需”的要求。根据《个人信息保护

[1] 《个人信息保护法》中客体范围的表述方式为“个人信息”，系指以电子或者其他方式记录的与已识别或者可识别的自然人有关的各种信息。对比可知，个人隐私与个人信息并不一致，二者分别规定在《民法典》第1032条和第1034条。参见王利明：《和而不同：隐私权与个人信息的规则界分和适用》，载《法学评论》2021年第2期。

[2] 举例而言，我国《契税法》第13条第2款中未采用与《税收征收管理法》第8条第2款相同的表述方式，而是明确采用“个人信息”的表述方式，即“税务机关及其工作人员对税收征收管理过程中知悉的纳税人的个人信息，应当依法予以保密，不得泄露或者非法向他人提供”。

[3] 熊伟、李刚主编：《税收征收管理法修订建议稿及立法理由》，法律出版社2022年版，第189页。

法》第13条第1款第3项的规定，国家机关处理个人信息应满足"为履行法定职责或者法定义务所必需"的要求。遵循此条款之逻辑，税务机关为履行法定职责获取信息自然满足该要求，但向其他国家机关提供相关信息则并非"为履行法定职责或者法定义务所必需"。但是，当我们从其他国家机关的角度来看，这些机关在请求税务机关向其提供信息时只要满足该要求，国家机关之间的信息传递即可视为对于"为履行法定职责或者法定义务所必需"要求之满足。[1]

其次，当税务机关向其他国家机关提供个人信息时，二者均并不必然要求承担告知义务和获取个人同意义务。根据《个人信息保护法》第13条第2款之规定，国家机关"为履行法定职责或者法定义务所必需"而处理个人信息时，可以"不需取得个人同意"。同时，该法第18条规定"有法律、行政法规规定应当保密或者不需要告知的情形的"，可以不向个人告知。当然，为避免税务机关不当扩大第18条之免于通知规定的涵盖范围，应考虑在《税收征收管理法》中对于税务机关可免于通知的情形予以进一步明确。

(四)补足相应的制度配套

其一，立足于更为普遍意义上的涉税信息安全保护规范体系的角度，我国应当在制度架构之外，完善对于信息使用的监督措施，以防止信息在外部查询过程中出现不当使用或泄露的情形发生。同时，应当补足相应的救济措施规定，为纳税人和扣缴义务人在相关利益受到损害后提供更为方便的救济渠道，如引入在此情况下的国家赔偿机制。[2]

其二，针对国际税收情报交换制度的特殊语境，我国应当在现行《税收交换工作规程》"情报保密"章节的基础上，完善作为情报提供国角色下的涉税信息安全保护的相关规定。本书认为，鉴于此类制度在设计时的国别差异并不显著，是故相关制度设计细节可以参见本章第二节的具体论述。

---

[1] 参见邢会强：《个人税务信息保护与〈税收征收管理法〉修订》，载《广东社会科学》2023年第1期。

[2] 参见陈红彦、张耀斌：《刍议税收情报交换制度中纳税人权利保护和救济机制的完善》，载《国际税收》2015年第8期。

其三，可以参酌经合组织相关报告的经验，在现行《税收交换工作规程》中引入信息泄露报告制度，以有效应对可能发生的信息泄露事件，并及时开展教训反思，积累在国际税收情报交换语境下开展涉税信息安全保护的经验。[1]

---

〔1〕 参见陈哲：《自动情报交换中我国纳税人权利保护的完善》，载《税收经济研究》2018 年第 3 期。

第五章　国际税收情报交换中纳税人有效参与诉求的保障制度

与涉税信息安全保护的诉求不同，保障纳税人有效参与诉求的制度场域仅存在于国内法体系之中。为回应纳税人参与国际税收情报交换过程的诉求，一些国家已经在其国内法上明确引入适用于国际税收情报交换所涉及纳税人的通知制度、磋商制度和介入制度，对应性地赋予纳税人被通知权（notification rights）、磋商权（consultation rights）和介入权（intervention rights），并统一涵摄在参与权（participation rights）[1]的"权利束"下。但是，随着国际税收情报交换制度的偏颇性发展，纳税人有效参与情报交换过程的诉求并未得到各国税务机关的进一步重视，一些国家国内

---

〔1〕"参与权"的概念首见于经合组织于1994年所发布的《经合组织成员国之间的税收情报交换调查报告》（Tax Information Exchange between OECD Countries：A Survey of Current Practices）中。同时，除"参与权"外，一些学者选择将其称为"被听取意见权"（the right to be heard），另一些学者将其称之为"被通知权"或"知情权"（the right to be informed）。比较而言，本书更为认同"参与权"的概念表述方式。此项权利并非单一的法定权利概念，而是对于权利类型或权利束的描述，其中包括通知权、磋商权以及介入权，是故采用后两者的表述方式难免存在以偏概全的嫌疑。前述观点参见 OECD：Tax Information Exchange between OECD Countries：A Survey of Current Practices，OECD Publication，Paris，1994；另见陈红彦、张耀斌：《刍议税收情报交换制度中纳税人权利保护和救济机制的完善》，载《国际税收》2015年第8期；林德木：《论国际税收情报交换程序中的纳税人的参与权》，载《税务与经济（长春税务学院学报）》2003年第2期；付慧姝：《完善国际税收情报交换中纳税人权利保护的法律思考》，载《企业经济》2011年第4期；Carlos Weffe，*The Right to Be Informed：The Parallel between Criminal Law and Tax Law，with Special Emphasis on Cross – Border Situations*，World Tax Journal，Vol. 9：3（2017）；Jose Carrero & Alberto Seara，*The Taxpayer's Right of Defence in Cross – border Exchange of Information Procedures*，Bulletin for International Taxation，Vol. 68：9（2014）。

法上确保纳税人能够有效参与此过程的制度措施甚至反而出现不断弱化的趋同态势。[1] 这一问题的产生一方面源自诸多国家的税收行政程序法中对于保障纳税人参与的措施本身并不完善,是故该问题的产生往往是此种先天不足在国际税收情报交换过程中的投射;另一方面,为保障国际税收情报交换的效率,国际税收透明度标准要求各国对其国内法上涉及纳税人参与的制度内容予以修订,客观上减损了纳税人对于国际税收情报交换过程的参与程度。针对此问题,理论界已经开展部分讨论,虽然与围绕纳税人涉税信息安全保护的火热讨论尚存有较大距离,但截至目前已取得一些成果和共识。同时,国际税收协会(IFA)在2013年和2015年的两次会议均涉及国际税收情报交换过程中纳税人的参与问题,各国学者在介绍本国实践现状的基础上,于总报告(General Report)部分对于国际税收情报交换过程中纳税人参与诉求保障制度的最低标准和最佳实践予以探讨。[2] 但是,由于前述报告的关注重点在于对各国实践做法的梳理,且讨论年代较早,未能考虑到国际税收情报交换制度的后续发展,是故其中所述之对策对于当下的制度建设已略显不足。面对此种情形,本章围绕国际税收情报交换中纳税人有效参与这一主题,分别从理论和实践两个层面进行反思,并最终立足我国的实践情况,有针对性地提出相应的完善措施。

第一节 纳税人参与诉求的主要保护路径

纵观实践,纳税人参与国际税收情报交换过程的诉求保障的演进路径可分为两支,即立法保护路径和司法保护路径。立法保护路径下,诸多国家国内立法直面国际税收情报交换中纳税人的参与问题,虽然所采取

---

〔1〕 See Baker Philip & Pasquale Pistone, *General Report, in the Practical Protection of Taxpayers' Fundamental Rights*(*IFA Cahiers 2015, Vol. 100B*), IBFD Online Books, 2015, p. 59 – 63.

〔2〕 See Baker Philip & Pasquale Pistone, *General Report, in the Practical Protection of Taxpayers' Fundamental Rights*(*IFA Cahiers 2015, Vol. 100B*), IBFD Online Books, 2015, p. 58 – 65. also see Xavier Oberson, *General Report, in Exchange of Information and Cross – border Cooperation between Tax Authorities*(*IFA Cahiers 2013, Vol. 98B*), IBFD Online Books, 2013, p. 53 – 54.

的具体措施和保障程度并不一致，但均为此诉求的实现制定了可直接操作的细节性规范。相较之下，司法保护路径以欧盟范围内的实践最为典型，其主要特征在于立足欧盟法所确立的基本权利保护原则，尝试将其具体化至国际税收情报交换中纳税人参与诉求保护的争议之中。具体如下。

一、立法路径：制定可操作的细节措施

环视全球，纳税人主张参与国际税收情报交换的直接法律依据主要是各国国内法上的相关规范，国际公约以及其他具有软法性质的法律文件（如欧洲纳税人法典）等在其中发挥补充性渊源的作用。同时，《税收情报交换协定范本》（2002）注释中还将与人权保护相关的国际法律文件也作为纳税人参与主张的法律渊源。[1] 鉴于各国法律传统的差异，不同国家国内法上保障纳税人参与国际税收情报交换过程的具体措施和程度并不一致，具体如下。

一些国家或地区（如安道尔、比利时、德国、卢森堡、葡萄牙、瑞士、开曼群岛、泽西岛等）针对纳税人参与诉求已经建构起较为全面的保护体系。[2] 为了保障纳税人在国际税收情报交换过程中的正当利益，这些国家或地区的国内法体系中特别规定了各类权利类型，适用情形全面涵盖该国在税收情报交换过程中作为情报提供国和情报获取国两种角色下的诸多情形，具体保障措施包括纳税人在该国税务机关发起税收情报交换请求时有权从税务机关处获得通知、税务机关在向情报获取国发送相关信息之前应当听取纳税人意见，以及纳税人有权对于情报提供国的信息传输行为进行质疑等内容。同时，在这些国家或地区中，对于纳税人有效参与诉求的保障除了体现在行政程序外，一些国家或地区还通过司法程序实现了对于纳税人参与诉求的保障，即采用“间接保护”的模式。在采用“间接保护”的国家或地区，税务机关在为了开展税收情报交换工作的

---

〔1〕 See OECD, Commentary on Article 1 of Agreement on Exchange of Information for Tax Matters (2002), para. 5.

〔2〕 See Jose Carrero & Alberto Seara, *The Taxpayer's Right of Defence in Cross – border Exchange of Information Procedures*, Bulletin for International Taxation, Vol. 68:9, p. 503 – 504(2014).

目的而获取纳税人银行信息之前,应当通过司法授权程序(judicial authorization process),纳税人和/或银行金融机构可通过参与该司法授权程序实现对其本身利益的维护。

相较之下,法国、韩国、卢森堡等另一些国家对于纳税人参与国际税收情报交换过程的诉求所提供的保障措施则比较有限。举例而言,法国税务机关在开展国际税收情报交换时除了个别必要的情形外均不会通知纳税人,亦不会使其参与到税收情报交换的程序之中。韩国和卢森堡虽然允许告知纳税人此项税收情报交换的发生且允许其对此进行抗辩,但这些程序均发生在税务机关已经向缔约国对方提供相关税收情报之后。除此之外,前述国家均未设置相应制度,保障纳税人磋商权的行使。[1]

二、司法路径:基本权利的具体化适用

从理论上而言,在国内法上尚未制定细节性保护措施时,对于参与诉求的保障还可以由纳税人以更为一般性的权利规定为据诉诸司法裁判得以实现,欧盟 Sabou *v.* The Czech Republic[2]案件(以下简称 Sabou 案)即为其中之典型代表。在欧盟成员国国内法缺乏前述可直接操作的细节性规定的前提下,欧盟法确立的"防御权"(the right of defence)这一基本权利往往成为纳税人主张参与国际税收情报交换过程之诉求的条款依据,并在税务机关的行政决定将会对其利益产生显著影响之时援引此条款。然而,基本权利的特性决定了其能否提供相应保护还应当取决于具体的制度细节,为此,欧洲法院(ECJ)围绕防御权的具体化展开标准进行了以下讨论。

(一)Sabou 案:"阶段区分"标准的引入

2013 年,欧洲法院在裁定 Sabou 案时,对于跨境税收情报交换过程中纳税人参与诉求的保护问题进行了探讨和阐述,并引入判断基本权利是否可以适用于国际税收情报交换过程中的标准。该案件作为欧洲法院首次针对跨境税收情报交换程序下纳税人参与问题的裁定,虽然探讨背

---

〔1〕 See Xavier Oberson, *General Report, in Exchange of Information and Cross – border Cooperation between Tax Authorities*(*IFA Cahiers 2013, Vol. 98B*), IBFD Online Books, 2013, p. 53.

〔2〕 See ECJ, 22 Oct. 2013, Case C – 276/12, Sabou *v.* The Czech Republic.

景是已经被废止的《欧盟行政互助指令》(77/799/EEC)[以下简称《多边互助指令》(1977)],但其中涉及的问题在现行所有的国际税收情报交换法律工具中仍然普遍存在,故对于本书的分析仍具有十分重要的借鉴意义,具体如下。

1. 案情简介

本案中,捷克税务机关在审核本国税收居民 Sabou 的 2004 年税收申报信息时,发现该纳税人在税收申报表中列支了多项发生在其他欧盟成员国(西班牙、法国、英国和匈牙利)的大额费用,并声称该费用是因为可能转会前述成员国的足球俱乐部而发生。为了核实费用的真实性,捷克税务机关依据《多边互助指令》(1977)向申报表中涉及的四国税务机关发起了税收情报交换请求。随后,四国税务机关针对该请求分别展开调查,匈牙利税务机关还在调查过程中对相关证人进行了询问。经过调查发现,Sabou 提交的申报表中所提及的俱乐部均声称并不认识 Sabou 或其经纪人,是故这些费用的真实性被否定。据此,捷克税务机关向 Sabou 作出税收调整的决定。随后,Sabou 针对捷克税务机关的税收情报交换行为提起诉讼,欧洲法院在对此案件的初步裁定(preliminary ruling)中对于税收情报交换程序中的纳税人参与权保护问题进行分点讨论,并逐个予以回应。

2. 主要争议

梳理可知,Sabou 的核心主张在于税务机关获取信息的程序存在瑕疵,主要体现在以下三点:(1)捷克税务机关在向其他国家的税务机关发起税收情报交换请求时未通知纳税人;(2)纳税人未能参与到该请求内容的设计过程中;(3)情报提供国税务机关在询问证人时未邀请纳税人参与该过程。

鉴于该案件涉及欧盟法的适用问题,捷克最高行政法庭向欧洲法院提交申请,请求后者对于以下三个问题进行裁定:[1](1)在情报获取国依据《多边互助指令》(1977)发起税收情报交换请求时,纳税人是否可以依据欧盟法拥有被通知的权利?纳税人是否有权参与到该请求的设计过程中?如果纳税人不能依据欧盟法获得前述权利,国内法是否可以向其赋

---

[1] See ECJ, 22 Oct. 2013, Case C – 276/12, Sabou *v.* The Czech Republic, para. 22.

予此种权利？(2)在情报提供国依据《多边互助指令》(1977)处理情报交换请求时，纳税人是否有权参与到对于证人的询问中？如果情报获取国要求情报提供国税务机关在询问证人之前应当通知纳税人，情报提供国是否有义务通知？(3)情报提供国税务机关在依据《多边互助指令》(1977)提供情报时，是否对其答复的内容承担某种最低限度的义务，以此可以清晰地展现情报提供国税务机关信息获取的"来源"以及在获取该信息时所采用的"方法"？同时，纳税人是否可以质疑该情报的正确性，譬如主张情报提供国在获取相关信息时的程序存在瑕疵？

3. 裁定结果

从裁定内容可知，欧洲法院在分析税收情报交换过程中纳税人是否享有参与权时，所考虑的法律渊源主要包含两个部分，即《多边互助指令》(1977)和判例法中所确立的基本权利保护原则。其基本的结论是二者均不能作为纳税人在本案的具体情况中主张参与权的依据。同时，虽然该案中欧洲法院主要分析的是在跨境税收情报交换过程中纳税人参与权的法律渊源问题，但细读该裁决书的逻辑分析可知，该裁决书在论证过程中已扩展至在税收情报交换背景下纳税人参与权保护实质性问题的探讨，即在何种情形下纳税人可以享有参与权以及如何保护。本书认为，这些结论背后的逻辑分析对于本书的分析大有裨益，是故将其分点阐述如下。

(1)《多边互助指令》(1977)与参与权的保护

对于纳税人是否可以援引《多边互助指令》(1977)或防御权这一基本权利支持其以下权利内容(要求情报获取国在发起情报交换请求时告知该纳税人的权利、参与该请求内容设计的权利、要求情报提供国组织询问证人之前通知该纳税人的权利以及参与询问证人程序的权利)的主张，欧洲法院认为这两个问题的本质是相同的，即在情报获取国和情报提供国国内法上并未针对国际税收情报交换的制度运行设置相应的参与权的情况下，纳税人是否可以寻求其他的法律工具以保护其参与权。

对此，欧洲法院指出，《多边互助指令》(1977)主要用于指引成员国税务机关之间的税收征管合作(其中包括国际税收情报交换)，且通过对成员国施加特定义务来协调税务机关之间的跨境税收情报交换活动。该指令中虽然涉及对于各参与方的权利义务的协调，但其中并不涉及对于纳税人参与权的规定，亦不涉及税务机关在此方面的义务内容。[1] 是故，无论是纳税人主张参与到情报获取国发起请求的阶段，抑或主张参与到情报提供国的调查程序，均不得以《多边互助指令》(1977)为依据。

(2)基本权利条款适用的有条件性

在基本权利的可适用性问题上，欧洲法院认为，虽然税务机关采取可能负面影响(adversely affected)个体权利的措施之时应当尊重纳税人的防御性权利是欧盟法所确立的基本原则，[2] 然而，尊重纳税人的防御权并不意味着纳税人有权要求参与到情报获取国发起请求的阶段，亦不意味着纳税人有权要求参与情报提供国针对该请求进行调查的阶段。[3]

(3)《多边互助指令》(1977)与情报内容证明效力的要求

对于捷克最高行政法庭提出的第三个问题，欧洲法院认为《多边互助指令》(1977)并未涉及纳税人有权质疑交换情报的准确性的问题，亦未在情报内容方面对于成员国税务机关设置义务规定。是故，该问题仅应当由国内法予以规定，纳税人可以依据成员国的国内法规定对于情报内容的准确性或效力问题提起申诉。[4]

(4)国内法规则在参与权保护中的功能发挥

欧洲法院明确表示各成员国国内立法也可以成为纳税人主张参与权的法律依据，且可以进一步拓展纳税人的参与权所适用的范围。正如欧洲法院在裁定中所指出的，尽管防御性权利的推导过程仅将纳税人的参与权限制在争议阶段，并未赋予纳税人在调查阶段的参与权，但这一结论并不妨碍各成员国仍然可以自行将参与权的适用范围扩展至调查阶段。[5] 同时，欧洲法院认为，只有成员国的国内立法可以设置相关规则，授予纳税人相关权利，使其可以对于情报获取国税务机关通过税收情报交换制度所获取信息的有效性进行质疑，包括该信息获取的程序是否存在瑕疵等问题。[6]

---

[1] See ECJ, 22 Oct. 2013, Case C–276/12, Sabou *v.* The Czech Republic, para. 36.

[2] See ECJ, 22 Oct. 2013, Case C–276/12, Sabou *v.* The Czech Republic, para. 38.

[3] See ECJ, 22 Oct. 2013, Case C–276/12, Sabou *v.* The Czech Republic, para. 44.

[4] See ECJ, 22 Oct. 2013, Case C–276/12, Sabou *v.* The Czech Republic, para. 50.

[5] See ECJ, 22 Oct. 2013, Case C–276/12, Sabou *v.* The Czech Republic, para. 45.

[6] See ECJ, 22 Oct. 2013, Case C–276/12, Sabou *v.* The Czech Republic, para. 49.

（二）"阶段区分"标准的内涵阐释

在 Sabou 案中，为了论证防御权这一基本权利是否可以推导出纳税人在国际税收情报交换过程中应当享有程序性保护以及所提供的保护程度，欧洲法院通过三个步骤的论证，在认可"阶段区分"观点的基础上，拒绝将防御权的适用范围拓展至国际税收情报交换的过程之中。

首先，欧洲法院肯定了防御权等基本权利的内容可以作为纳税人主张参与权的依据。欧洲法院认为，该法院的一系列判例可清晰地显示出，包括被听取意见权（the right to be heard）在内的防御权是构成欧盟法律体系内在组成部分的基本权利类型之一，所有的成员国立法都不应当与这些基本权利相冲突。[1]

其次，欧洲法院指出基本权利的具体化适用应当受到限制。欧洲法院认为，在行政机关准备实施一项可能对个人利益造成负面影响的措施之时，应当尊重公民所享有的防御权。根据一系列的判例可知，无论欧盟立法以及成员国国内法中是否明确规定此类型的权利，成员国的行政当局在开展行政行为时均应当受到前述原则的约束。[2] 依据前述原则，受到该行政决定显著影响（significantly affected）或负面影响（adversely affected）的相对人应当拥有被听取意见权，即相对人有权了解行政机关据以作出决定的信息，并向行政机关清晰地表达其对于该信息的看法。同时，作为行使该权利的前提，纳税人自然应当享有被通知权。质言之，尽管纳税人在税收征管程序中确实拥有诸多类型的参与权，但这些权利的适用范围应仅限于"有必要听取纳税人意见的阶段"。那么，在税收情报交换过程中是否可以行使参与权的问题，随即转化为发生在税收情报交换过程中的诸多活动类型（如成员国税务机关向另一国家提请税收情报交换的决定，以及情报提供国税务机关为回复此请求而询问证人的决定），是否属于"使纳税人的意见有必要被听取的行为"。[3]

最后，为了回答第二步中提出的问题，欧洲法院在分析成员国针对该案件评论意见的基础上，采纳了将税收评估（tax assessment）程序区分为

---

〔1〕 See ECJ, 22 Oct. 2013, Case C – 276/12, Sabou *v.* The Czech Republic, para. 28.

〔2〕 See ECJ, 22 Oct. 2013, Case C – 276/12, Sabou *v.* The Czech Republic, para. 38.

〔3〕 See ECJ, 22 Oct. 2013, Case C – 276/12, Sabou *v.* The Czech Republic, para. 39.

调查阶段(investigation stage)和争议阶段(contentious stage)两个阶段的意见。前者包含本国税务机关搜集信息的活动以及向缔约国对方发起税收情报交换请求的活动类型,后者则主要开始于税务机关向纳税人发出纳税调整通知之时。[1] 欧洲法院认为,税务机关收集信息的活动类型并不必然需要通知纳税人并获取该纳税人对此活动的意见,而税务机关依据《多边互助指令》(1977)向缔约国对方税务机关请求交换信息的活动应当属于信息搜集活动的组成部分。同样地,情报提供国税务机关为回复该请求而展开的调查活动以及询问证人的活动等,均应当属于信息搜集活动类型。[2] 因此,欧洲法院认为调查阶段并不"显著地影响"纳税人的利益,故纳税人主张的基本权利条款不得在此阶段行使。

总结而言,在 Sabou 案中,欧洲法院将税收评估程序分为"调查阶段"和"争议阶段"两个部分,并认为因前一阶段不会显著影响相对人的正当利益,是故纳税人的参与权(如被通知权、被听取意见权)不应适用于该阶段,而应当主要适用于可能显著影响相对人正当利益的后一阶段。由于国际税收情报交换过程中的一系列活动均属于"调查阶段",是故纳税人的参与权不应当被适用于该过程。此种观点得到了许多国家的实践认可。根据国际税务协会的 2015 年报告可知,许多国家认为国际税收情报交换属于行政调查过程或阶段,在此阶段纳税人与税务机关并未发生实质性的争议,是故纳税人在此过程中不享有被通知权,亦不得以任何方式参与该过程。[3]

第二节　纳税人参与诉求保护困境的原因

从实践可知,作为纳税人参与国际税收情报交换过程诉求的两大保护路径,立法路径和司法路径均未能充分回应纳税人参与诉求的保护问

[1] See ECJ, 22 Oct. 2013, Case C – 276/12, Sabou *v*. The Czech Republic, para. 40.

[2] See ECJ, 22 Oct. 2013, Case C – 276/12, Sabou *v*. The Czech Republic, paras. 41, 42, 43.

[3] See Baker Philip & Pasquale Pistone, *General Report, in the Practical Protection of Taxpayers' Fundamental Rights*(*IFA Cahiers 2015, Vol. 100B*), IBFD Online Books, 2015, p. 61.

题,这一点无论是从各国的立法保护现状还是从前述 Sabou 案的判决结果均可以得证。同时,由于造成两大路径下纳税人参与诉求未能得到充分保护的原因并不一致。因此,本节将在前节的基础上继续推进,分别提炼两大路径下纳税人参与诉求未能得到充分保护的原因,进而对此原因进行归纳反思。

一、立法路径:性质认识错误与国际标准施压

鉴于对于国际税收情报交换性质的认知存在偏差,许多国家的国内立法对此过程中纳税人参与诉求的回应本身就呈现"先天不足"的特征。同时,国际税收情报透明度标准中要求各参与国国内法为纳税人提供的保障措施不应"不适当地阻碍或延迟"有效税收情报交换的开展,致使各国在此领域的立法保护措施呈现整体性式微的趋势。具体如下。

一般而言,许多国家的国内税收征管程序中往往会规定税务机关在作出最终的行政决定之前应当引入纳税人的充分参与。之所以提供和保障纳税人的参与权,其目的在于使纳税人能够有途径知悉将对其具体权利产生影响的税务行政决定,并通过与税务机关进行沟通,在该决定即将生效之前便可提出意见或抗辩,以避免不当的行政决定作出后使纳税人遭受更大的财产损失。此种制度设计既能够帮助税务机关作出更为合理的行政决定,又能够实现对于纳税人权利及时有效的保护。在该制度中,纳税人享有的被通知权往往作为其他参与权(如被听取意见权)行使的前提。因此,许多国家的税法中均规定纳税人有权要求通知对其所作纳税评定、税务诉讼判决或者任何其他就其财产所得征税的行为。举例而言,《美国国内收入法典》第 6330(a)条规定税务机关在作出课税决定之前,应当书面通知纳税人并告知依据该条款可享有权利要求听证,否则不得对该纳税人的任何财产或财产权进行课税。[1] 同时,该法第 6331(d)(3)条对于通知程序的例外情形作出了规定,即对于纳税人履行通知程序可能损害征税行为的情形除外。[2]

然而,由于对国际税收情报交换过程的性质认识存在错误,一些国家

---

〔1〕 See U. S., Internal Revenue Code, Section 6330.

〔2〕 See U. S., Internal Revenue Code, Section 6331(d)(3).

在纳税人参与该过程诉求的保护问题上采取了与前述整体趋势相反的态度。一些国家认为,国际税收情报交换制度的国内法阶段(特别是情报提供国的国内法阶段)并非正式的税收征管程序,仅应被视为"事实收集"(fact - gathering)的工具。[1] 由于在此过程中并不存在纳税人与税务机关之间的争议,自然也不应当引入纳税人的参与,或者纳税人参与权的行使应当局限在一国作为情报获取国的情形之下。[2] 基于此认识,纳税人参与权本应当在情报提供阶段发挥的功能被行政决定作出后可能引发的争议阶段中设立的相关权利所吸收,纳税人只能在税务机关作出影响其实质性利益的决定之后,再通过情报获取国的司法诉讼或行政复议等手段"整体性"地保护自身的利益。

同时,在落实国际税收透明度标准的现实压力下,多数国家或地区的国内立法中有关纳税人参与诉求的保障措施整体性地呈现"令人不安的发展趋势"。[3] 为了应对全球税收论坛的同行评议,诸多国家或地区纷纷降低对于纳税人在国际税收情报交换过程中实现有效参与的保障程度,譬如奥地利、列支敦士登、荷兰、葡萄牙、瑞士、开曼群岛以及泽西岛均对其国内立法进行修订,降低纳税人对于该制度的参与程度或完全排除纳税人参与此过程的可能性。[4] 以荷兰为例,该国国内法上对于纳税人的参与权提供了较为严格的保护措施。举例而言,根据该国的国内法规定,税务机关在应请求向缔约国对方提供相关情报之前,应当先行向信息持有人(information holder)通知该提供情报的决定。被通知方有权在收到该通知后的十天内对该决定提出异议,并申请禁令阻止向情报获取国税务机关提供相关情报。平均而言,完成该通知和申诉程序将耗时 10 至

---

〔1〕 法国认为,本国税务机关为税收情报交换目的而提供的情报内容仅应当被视为后续税收征管活动的准备性文档(preparatory document)。See Xavier Oberson, *General Report, in Exchange of Information and Cross - border Cooperation between Tax Authorities* (*IFA Cahiers 2013, Vol. 98B*), IBFD Online Books, 2013, p. 54.

〔2〕 See Xavier Oberson, *General Report, in Exchange of Information and Cross - border Cooperation between Tax Authorities* (*IFA Cahiers 2013, Vol. 98B*), IBFD Online Books, 2013, p. 19.

〔3〕 See Baker Philip & Pasquale Pistone, *General Report, in the Practical Protection of Taxpayers' Fundamental Rights* (*IFA Cahiers 2015, Vol. 100B*), IBFD Online Books, 2015, p. 62.

〔4〕 See Baker Philip & Pasquale Pistone, *General Report, in the Practical Protection of Taxpayers' Fundamental Rights* (*IFA Cahiers 2015, Vol. 100B*), IBFD Online Books, 2015, p. 60 - 63.

18 周,随后荷兰税务机关才能够向对方税务机关提供相关情报。依据全球税收论坛的同行评议结果可知,该通知程序开始于情报已经收集完成之后,且存在免于通知的部分情形规定,故通知程序的存在并不影响信息的获取进程,但是将会导致对情报传输的延迟。在全球税收论坛同行评议的压力下,荷兰于 2013 年 12 月 18 日起,废止了相关的通知和申诉程序。是故,自 2014 年 1 月 1 日起,税务机关在进行情报交换之前将不再有义务通知纳税人,后者也不再有权对情报交换行为提起申诉。[1]

二、司法路径:基本权利具体化缺乏合理标准

司法保护路径下,保障纳税人参与诉求的核心要点,在于寻找到将基本权利在国际税收情报交换场景中具体化的最佳标准。然而,从实践来看,由于基本权利具体化的过程中缺乏合理的标准,司法裁判无法发挥对于纳税人参与诉求的保障作用。本书仍以欧盟范围内的相关司法裁判为例进行说明。

归纳 Sabou 案中欧洲法院的裁判思路可知,欧洲法院意图将权利保护的阶段从调查阶段推迟至争议阶段,此种做法既能够在调查阶段排除纳税人的参与以确保有效税收情报交换的顺利开展,又能够在争议阶段给予纳税人充分的权利救济以实现对纳税人的权利保护,从而实现有效税收情报交换的开展与纳税人权利保护之间的协调。更进一步而言,欧洲法院之所以区分调查阶段和争议阶段,其用意在于将纳税人的参与权限定在情报获取国范围内,使得此问题的保护不会涉及情报提供国,从而避免将此问题复杂化。[2]

然而,通过"阶段区分"标准的适用以协调纳税人参与权保护与有效税收情报交换之间冲突的做法,无法满足处理二者之间复杂关系的需求。概括而言,将会产生以下两个方面的问题。

---

〔1〕 See OECD: Global Forum on Transparency and Exchange of Information for Tax Purposes: The Netherlands 2019 (Second Round): Peer Review Report on the Exchange of Information on Request, OECD Publication, Paris, 2019, p. 85.

〔2〕 See CFE ECJ Task Force, *Opinion Statement ECJ – TF 2/2014 of the CFE on the Decision of the European Court of Justice in Sabou (Case C – 276/12), Concerning Taxpayer Rights in Respect of Exchange of Information upon Request*, European Taxation, Vol. 54:7, p. 321 (2014).

首先,这一标准所依据的前提——“调查阶段”并不会显著影响纳税人权利——并不能完美地契合跨境税收情报交换的实践现状。对此,许多学者已经清楚地点明调查阶段的程序开展亦会显著影响纳税人的实体性权利。[1] 举例而言,在税收情报交换过程中往往涉及对于待交换情报是否具有“可预见的相关性”,以及这些情报是否可能构成“贸易、经营、工业、商业、专业秘密或贸易过程的信息”。在第一个情形下,纳税人应当享有权利主张待交换的情报因不具有可预见的相关性而不应当被交换,而在第二个情形中,纳税人则应当参与到对于商业秘密的认定以及是否向缔约国对方提供此类信息的判断过程之中。因此,此阶段虽然属于“调查阶段”,但是仍然会显著影响纳税人的实体性权利。除此之外,针对纳税人的税务调查还可能会导致情报提供国向该纳税人的客户进行询问,造成对该纳税人声誉的损害,进而影响该纳税人与客户之间的商业往来。在此情形下,纳税人是否能够参与到情报获取国发起税收情报交换的过程,并对情报获取国税务机关提起税收情报交换请求所依据的信息发表意见便显得十分重要。[2]

其次,这一标准的适用将无法保护未参与到争议阶段的主体类型的参与权,进而妨碍此类主体实体利益的保护。正因如此,欧洲人权法院在 Othymia Investments BV *v.* The Netherlands 案件[3](以下简称 Othymia 案)的论证过程中并未采纳阶段区分的思路。在 Othymia 案中,西班牙税务机关在针对本国税收居民的调查过程中,因涉及该纳税人与荷兰税收居民 Othymia 的交易,故依据《多边互助指令》(1977)向荷兰税务机关发起税收情报交换请求,请求后者提供 Othymia 的银行账户信息以及在该账户上发生的活动等。鉴于荷兰税务机关已于 2006 年 8 月的调查过程中从 Othymia 处获取部分信息,是故荷兰税务机关在收到交换请求后,分

---

[1] See Baker Philip & Pasquale Pistone, *General Report, in the Practical Protection of Taxpayers' Fundamental Rights*(*IFA Cahiers 2015, Vol. 100B*), IBFD Online Books, 2015, p. 61.

[2] See CFE ECJ Task Force, *Opinion Statement ECJ – TF 2/2014 of the CFE on the Decision of the European Court of Justice in Sabou*(*Case C – 276/12*), *Concerning Taxpayer Rights in Respect of Exchange of Information upon Request*, European Taxation, Vol. 54:7, p. 321(2014).

[3] See ECtHR, 16 June 2015, Application no. 75292/10, *Othymia Investments BV v. The Netherlands.*

别于2007年8月18日和2007年11月29日向西班牙税务机关提供相关情报,于2007年12月14日才向Othymia发出通知告知该情报提供行为。随后,Othymia向地区法院提起诉讼,认为该情报交换行为将侵犯其依据《欧盟基本权利公约》第8条可享有的隐私权,且未在提供情报之前告知该当事人。该案件最终上诉至欧洲人权法院。欧洲人权法院认为,荷兰税务机关的行为确实对于上诉人(Othymia)的隐私权产生了影响,但鉴于此影响是为了实现"正当目的",故并不构成对于上诉人隐私权的侵害。[1] 同时,对于上诉人认为荷兰税务机关在向西班牙税务机关提供情报的行为并未履行事先告知义务的诉求,欧洲人权法院认为由于本案中的当事人Othymia并非西班牙税务机关税务调查所直接针对的纳税人,是故Othymia的权利保护问题并非Sabou案直接关注的问题。鉴于此,欧洲人权法院认为欧洲法院在Sabou案中所确立的"阶段区分"标准并非决定性的,转而遵循欧洲人权法院自身的判例法所确立的逻辑,认为在特定的情形下,税务机关有权采用秘密的调查方式而不通知纳税人。[2]

通过分析该思路可知,在判断是否应当依据基本权利条款向当事人提供相应的参与权时,欧洲人权法院并不认为所处的阶段是具有决定性影响的判断因素。本书认为,如果单纯仅因所处阶段而决定是否保障相对人的参与权,那么除纳税人以外的其他类型的当事人将因无法参与到最终的争议阶段而使其权利无法得到相应保障。是故,为了更为全面地保护所有受到情报交换程序影响的当事人的参与权,欧洲人权法院认为受到情报交换程序影响的当事人均应当享受被通知的权利,除非不通知的决定"服务正当目的且合比例"。[3]

同时,欧洲法院在前述Berlioz Investment Fund SA *v.* Directeur de

---

〔1〕 See ECtHR, 16 June 2015, Application no. 75292/10, *Othymia Investments BV v. The Netherlands*, para. 40.

〔2〕 See ECtHR, 16 June 2015, Application no. 75292/10, *Othymia Investments BV v. The Netherlands*, para. 44.

〔3〕 See Philip Baker, *Some Recent Decisions of the European Court of Human Rights on Tax Matters (and Related Decisions of the European Court of Justice)*, European Taxation, Vol. 56:8, p. 348 (2016).

l'administration des Contributions directes 案[1](以下简称 Berlioz 案)中也部分抛弃了"阶段区分"标准。在 Berlioz 案中,法国税务机关在调查本国税务居民 Confima SAS 的纳税情况过程中,为获取 Confima SAS 位于卢森堡的母公司 Berlioz Investment Fund SA 的相关情况,向卢森堡税务机关发起了情报交换的请求。然而,Berlioz 认为法国税务机关所请求的情报中有超出"可预见相关性"的内容,故要求卢森堡税务机关不予提供超出"可预见相关性"的情报。在该案件中,欧洲法院再次重申了 Sabou 案中的裁判逻辑,但认为此案件的结论仅能适用于纳税人作为争议阶段当事人的情形,并在 Berlioz 案件中无法适用。同时,在该案中,欧洲法院承认了类似于 Berlioz 的当事人类型由于无法参与到税收情报交换最终指向的争议阶段,是故在情报交换过程中应当为其设置参与权,使其能够保障相关实体性权利的实现。[2]

行文至此,我们可以清晰地看到欧洲法院在 Sabou 案中确立的"阶段区分"标准并不具有充分的合理性。同时,欧洲法院和欧洲人权法院的后续案例中虽然否定了"阶段区分"标准的合理性,但并未给基本权利的具体化应用提供更为清晰且可操作的替代标准,致使此问题仍然退回原点。诚如前文所述,司法机关意图援引基本权利保障纳税人的参与诉求时,其核心要点在于寻找到将基本权利在国际税收情报交换场景中具体化的最佳标准。但鉴于此等现实困境的存在,司法保护路径终究难以承担对于纳税人参与诉求的充分保护功能。

第三节　纳税人参与诉求保障制度的完善

通过前述两节的分析可知,纳税人参与诉求的保护路径主要有立法保护和司法保护两种,但由于诸多原因的存在,二者在实践过程中并未能

---

[1] See ECJ, 16 May 2017, Case C – 682/15, Berlioz Investment Fund SA *v.* Directeur de l'administration des Contributions directes.

[2] See ECJ, 16 May 2017, Case C – 682/15, Berlioz Investment Fund SA *v.* Directeur de l'administration des Contributions directes, para. 52.

实现对于纳税人参与诉求的充分保障。鉴于此，本节内容将转向对于纳税人参与诉求保障制度的完善方面。具体分为以下两个层面。首先，从宏观层面，本节将针对在纳税人参与诉求保障过程中可能产生阻碍效果的理论认知进行反思和批驳；其次，从微观层面，本节将结合前述理论层面的分析并借鉴其他国家的经验，分别针对情报获取国和情报提供国两种不同角色下的制度设计展开分析。

一、前置分析：理论追问与路径选择

通过前述内容的分析，我们已经基本清晰阻碍纳税人参与诉求得到充分保护的主要原因。同时，虽然在不同路径下的具体表现不同，但前述原因基本可归纳入以下两个层面，即“国际税收情报交换过程的性质认识”和“国际税收情报交换程序的价值选择”。因此，在进入具体制度层面的完善对策之前，有必要对此两个问题从理论层面予以回应。与此同时，本书通过分析提出，由于司法保护具有难以摆脱的内在局限性，是故各国应当着重于立法路径下的制度完善，具体如下。

（一）理论追问：性质厘定与价值纠偏

1. 性质厘定

正如前文所述，许多国家在立法设计和司法审判中认为国际税收情报交换程序仅应被视为“事实收集”的工具，并未对于纳税人的实体性利益产生影响。是故，此阶段中不应当引入纳税人的参与制度。对此，本书认为，这一观点忽视了在国际税收情报交换过程中的多元利益内容，不能实现对于相对人合法利益的周延保护。

从实践来看，国际税收情报交换制度与纯粹国内法上的涉税信息获取程序并不相同，具体表现在以下两点。其一，国际税收情报交换的过程本身就包含着诸多对于纳税人的利益产生实质性影响的“节点”。正如前文内容所示，在国际税收情报交换过程中，纳税人的利益诉求除体现在通过确保信息的正确性以保障最终的准确课税之外，还体现在涉税信息在跨境传输时的安全保护这一相对独立的问题上。因此，国际税收情报交换过程并非仅由一系列纯粹的技术性规则组成，还包含着纳税人实质性的利益表达。此种利益表达独立于准确课税利益之外，混杂着协力义务范围恰当性判断与涉税信息安全保障等不同因素。税务机关需要围绕后一种利益内容做出一系列具有实质性影响的行政判断，如是否应当启动税收情报交换工作、缔约国对方所请求交换的情报是否超过了“可预见相关性”的范围、情报获取国的国内保密制度是否存在较大的泄密风险等。这些判断的做出必然蕴含着税务机关自由裁量权的行使，而正是该公权力的行使在很大程度上塑造了国际税收情报交换过程与其他类型的涉税信息获取程序不同的“制度特色”。在行政法中，行政相对人的程序性权利与实体性权利呈现复杂的相互关系，但在此复杂关系中可以明确的一点是许多程序性权利的设置和保障目的在于促成实体权利的实现。[1] 因此，为了有效控制税务机关在此过程中的权力行使，我们需要建立与之相匹配的程序性权利保障制度，以保障在此过程中纳税人与税务机关的充分互动。

其二，此等认知指引下的制度设计将增加其他行政相对人权利保护的成本。正如前述 Othymia 案中所呈现的内容，Othymia 并非基于情报获取国国内税法而产生的税收法律关系的当事人，在不享有程序性权利的情况下，甚至可能无法获悉与其相关的信息被提供给其他国家的税务机关。在此情况下，因程序性权利的缺乏，此类当事人无法参与到相关信息是否应当向缔约国对方提供的判断过程中，故无法进行充分的意见表达，更遑论合法利益的保护。总结而言，前述两部分内容的论述均是从制度的正当性角度论述程序性权利保护的必要性，即如果忽视对涉税信息本体所关联利益的保护，将会损害国际税收情报交换制度的正当性基础。

同时，即便是处于“争议阶段”，纳税人与税务机关之间的关系也与纯粹的国内税收征管问题有所不同，核心体现在通过国际税收情报交换制度所获取信息的证明效力（probative value）的保障问题上。在传统的税收征管过程中，税务机关的信息获取行为受到本国税收征管程序的规范和制约，征纳程序的规则虽然具有强烈的技术性色彩，但此类技术性规则的设置和遵守也可以同时起到对于权力行使的制约作用。质言之，行政程序既是权力行使的基础，又是权力行使的约束。因此，此类程序性规则不仅能够在最大可能上确保税务机关所获取信息的真实性，还能够确保信息获取的行为本身能够经受法律的价值评价，譬如信息获取的过程

〔1〕 参见关保英：《行政相对人基本程序权研究》，载《现代法学》2018 年第 1 期。

中并不存在对人权的侵犯行为等。然而，在国际税收情报交换过程中，如果将此过程仅仅视为"事实搜集"的工具，将会淡化涉税信息在获取过程中应当存在的制度约束。同时，由于情报获取国的纳税人和税务机关均难以参与情报提供国的信息搜集过程，加之通过情报交换过程所获取的信息中不包含关于此信息的来源、获取程序以及相应的保障措施的描述，纳税人在争议阶段将难以对该情报的证明力进行评价或质疑，进而无法"真正地"保护自己的正当利益。[1]

2. 价值纠偏

国际税收透明度标准中对于纳税人参与保护诉求的限制，其背后的价值偏好主要是对效率的推崇。同时，此种价值偏好的形成则受制于该制度的建构背景和所应对的问题。在建立和完善覆盖全球范围的涉税信息共享制度之时，经合组织以及随后的全球税收论坛所面临的最大挑战在于该制度的有效性(effectiveness)。[2] 质言之，该制度在运转过程中的最大挑战在于如何及时有效地帮助情报获取国税务机关获取相关信息。在该制度的早期阶段，各国发起税收情报交换请求的目的往往是对抗税收欺诈(tax fraud)、跨境逃避税以及跨境恶意税收筹划(aggressive tax planning)行为。[3] 考虑到从事这些行为的纳税人在获悉税收情报交换请求的发起之后存在妨害该制度运转的动力，是故该制度的运转过程应当尽可能地避免将纳税人引入其中，以避免此类纳税人利用相关保护措施妨害该制度的正常运转与功能发挥。从这个角度来看，对于纳税人的权利保护，特别是通过制度化的规定允许其参与该过程，将可能延长税收情报交换的时间，甚至在特定情况下可能造成该制度运转的无效。正因如此，各类国际税收情报交换工具虽然均认可纳税人在该制度过程中的

[1] See Jose Carrero & Alberto Seara, *The Taxpayer's Right of Defence in Cross - border Exchange of Information Procedures*, Bulletin for International Taxation, Vol. 68:9, p. 501(2014).

[2] See Sergio Rocha, *Exchange of Tax - Related Information and the Protection of Taxpayer Rights: General Comments and the Brazilian Perspective*, Bulletin for International Taxation, Vol. 69:9, p. 503(2016).

[3] See Sergio Rocha, *Exchange of Tax - Related Information and the Protection of Taxpayer Rights: General Comments and the Brazilian Perspective*, Bulletin for International Taxation, Vol. 69:9, p. 504(2016).

参与会在一定程度上发挥积极作用，但其范本文本和注释中均未提供任何正面指引，而是选择将此问题留待国内法规定，并规定了对于参与权的保护应当加以限制。质言之，国际税收情报交换法律工具中对于纳税人的参与权保护和涉税信息安全保护采取了截然不同的态度，非但没有强化对前者的保护，反而对于各国国内法上的保护程度造成了限制。

但是，这一观点并不能与税收情报交换制度的发展趋势相吻合。随着国际税收情报交换制度的不断发展，税务机关发起国际税收情报交换的目的已经远远超出了适用税收条约以及防止税收欺诈的目的范围，逐渐成为准确适用国内税法体系的有力工具。此外，随着自动情报交换标准成为新的国际税收透明度标准，大量跨境传输数据所涉及的纳税人所从事的并非税收欺诈、逃避税或恶意税收筹划活动，在很多情况下仅仅是正常的跨境经营投资活动。质言之，随着适用范围的不断扩张，国际税收情报交换所服务的对象已不再仅限于税收犯罪或逃避税等被税法所谴责的活动类型，该制度已经逐渐“内嵌”入各国的税收征管程序之中，成为各国税务机关进行跨境税源管理的方式之一，[1] 是故涉及的纳税人往往也涵盖对于税法良好遵从的那部分群体。鉴于此，仍然坚守效率优先的价值偏好限制参与权的适用空间不再具有合理性。

(二)路径侧重：以立法保护为主，以司法保护为辅

本书认为，虽然立法路径和司法路径在当下的保护效果均欠佳，但是考虑到司法保护的内在局限性，对于纳税人参与诉求的保障应当以立法保护为主，以司法保护为辅，具体原因如下所示。

首先，面对不断扩张的行政权力，依赖于司法裁判的权利保障方式难以实现充分保护权利的现实需求。由于基本权利条款的内容具有抽象性和一般性的特征，在具体的税收征管情形中能否援引相关条款以及在多大程度上能够对纳税人的诉求进行保护，均依赖于司法裁判的进一步阐释。[2] 正因如此，这一模式的保护效果取决于司法机关的保护能力和条

---

〔1〕 参见梁若莲：《应对金融账户涉税信息自动交换 推进国际税收治理现代化》，载《国际税收》2015 年第 3 期。

〔2〕 See María Roch, *Tax Administration versus Taxpayer – A New Deal?*, World Tax Journal, Vol. 4:3, p. 284(2012).

款本身的辐射范围。这一点通过前述案件即可见一斑。在此情况下，纳税人所需要的个案保护虽然在本质上与基本权利的价值取向一致，但其具体场合、发生场域和发生的过程均有着不同的变化，是故较为抽象和笼统的基本权利条款通过司法裁判在微观场景下实现妥善的权利保护结果往往面临着较大的不确定性和困难。

其次，面对逃避税和跨境税收筹划等问题的不断涌现与亟待解决，税务机关被赋予的自由裁量空间也会增加基本权利"防御功能"实现过程中的复杂程度，从而使得纳税人无法通过援引基本权利条款进行保护。诚然，在税收征管过程中，司法机关通过援引基本权利条款，可在一定程度上遏制税务机关在强化打击税收欺诈、逃避税问题中所可能形成的不当损害基本权利问题的发生。但是，税收征管对象的复杂性为税务机关不断增强的自由裁量空间提供了正当性基础，而后者在具体案例中往往得到司法机关的尊重和承认，使纳税人难以通过援引基本权利条款对其在具体情形下的诉求进行保护。

最后，援引基本权利条款实现对个人在纳税人身份下的利益保护，其背后的理念仍然建立在国家与个人"二元"对立的基础之上，即避免国家行政权力对其合法利益的不当"侵害"，是故更为强调公民权利的"防御功能"。因此，此种观念事实上是"消极权利观"在税法领域的投射。然而，随着税法体系的越发复杂和执法情境的越发多样，建构在"消极权利观"基础之上的权利体系和保护模式已经越来越难以满足纳税人在日常征管过程中权利保护的需要，这不仅因为依靠此种路径的维权成本过高，还因为纳税人对于后者与行政权力的关系认知也在悄然发生变化，即"自由不是不需要依赖于政府；相反，积极的政府为自由提供了条件"。[1]

因此，纳税人的保护体系无法主要依赖于司法路径，更为充分的保护措施还应当回归到立法路径下的制度完善。同时，从内容上来看，立法路径可以不断赋予纳税人多种类型的参与权，包括被通知权、对该情报交换进行质疑的权利以及对于情报提供国所采取的情报收集措施进行质疑的权利等。前述参与权的适用范围远远超出 Sabou 案中欧洲法院援引的防

---

〔1〕 参见［美］史蒂芬·霍尔姆斯、［美］凯斯·R. 桑斯坦：《权利的成本：为什么自由依赖于税》，毕竟悦译，北京大学出版社 2011 年版，第 153 页。

御权仅能适用的“争议阶段”，将“调查阶段”亦涵盖其中。质言之，纳税人可以在因税收情报交换所引发的一系列行政程序中均主张参与权。

二、具体措施：不同角色下的细节展开

一国在完善纳税人参与诉求的保护制度时，应当考虑到该国作为情报获取国和情报提供国的角色区别对于相关制度侧重的不同影响。鉴于此，本书认为有必要对于两种角色下的核心问题关切进行区分，从而对应性地考虑不同角色下细节性规定的具体展开。

（一）情报提供国视角下纳税人参与诉求的保护体系

1. 问题关切

情报提供国国内法在建构和完善纳税人参与权的保护体系时，应当考虑以下两个方面的因素。其一，该保护体系的建构应当能够通过保障纳税人及其他当事人的充分参与，防止因该制度的运行给纳税人及其他当事人造成巨大的经济损失。其二，根据《关于税收透明度和情报交换进展监督和评议的审议标准》第 B. 2. 1 条的要求，情报提供国国内法上的程序性权利的规定和保障不得“不适当地阻碍或延迟”有效税收情报交换的开展，因此情报提供国国内法上的程序性权利的行使必然会受到限制。那么，如何实现二者之间的协调？

对于该问题，法国和荷兰规定被提供的情报所涉及的纳税人既不享有被通知权，亦不享有被听取意见权等后续权利。韩国和卢森堡虽然允许纳税人享有被通知权，并可以对此决定进行申诉，但此权利的行使并不能够阻止情报的提供。[1] 本书认为，这一做法过分排除了纳税人及其他当事人的参与，虽然能够有效地保障情报交换的制度效率，但并不利于对纳税人及其他当事人的权利保护。在国际税收情报交换法律工具的条款中，除不具有可预见相关性的情报不应当被提供外，对于一些情报是否应当提供的结论并不具有确定性，如商业秘密信息。然而，令人遗憾的是，国际税收情报交换法律工具的条款及其注释仅规定了情报提供国税务机关有权自主判断是否提供这两类信息，并未赋予情报提供国以相应的通

[1] See Xavier Oberson, *General Report, in Exchange of Information and Cross – border Cooperation between Tax Authorities*(*IFA Cahiers 2013, Vol. 98B*), IBFD Online Books, 2013, p. 53.

知义务。那么,情报提供国的国内法理应对此制度进行必要的补足,并针对不同的情形分别考虑。

2. 具体展开

鉴于瑞士的国内法一贯重视纳税人及其他当事人的参与并提供了较高程度的保护水准,本书认为,瑞士的立法实践与变动可以作为此方面的最佳实践。

在瑞士 2010 年开始实施的《关于双重征税协定下的行政互助法令》[1](以下简称《行政互助法令》)中,第 4 条和第 10～13 条分别针对税收情报交换所服务的不同目的情形下纳税人及其他当事人的参与权进行规定。[2] 该法令第 4 条适用于缔约国对方为实施双边税收协定而发起税收情报交换的情形。在此情形下,瑞士税务机关在提供相关情报之前,应当以书面方式将提供的情报性质与内容通知该情报所涉及的所有类型主体,包括信息持有者和受该税收情报提供决定影响的主体类型。税务机关只有在获取后者的书面同意或后者 30 天内不回复的情况下才可以向缔约国对方提供相关情报。同时,后者如果对此决定有异议,可以向有关机关提起申诉。该法令第 10～13 条适用于缔约国对方为实施本国国内税法而发起税收情报交换的情形。在该情形下,《行政互助法令》针对该请求所涉及主体的被通知权保护提供了两种程序,即简化程序和正常程序。此外,在两种情形下,为了使纳税人及其他当事人能够有效行使被听取意见权,《行政互助法令》要求瑞士税务机关向其提供待交换内容的副本以及情报获取国的请求本身。同时,瑞士国内法还针对前述被通知权和提供资料的设置规定了例外情形。举例而言,如果基于重大的公共利益或私人利益考虑,或正在进行中的税务调查要求对此另有要求,

---

〔1〕 该法案的全称是"Ordonnance du 1er septembre 2010 relative à l'assistance administrative d'après les conventions contre les doubles impositions, OACDI",系瑞士于 2010 年 9 月 1 日颁布,是瑞士为执行与其他国家签订的避免双重征税协定中的征管互助条款而制定的国内法令。

〔2〕 See OECD：Global Forum on Transparency and Exchange of Information for Tax Purposes Peer Reviews：Switzerland 2011：Phase 1：Legal and Regulatory Framework, Global Forum on Transparency and Exchange of Information for Tax Purposes：Peer Reviews, OECD Publication, Paris, 2011, p. 66.

那么纳税人的前述两项权利内容应当受到限制。此外,如果情报交换本身较为紧急或通知纳税人可能损害情报获取国的税务调查,前述通知义务可基于"公共利益"的考量而得以豁免。[1] 再者,如果情报获取国明确要求对该情报交换保密,瑞士税务机关也应当尊重情报获取国的相关要求,对此情报交换予以保密。根据《行政互助法令》第13(3)条的规定,如果纳税人及其他当事人针对此项提供情报的决定提起申诉,在联邦行政法庭作出裁决之前,税务机关应当中止情报提供活动。针对从第三方处获得情报的情形,瑞士采取的做法是在获取情报之后提供情报之前应当通知该情报交换所涉及的主体,并允许该主体审查相关情报内容。同样地,纳税人及其他当事人可以针对该情报交换活动向行政法庭提起申诉,且该申诉行为具有中止情报提供活动的效力。但是,在此种情形下,立法并未设置任何的例外规定,因此瑞士税务机关在作出向缔约国对方提供相关情报的决定之前,均必须通知该情报所涉及的纳税人及其他当事人。

在2011年针对瑞士的审议报告中,审议小组认为瑞士国内法的规定中有部分内容不符合应请求的情报交换标准的要求,应当针对纳税人的程序性权利保护制定例外性规定。[2] 2012年,瑞士在国际税收征管互助领域通过了新的国内立法——《税收征管互助法》[3],并于2014年做出修订,扩大了瑞士税务机关的信息获取范围和权力。[4] 在《税收征管互助法》中,瑞士明确了"以事先通知为原则,以事后通知为例外"的基本原则。

---

〔1〕 See OECD: Global Forum on Transparency and Exchange of Information for Tax Purposes Peer Reviews: Switzerland 2011: Phase 1: Legal and Regulatory Framework, Global Forum on Transparency and Exchange of Information for Tax Purposes: Peer Reviews, OECD Publication, Paris, 2011, p. 67.

〔2〕 See OECD: Global Forum on Transparency and Exchange of Information for Tax Purposes Peer Reviews: Switzerland 2011: Phase 1: Legal and Regulatory Framework, Global Forum on Transparency and Exchange of Information for Tax Purposes: Peer Reviews, OECD Publication, Paris, 2011, p. 69.

〔3〕 该法案的全称是"Loi fédérale du 28 septembre 2012 sur l'assistance administrative internationale en matière fiscale, LAAF",系瑞士于2012年9月28日颁布。

〔4〕 See OECD: Global Forum on Transparency and Exchange of Information for Tax Purposes Peer Reviews: Switzerland 2016: Phase 2: Implementation of the Standard in Practice, OECD Publication, Paris, 2016, p. 85.

首先,根据《税收征管互助法》第14条之规定,税务机关应当以书面形式通知该情报所涉及的主体(情报提供国税务机关调查的纳税人)和请求交换的情报的持有者(information holder)。同时,即便前述主体中有居于瑞士境外的情形,瑞士税务机关也应当履行告知义务,具体形式包括通过告知中介机构[第14(3)条]、直接告知该主体[第14(4)条]或在联邦公告中发布相关声明[第14(5)条]。[1]

其次,《税收征管互助法》第21a条对于通知程序的例外情形的条件做出了相应规定,即如果履行告知义务将损害行政互助的目的,"且"损害情报获取国的调查活动,那么瑞士税务机关将在向缔约国对方提供相关情报之后再向前述主体履行告知义务。[2] 依据该条款,应请求的情报交换标准中所提出的两种例外情形被分别对应地归入这两个条件之中。也就是说,事先通知可能促使被调查的纳税人毁灭证据的情形被归入损害税收行政互助目的的条件,情报交换本身较为急迫的情形被归入阻碍情报获取国调查活动的条件。[3] 在解释适用该条款所规定的两个条件时,判断一项情报交换活动是否属于例外情形应当采取限制解释的态度。瑞士税务机关认为,在分析具体的税收情报交换活动是否属于通知程序的例外情形时,应当采用个案分析的方式。[4] 为辅助例外情形的适用,《税收征管互助法》第21a条还设置了"防泄密条款"(anti - tipping off provision),规定如果存在通知程序的例外情形,信息持有人或其他合法知悉该情报交换的主体应当禁止向被调查的纳税人及其他当事人告知该

---

〔1〕 See OECD: Global Forum on Transparency and Exchange of Information for Tax Purposes Peer Reviews: Switzerland 2016: Phase 2: Implementation of the Standard in Practice, OECD Publication, Paris, 2016, p. 99.

〔2〕 See OECD: Global Forum on Transparency and Exchange of Information for Tax Purposes Peer Reviews: Switzerland 2016: Phase 2: Implementation of the Standard in Practice, OECD Publication, Paris, 2016, p. 100.

〔3〕 See OECD: Global Forum on Transparency and Exchange of Information for Tax Purposes Peer Reviews: Switzerland 2016: Phase 2: Implementation of the Standard in Practice, OECD Publication, Paris, 2016, p. 100.

〔4〕 See OECD: Global Forum on Transparency and Exchange of Information for Tax Purposes Peer Reviews: Switzerland 2016: Phase 2: Implementation of the Standard in Practice, OECD Publication, Paris, 2016, p. 101.

情报交换,直至瑞士税务机关完成情报提供行为并履行事后告知义务。[1]

除告知程序之外,《税收征管互助法》第17条和第19条还分别规定了纳税人及其他当事人的被听取意见权与申诉权。依据第17条规定,在相关主体拒绝同意税收情报交换或未表态的情况下,税务机关应当向相关主体作出最终决定(final decree),并在该裁决中表明行政互助的原因和将提供的情报范围。依据第19条规定,如果纳税人及其他当事人就此决定提起申诉,该申诉行为可以中止税务机关的情报提供活动。同样地,为了帮助纳税人及其他当事人能够有效行使被听取意见权,《税收征管互助法》第15(1)条规定可以向纳税人及其他当事人公开相关请求文件。同时,第15(2)条规定了该权利适用的例外情形,即情报获取国根据保密规则要求对于税收情报交换的全部或部分内容进行保密。在纳税人主张行使该权利时,瑞士税务机关会迅速与情报获取国税务机关取得联系,告知纳税人希望向其公开该请求内容的事实,并咨询后者是否申请适用第15(2)条所规定的例外情形条款。[2]

最后,瑞士国内法为纳税人及其他当事人的申诉提供了两个渠道,分别为联邦行政法庭(federal administrative tribunal)和联邦法庭(federal tribunal)。纳税人及其他当事人不服税务机关决定的,可以向联邦行政法庭提起诉讼,且再不服联邦行政法庭裁决的,可以向联邦法庭提起上诉。一般而言,联邦行政法庭做出裁决平均耗时213天,而联邦法庭平均耗时100天。瑞士税务机关表示,无论是向联邦行政法庭提起申诉的案件数量,还是联邦行政法庭作出裁决的周期均呈现递减的趋势,目前来看平均时间为2至5个月。[3]

---

〔1〕 See OECD: Global Forum on Transparency and Exchange of Information for Tax Purposes Peer Reviews: Switzerland 2016: Phase 2: Implementation of the Standard in Practice, OECD Publication, Paris, 2016, p. 101.

〔2〕 See OECD: Global Forum on Transparency and Exchange of Information for Tax Purposes Peer Reviews: Switzerland 2016: Phase 2: Implementation of the Standard in Practice, OECD Publication, Paris, 2016, p. 104.

〔3〕 See OECD: Global Forum on Transparency and Exchange of Information for Tax Purposes Peer Reviews: Switzerland 2016: Phase 2: Implementation of the Standard in Practice, OECD Publication, Paris, 2016, p. 105.

(二)情报获取国视角下纳税人参与诉求的保护体系

1. 问题关切

在一国作为税收情报获取国的情形下,该国针对国际税收情报交换制度中的程序性权利体系在设计时应当考虑以下两个方面的内容。其一,在本国税务机关发起税收情报交换时,是否应当通知该情报交换所针对的纳税人,并允许其获悉情报交换请求的具体内容;其二,在本国税务机关发起税收情报交换请求时,是否应当对于情报提供国的回复内容进行最低程度的规定,以提高从税收情报交换过程中所获取信息的证明力?在情报获取国的视角下,纳税人参与诉求的保护制度在完善过程中对于前一问题的关切应无疑义,可能产生疑惑的是第二个问题为何在此部分应当考虑。为此,本书适当加以必要说明。

在国内税收征管语境下,各国税收征管程序立法以及行政程序法的相关规定对于税务机关开展涉税信息获取的活动进行了较为详细的规定和条件限制,客观上可以实现对于纳税人及其他当事人合法权益的保护,且税务机关可以依据该信息材料做出课税认定。举例而言,我国《税务稽查案件办理程序规定》第 17 条规定:"检查应当依照法定权限和程序收集证据材料。收集的证据必须经查证属实,并与证明事项相关联。"[1]

然而,在国际税收情报交换制度中,税收情报交换活动虽然是税务机关信息获取的补充性渠道,但情报提供国的税务机关在搜集相关情报时并不受制于情报获取国国内法上的限制措施。此时,情报提供国所提供情报的合法性、真实性等直接关系到该情报证据效力的因素均难以得到充分的保障,是故,从情报提供国处获取的情报所具有的证明效力便处于尚不明确的状态。从目前已经披露的案例中可以看出,我国税务机关往往将通过税收情报交换程序获得的情报作为线索,最终依赖于纳税人在此情报面前的"主动配合"。[2] 但是,如果纳税人对税务机关利用国际税收情报交换制度获取的情报有所质疑之时,双方进入行政诉讼或行政复

---

〔1〕 参见国家税务总局《税务稽查案件办理程序规定》,国家税务总局令第 52 号,第 17 条。

〔2〕 在国家税务总局国际税务司披露的四则典型案例中,案件最终的结果均为纳税人在面对税务机关通过国际税收情报交换程序获取的情报面前采取了"主动承认"或"最终认同"的做法。参见国家税务总局国际税务司:《国际税收情报交换典型案例四则》,载《国际税收》2015 年第 8 期。

议过程后，如何保证该情报的证明效力呢？因此，交换情报的证明效力问题应当成为纳税人程序性权利体系建构时的组成内容。

2. 具体展开

在被通知权的保护方面，从实践情况来看，多数国家的国内法上并未有在本国税务机关发起税收情报交换程序时应当通知纳税人的规定。根据国际税务协会2015年报告显示，在被调查的41个国家或地区中，仅有7个国家或地区在其国内法上规定了纳税人关于税收情报交换请求的被通知权，且这7个国家或地区在相关的调查问卷中并未明确表示是情报获取国还是情报提供国承担该义务。[1] 在启动国际税收情报交换程序时，将此事实以及请求的内容告知纳税人会存在以下可能的收益与风险。告知纳税人该项请求后，一方面可以借助税收情报交换制度的震慑作用，促使纳税人能够主动与税务机关进行合作；另一方面也可使纳税人参与到情报交换请求内容的制作过程之中，使请求内容更为合理。但是，将此请求告知纳税人可能造成纳税人采取措施阻碍税收情报的有效获取，如与境外关联方进行串通毁灭证据等。进一步而言，在情报获取国开展相应的税收案件调查活动时，税务机关对于纳税人有关税收情报交换请求的告知所能够发挥的作用主要在于使纳税人意识到此项事项的发生，并未直接影响到纳税人的实质利益。因此，在此种情形下，笔者认为最为合适的方式是赋予情报获取国税务机关一定的裁量空间，由其根据具体案件的情况，决定是否将税收情报交换请求的内容告知纳税人。

在获取相关的信息之后，情报获取国如何认定该情报的证据效力？这一问题的妥善解决实际上直接关系到国际税收情报交换制度与国内税收征管程序的衔接问题。为了解决这一问题，欧盟2011年颁布实施的《行政互助指令》(2011/16/EU)［以下简称《欧盟行政互助指令》(2011)］中规定“被请求成员国主管当局依据本指令获得的情报、报告、声明以及任何其他文件，或经核证无误的副本或摘要可以作为请求成员

[1] See Baker Philip & Pasquale Pistone, *General Report, in the Practical Protection of Taxpayers' Fundamental Rights*(*IFA Cahiers 2015, Vol. 100B*), IBFD Online Books, 2015, p. 60.

国主管当局的证据使用"[1]。这一条款直接明确了通过国际税收情报交换制度所获取的情报的证明效力,即情报获取国税务机关可以将情报提供国提供的情报直接作为"证据"使用。但是,这一规定能够适用的前提在于各国对于与获取情报相关的诸多因素(譬如信息获取的来源、程序,以及在信息获取过程中对于各主体的保障措施)的事先承认。[2] 通过对于国际税收情报交换内容各项基本要素的统一,可以最大限度上消除国际税收情报交换制度与国内税收征管制度以及行政诉讼制度在衔接上的可能冲突。但是,经合组织/联合国 DTC 范本、《税收情报交换协定范本》(2002)以及《互助公约》并未针对情报交换的格式、内容等进行最低标准的规定,使得情报效力的评估完全取决于各缔约国的自行判断。[3]

在此情况下,最为极端的情形是如果情报提供国在获取相关数据时的做法有违情报获取国国内法规定时,纳税人是否可以主张排除该情报的适用?不同国家对此问题的处理态度并不相同。第一种做法以美国为代表。美国法院认为,对于信息获取程序的合法性或违法性的判断本质上属于情报提供国的国内事务,是故,对于情报获取国而言,该情报的获取程序中是否存在瑕疵并不影响该情报在情报获取国的使用和效力,唯一能够对该情报的使用进行限制的仅为情报获取国的国内立法。第二种做法对于情报的使用采取了较为严格的态度,认为只有在情报提供国国内立法也认可情报获取程序过程合法性的前提下,情报获取国税务机关方可以适用该情报。此种情况下,情报的获取结果事实上同时受到情报交换双方国内立法的双重限制。第三种做法则采用了更为严格的态度,认为如果情报提供国的情报获取行为存在瑕疵,那么情报获取国就应当排除该情报的使用。[4]

---

〔1〕 See EU, Council Directive 2011/16/EU of 15 February 2011 on Administrative Cooperation in the Field of Taxation and Repealing Directive 77/799/EEC, Article 16(5).

〔2〕 See Jose Carrero & Alberto Seara, *The Taxpayer's Right of Defence in Cross – border Exchange of Information Procedures,* Bulletin for International Taxation, Vol. 68:9, p. 502(2014).

〔3〕 See Giuseppe Marino, *General Report. New Exchange of Information versus Tax Solutions of E-quivalent Effect*, IBFD Online Books, 2015, p. 135.

〔4〕 See Jose Carrero & Alberto Seara, *The Taxpayer's Right of Defence in Cross – border Exchange of Information Procedures,* Bulletin for International Taxation, Vol. 68:9, p. 502 – 503(2014).

本书认为,这一问题的核心目的在于实现情报提供国税务机关在信息收集过程中实现对于情报获取国国内立法上所确立的基本权利内容在最低限度上的保障。从这一角度而言,前述《欧盟行政互助指令》(2011)第20条的做法对于各国完善相关内容时具有极大的参考意义。该条款规定,情报获取国向情报提供国发起的请求中,所包含的情报信息、回复、确认,以及附加的背景性信息等内容,均应当采用统一的标准模板;情报提供国在提供相关情报时,也应当将该标准模板以及相关的报告、声明、其他文件、已核实过的副本或摘要等一并提供给情报获取国。[1] 在欧盟范围之外,鉴于此问题的解决无法依赖于各国之间构建一个统一的标准,而应当在个案的基础上逐个分析,本书建议各国可以在国内有关税收情报交换的立法中对于情报提供国的回复内容制定最低限度的范围要求,即要求情报提供国税务机关在回复请求时应当明确表明情报的来源、获取方法等。

第四节　纳税人参与诉求保障的中国对策

回到我国语境下,与纳税人参与国际税收情报交换过程的保护规定直接相关的规范为《税收交换工作规程》。相较于其他国家在此方面的规定,我国《税收交换工作规程》的规范内容较为粗糙,不仅存在部分制度留白,相关标准也不能够符合现行国际税收情报交换的需要。鉴于此,本书将在结合前述理论分析和境外实践的基础上,对于我国《税收交换工作规程》的完善提出建议,以期助力于该规范的"系统性升级"。

一、完善基础:现行体系的规范检讨

我国税法规范体系中,《税收征收管理法》有关国际税收情报交换过程中纳税人参与的规定主要体现在《税收交换工作规程》第27条之中。该条第一款是纳税人保障的一般条款,第二款则对两种限制情形进行了

---

[1] See EU, Council Directive 2011/16/EU of 15 February 2011 on Administrative Cooperation in the Field of Taxation and Repealing Directive 77/799/EEC, Article 20(1).

规定,具体如下:

税务机关可以将收集情报的目的、情报的来源和内容告知相关纳税人、扣缴义务人或其他当事人,以及执行税收协定所含税种相应的国内法有关的部门或人员,并同时告知其保密义务。

虽有前款规定,有下列情形之一的,未经总局批准,税务机关不得告知:

(一)纳税人、扣缴义务人或其他当事人有重大税收违法犯罪嫌疑,告知后会影响案件调查的;

(二)缔约国一方声明不得将情报的来源和内容告知纳税人、扣缴义务人或其他当事人的。

从内容来看,《税收交换工作规程》对于纳税人参与诉求的规定主要有以下三个方面的特点。

(一)地位不明

从《税收交换工作规程》的规范体例可以看出,纳税人参与权的保障主要规定于第 27 条,而该条款则系第三章"税收情报的保密"规范体系的组成部分。本书认为,此种将参与权条款内置于第三章的做法在理论和实践上均可能产生负面影响。

在前述分析中我们已可以清晰地看到,纳税人的有效参与对于税务机关判断税收情报交换是否符合"可预见的相关性"具有实质性的功能意义。鉴于此,参与权的保护虽然与税收情报的保密之间具有密切联系,但前者具有独立的规范价值,并不完全隶属于税收情报的保密体系。因此,将参与权屈居于保密章节之下,既有可能在理论上造成参与权隶属于保密权的错误解读,也有可能造成只有涉及税收情报保密的事项时才考虑纳税主体参与权的实践偏差,故有待进一步修订。

(二)制度缺失

虽然并未直接言明,但我国《税收交换工作规程》第 27 条的规定显然是立足于我国作为情报提供国的角色下进行的制度规定。质言之,《税收交换工作规程》对于我国作为情报获取国情形下的相关规定存在制度空白。诚如前述,在我国税务机关发起国际税收情报交换的阶段,纳税人是否应当享有相应权利以及通过税收情报交换所获取情报的证据效力均应当在情报获取国的国内立法中进行明确，从而使该制度能够更好地嵌入国内税收征管体系之中。然而，我国《税收交换工作规程》对于前述部分均未予明确规定，不利于我国系情报交换发起国情形下的纳税人保护。

同时，从《税收交换工作规程》第 27 条规定中可以看出，该条款仅规定了纳税人的被通知权，对于参与权的其他方面（如磋商权、介入权等）并未提供详细的规范依据。在此情况下，即便纳税人认为此项税收情报交换活动可能给其正当利益带来不利影响，但由于《税收交换工作规程》的规定仅限于被通知权，纳税人也将因缺乏法律依据而难以行使磋商权和介入权。在此情况下，由于纳税人无法采取进一步措施维护自身权益，被通知权的赋权也将丧失效果。

（三）标准滞后

《税收交换工作规程》第 27 条采用了“可以”的表述方式，意味着纳税人是否获得通知完全取决于税务机关的自由裁量。[1] 同时，此条款并未区分不同的情形，仅抽象性地对于参与权的保障进行了规定。

举例而言，在待交换的情报可能系商业机密的情况下，纳税人完全有理由期待被告知，但依据此条款之规定，税务机关并未承担强制性的通知义务，是故在涉及情报是否应当向情报获取国提供的判断过程中，税务机关完全可以基于效率的考虑排除纳税人及其他当事人的制度参与，一旦其判断结果出现偏差将可能给纳税人及其他当事人造成不可挽回的经济损失。

二、完善内容：工作规程的系统升级

本书认为，仅通过对《税收交换工作规程》第 27 条的“缝缝补补”并不能够有效满足实践发展的需要。因此，可以在参酌其他国家实践经验的基础上，对于《税收交换工作规程》从以下三大方面展开整体性“升级”。

（一）明确地位

本书认为，鉴于参与权与保密权并列属于纳税人在国际税收情报交

---

〔1〕 参见李娜：《论我国税收情报交换立法的完善》，载《税务研究》2016 年第 4 期。

换过程中的核心权益诉求，故参与权的规定应当从现行《税收交换工作规程》第三章“税收情报的保密”中分离出来，独立成编。

正如前述，对于参与权采用独立成编予以规定的做法，对于理论阐释和实践操作均具有积极意义。首先，此种地位的明确可避免实践中将参与权作为保密权附庸的错误认知，有助于理清参与权的保护思路；其次，将参与权从第三章中独立出来，作为独立的章节规定于《税收交换工作规程》之中，可以此为起点，为进一步丰富参与权章节的规范内容奠定基础。

（二）制度补足

《税收交换工作规程》中应当添加我国作为“情报获取国”情形下纳税人参与权的保护内容，具体而言包括以下两个部分。

一方面，《税收交换工作规程》中应当补充我国税务机关在发起税收情报交换请求时对于纳税人参与权的规定。诚如前述，在发起税收情报交换时，我国税务机关也需要向对方提供相应的信息，以佐证该情报交换的必要性和要求交换信息符合“可预见的相关性”。据此，该发起行为也势必涉及对纳税人合法利益的考量。为此，有必要在《税收交换工作规程》第27条中明确纳税人在我国作为情报发起国和提供国时均享有参与权。

另一方面，《税收交换工作规程》中应当对于保障从境外获取的情报证明效力的措施进行规定。具体规范可以参照前述《欧盟行政互助指令》(2011)第20条的做法，对于情报提供国的情报回复制定统一的标准模板，并在发送情报交换请求时明确告知对方，要求情报提供国在提供情报的同时将与该情报相关的背景性信息一并提供，从而确保该情报的证明效力。

最后，《税收交换工作规程》应当完善对于纳税人磋商权和介入权的保护规范，具体内容如下。在磋商权方面，《税收交换工作规程》应当明确规定税务机关在告知纳税人有关税收情报交换的事实时应同时告知其享有磋商权。同时，在相关主体拒绝同意税收情报交换或未表态的情况下，税务机关应当向其作出明确的行政决定，并在最终决定中表明提供行政互助或不采纳纳税人及其他当事人意见的原因。在介入权方面，《税收交换工作规程》应当明确此种情形下的争议解决可采用的手段（如行政复议或行政诉讼)，以及该申诉行为是否可以中止税务机关的情报提供活动。同时，为了更好地确保介入权的行使，《税收交换工作规程》应当明确规定可以向纳税人公开的具体内容，并规定相应的例外情形。此外，为了确保介入权的行使不至于过分延误国际税收情报交换的开展，《税收交换工作规程》中还可以针对争议解决手段的周期进行明确。

(三)标准更新

考虑到纳税人保护和行政执法保密之间的平衡，本书认为《税收交换工作规程》对于纳税人被通知权的规范设计应当“以通知为原则，以不通知为例外”。此种做法既可以实现在一般情况下对于纳税人参与权的保障，也可避免因纳税人事前知悉而提前毁灭证据、串供等特殊情况对于国际税收情报交换目的的挫败，故而较为合理。

进一步来看，鉴于我国已于 2021 年开始实施《个人信息保护法》，当我国税务机关对外开展国际税收情报交换工作且提供的信息涉及自然人信息时，本书提出“以通知为原则，以不通知为例外”的规范设计是否适当还应当接受《个人信息保护法》的评价，否则将会使得国际税收情报交换活动产生违反《个人信息保护法》的合法性风险。本书认为，此种规范设计并不悖于《个人信息保护法》的制度要求，具体分析如下。为规范个人信息跨境提供活动，《个人信息保护法》于第三章予以专门规定，其中第 39 条[1]明文规定个人信息处理者向境外提供个人信息时应当履行“告知 + 取得单独同意”的双重义务内容。具体到国际税收情报交换情境下，根据第 39 条之规定似乎可以得出的结论是，国内税务机关在开展税收情报交换时同样也应当向信息指向的个人履行“告知 + 取得同意”的双重义务内容。首先，对于“取得同意”的义务而言，该法第 13 条规定个人信息处理者“为履行法定职责或者法定义务所必需”处理个人信息

〔1〕《个人信息保护法》第 39 条规定:“个人信息处理者向中华人民共和国境外提供个人信息的，应当向个人告知境外接收方的名称或者姓名、联系方式、处理目的、处理方式、个人信息的种类以及个人向境外接收方行使本法规定权利的方式和程序等事项，并取得个人的单独同意。”

的情形可免于取得个人的同意。[1] 显而易见,第13条与第39条对于是否需要取得个人同意的问题做出了相反的规定。对此,本书认为,从具体适用来看,第39条应当属于第13条第2款中规定的“例外情形”,否则将产生架空第13条第2款的问题。[2] 是故,税务机关为履行协定义务而向缔约国对方税务机关提供自然人涉税信息因属于第13条第1款第2项之“为履行法定职责或者法定义务所必需”范围,故可以免于“取得个人的单独同意”。厘清这一点后,我们继续看“告知义务”。同样地,国际税收情报交换中的“不通知”情形也可以援引《个人信息保护法》第18条之规定得证,即将少量的不通知情形明确规定为“有法律、行政法规规定应当保密或者不需要告知的情形”。

在证成《税收交换工作规程》对于纳税人被通知权的规范设计应当“以通知为原则,以不通知为例外”后,本书认为,具体规则应从以下两个方面进行完善。

其一,在“以通知为原则”的规则设计上,可采取“以事先通知为原则,以事后通知为例外”的实现方式,并将该情报交换所针对的纳税人主体和请求交换的情报持有人均纳入被通知权的适用范围。这一做法主要基于以下两方面的原因:(1)鉴于被通知权是其他参与权行使的前提,在明确“不通知”情形的基础上,应当改变现有的“可以”表述方式,明确除不通知情形外税务机关均“应当通知”。此种做法既可以发挥该制度的震慑作用促使纳税人的主动合作,又可以在纳税人的参与下更好地设计情报交换请求的内容,避免该请求的内容中包含不应当向情报提供国税务机关提供的信息类型(如涉及纳税人商业秘密的内容)。(2)为了在纳税人的参与权保障与国际税收情报交换的效率之间取得平衡,可以针对部分情形采用“事后通知”的方式,既确保了纳税人知悉该情报交换的事实以便在请求国采取进一步的措施,又不会过分阻碍国际税收情报交换

---

〔1〕《个人信息保护法》第13条规定:“符合下列情形之一的,个人信息处理者方可处理个人信息:(一)取得个人的同意……(三)为履行法定职责或者法定义务所必需;……依照本法其他有关规定,处理个人信息应当取得个人同意,但是有前款第二项至第七项规定情形的,不需取得个人同意。”

〔2〕参见彭錞:《论国家机关处理的个人信息跨境流动制度——以〈个人信息保护法〉第36条为切入点》,载《华东政法大学学报》2022年第1期。

的制度运行。

其二,应当更新《税收交换工作规程》中所规定的“不通知情形”的内容和标准,补足不通知情形下的保密措施。现行规范仅规定了“重大税收违法犯罪”和“情报提供国要求不通知”的两种情形,不能满足利益平衡的需要。因此,可以将“重大税收违法犯罪”的条款表述变更为“税务机关认为如果履行告知义务将损害行政互助的目的且损害情报获取国的调查活动”,并在完成情报提供义务之后再向相关主体履行告知义务。此种做法可以将纳税人有可能毁灭证据、情报交换较为紧急等情形均涵盖其中。在解释适用该条款时,税务机关应当严格限制例外情形的适用范围,并基于个案分析的方式,在不同案件中进行合理认定。同时,还应该完善不通知情形下的配套保密措施。在前述不通知情形下,《税收交换工作规程》可参照《瑞士税收征管互助法》第21a条设置的“防泄密条款”,赋予信息持有人或其他可能合法获悉该情报交换事实的主体以“保密义务”,禁止这些主体向被调查的纳税人及其他当事人告知该情报交换的事实,直至税务机关完成税收情报的提供行为并履行事后告知义务。

结　语

一、观点总结

国际税收情报交换制度的不断发展和实施,在显著提高各国税务机关获取境外涉税信息能力的同时,也为各国现行纳税人保护制度的实施带来新的挑战。在探求如何实现国际税收情报交换中纳税人合理诉求得到充分保护的过程中,本书提出以下观点。

1. 国际税收情报交换制度的发展和实施过程中应当考虑纳税人保护的问题。首先,落实"平等的关心与尊重原则"、强化国际税收情报交换中纳税人的保护程度,是国际税收情报交换的整体制度完善正当性基础的重要内容;其次,完善国际税收情报交换中的纳税人保护措施是促进纳税人积极配合的策略之举,对于该制度的实施具有潜在的制度收益。

2. 国际税收情报交换中纳税人保护的核心诉求主要包括涉税信息的安全保障与相关主体的有效参与两个方面。强化对于涉税信息安全保障诉求的制度保障既关系到纳税人个人隐私和财产利益的保护效果,又是回应各国当下涉税信息保密程度差异的必然要求。强化对于相关主体有效参与诉求的制度保障既是重塑国际税收情报交换中征纳双方关系的具体措施,也为纳税人实体利益的保护提供了新的制度手段。

3. 国际税收情报交换中纳税人保护的现行思路主要有三个方面。其一,纳税人保护主要依赖情报交换双方的国内法制度,协定层面的法律工具并不直接提供具有实质性内容的规定;其二,纳税人两大诉求的保障由情报交换双方的国内法分别承担,涉税信息安全保障的诉求主要由情报获取国国内法体系予以保障,纳税人有效参与的诉求主要由情报提供国国内法体系予以保障;其三,国内措施对于纳税人的保护程度以不阻碍或损害国际税收情报交换的有效开展为限。此等思路实际上是国际社会在面对跨境逃避税问题时,对于牵涉其中的各项利益的优先顺位认知在纳税人保护领域的具体投射,即其他利益的保护不得损害国家税收利益的优先保护地位。因此,在重塑纳税人保护思路时,应当以兼顾国家税收利益和纳税人个人利益为指引,结合两大诉求的不同特点针对性地完善相关保护机制,从而实现对于纳税人在国际税收情报交换中的周延保护。

4. 为了充分保障国际税收情报交换中涉税信息的安全保障诉求,各国应当立足现行税收情报交换条款,采用“涉税信息保密规则 + 特殊类型情报限制交换条款”的双层保护规范体系。在情报提供环节,情报提供国应当围绕特殊类型情报限制交换条款,一方面厘清该条款的解释思路,另一方面补足该条款适用时的国内配套制度,从而使得情报提供国可在不违背协定义务的前提下充分保障涉税信息的安全。在情报使用环节,针对各国涉税信息保密程度不均衡的现状,各国应当以全球税收论坛为平台,制定有关涉税信息安全保障的共识性标准,从而整体性地提高各国涉税信息安全保障的水平。同时,我国应当在现行规范体系的基础上,从提高规范体系的形式法治化程度、厘清核心要素的概念内涵与外延、补足相关制度缺漏等方面做出相应调整。

5. 为了充分保障国际税收情报交换中纳税人的参与诉求,各国可在立法和司法两种路径中选择更为侧重立法路径的制度完善。同时,各国应当区分本国作为情报提供国和情报获取国的不同角色。在作为情报提供国角色时,各国可参照瑞士的现行做法,通过较为细致的条款规定,充分协调国际税收情报交换的有效开展与纳税人参与权保障之间的冲突;在作为情报获取国角色时,各国可以允许本国税务机关在不损害情报交换目的的情况下将此交换活动的内容告知纳税人,并应当在相关立法中对于情报提供国的回复内容制定最低限度的范围要求。同时,我国应当在《国际税收情报交换工作规程》的基础上,从规范体例、制度补足、标准更新等方面做出相应完善。

二、创新之处

学术研究的创新是相对于特定的时空而言的。是故,本书的创新之处更多是相对于既有的研究成果而言的,并主要体现在以下三个方面。

1. 研究视角较新。诚如文献综述部分所述,国内外学者对于国际税收情报交换问题的关注重点目前主要集中于如何增强税务机关的信息获取能力的方面,较为忽视在此背景下纳税人保护的问题。因此,本书在一定程度上增强了对于国际税收情报交换中纳税人保护领域的研究,希冀在全面推进国际税收情报交换制度的研究中起到较为积极的补充作用。同时,我国现行有关纳税人保护问题的研究基本局限于国内法语境下,本书的研究以国际税收情报交换为突破口,将纳税人保护问题的研究放置于国际法的语境之下,可进一步拓宽纳税人保护问题的研究视野。

2. 研究思路较新。或许受限于文章篇幅等原因,现有的研究成果基本延续了"从制度到制度"的扁平化研究思路,缺乏有关此问题背后更为宏观层面的内容思考。鉴于此,本书第一章便系统地阐述了在国际税法中是否应当以及如何考虑纳税人保护的问题,进而通过将国际税收情报交换作为具体的语境限定,逐步分析该语境下纳税人保护的问题样态与分析思路。此种做法既能够使得国际税收情报交换中纳税人保护问题这一微观领域的研究更为全面,亦在一定程度上将问题的分析拓展至国际税法中的纳税人保护问题这一更为宏观的研究领域之中,从而实现宏观思考与微观阐述的良性互动。

3. 研究观点较新。本书通过将税收协定与国内法共同纳入研究视野之中,从而在解决措施的部分摆脱了现有研究成果中"或寄托于国际层面的协调、或寄托于国内法制度完善"的单一化路径,转而采用综合国际税收协定与国内法两大规范体系的做法,结合适当的解释方法和他国经验借鉴,为我国在此问题的应对上提出更为系统性的应对方案。

三、不足之处

受限于能力、精力和时间等原因,本书的研究仍存一些不足之处,主要体现为以下三点。

1. 精细化程度有待提高。鉴于本书的最终研究成果更多体现为国际税收情报交换中纳税人保护问题研究思路的探索,笔者虽然在研究过程中已经细致考察了诸多国家的法律规范和实践案例,但对于其间的一些细节性问题还是未能作出更为详细且充分的展开,特别是未能将更多的实践案例纳入研究范围之中,使得相关问题的探讨存在不充分或不全面的风险。

2. 研究资料占有的不充分。受限于语言能力的不足,本书的研究素材主要以英文文献为主,未能有效阅读德文文献、法文文献等非英文文献。笔者在研究过程中经常遭遇一些较有启发性的观点所指向的原始文献是非英文文献的情形,此时受限于语言能力的不足,笔者即使可以获取相关的原始文献,亦无法有效了解和掌握该文献中对此观点更为全面的论述,实为研究过程中的一大遗憾。

3. 对策的思考有待进一步完善。税制发达国家长期重视纳税人保护的制度建设,其中虽以德国、瑞士为典型代表,但其他国家的立法中仍不乏亮点。然而,由于精力、语言能力等原因的限制,笔者无法更为全面且细致地予以考察,故在对策提出之时不得不局限于个别国家(如瑞士)立法实践的讨论和借鉴,未能将其置于更广阔的空间中进行优劣对比,是故常因自身知识之狭窄而产生对于本书所提之对策是否最优的担忧。此亦为本书写作过程中的另一大遗憾。

行文至此,反躬自省,发现本书缺漏实多,一言难尽。这也可能是学术研究难以避免之情事,对此,笔者只好留待日后作出进一步的探索。

参考文献

一、中英文著作

(一)中文著作

[1]廖益新主编:《国际税法学》,高等教育出版社 2008 年版。

[2]黎江虹:《中国纳税人权利研究》,中国检察出版社 2014 年版。

[3]丁一:《纳税人权利研究》,中国社会科学出版社 2013 年版。

[4]付慧姝:《税收情报交换制度法律问题研究》,群众出版社 2011 年版。

[5]葛克昌:《税捐行政法——纳税人基本权视野下之税捐稽征法》,厦门大学出版社 2016 年版。

[6]崔晓静:《国际税收行政合作的新发展及其法律问题研究》,中国社会科学出版社 2014 年版。

[7]陈清秀:《税法总论》,台北,元照出版公司 2014 年版。

[8]刘剑文、熊伟:《税法基础理论》,北京大学出版社 2004 年版。

[9]王建平:《纳税人权利及其保障研究》,中国税务出版社 2010 年版。

[10]《税收征管改革探索与实践》编写组编:《税收征管改革探索与实践》,中国税务出版社 2012 年版。

[11]熊伟:《美国联邦税收程序》,北京大学出版社 2006 年版。

[12]徐以祥:《行政法学视野下的公法权利理论问题研究》,中国人民大学出版社 2014 年版。

[13][美]肯尼斯 · 卡尔普 · 戴维斯:《裁量正义——一项初步的研究》,毕洪海译,商务印书馆 2009 年版。

[14][美]鲁文 · S. 阿维 - 约纳:《国际法视角下的跨国征税——国际税收体系分析》,熊伟译,法律出版社 2008 年版。

[15][美]罗纳德 · 德沃金:《认真对待权利》,信春鹰、吴玉章译,上海三联书店 2008 年版。

[16][奥]迈克尔·朗:《避免双重征税协定法导论》(第2版),朱炎生译,法律出版社2017年版。

[17][美]史蒂芬·霍尔姆斯、[美]凯斯·R.桑斯坦:《权利的成本:为什么自由依赖于税》,毕竟悦译,北京大学出版社2011年版。

[18]熊伟、李刚主编:《税收征收管理法修订建议稿及立法理由》,法律出版社2022年版。

(二)外文著作

[1]Anna – Maria Hambre, *Tax Confidentiality: A Comparative Study and Impact Assessment of Global Interest*, Orebro University Press, 2015.

[2]Baker Philip & Pasquale Pistone, *General Report, in the Practical Protection of Taxpayers' Fundamental Rights (IFA Cahiers 2015, Vol. 100B)*, IBFD Online Books, 2015.

[3]Bentley Duncan, *Taxpayers' Rights: Theory, Origin and Implementation,* Kluwer Law International, 2007.

[4]Ekkehart Reimer & Alexander Rust eds., *Klaus Vogel on Double Taxation Conventions (Fourth Edition)*, Kluwer Law International, 2015.

[5]Giuseppe Marino, *General Report. New Exchange of Information versus Tax Solutions of Equivalent Effect*, IBFD Online Books, 2015.

[6]Oliver – Christoph Günther & Nicole Tüchler eds., *Exchange of Information for Tax Purposes,* Linde Verlag Ges. m. b. H., 2013.

[7]Pasquale Pistone & Dennis Weber eds., *The Implementation of Anti – BEPS Rules in the EU: A Comprehensive Study*, IBFD, 2018.

[8]Sergio Rocha & Allison Christians, *Tax Sovereignty in the BEPS Era*, Kluwer Law International, 2017.

[9]Tonny Schenk – Geers, *International Exchange of Information and the Protection of Taxpayers,* Kluwer Law International, 2009.

[10]Ulf Linderfalk, *On the Interpretation of Treaties,* Springer, 2007.

[11]Viktoria Wöhrer, *Data Protection and Taxpayers' Rights: Challenges Created by Automatic Exchange of Information*, IBFD, 2018.

[12]Wodzimierz Nykiel & Magorzata Sek eds., *Protection of Taxpayer's Rights: European, International and Domestic Tax Law Perspective*, Wolters Kluwer Polska Sp. z o. o., 2009.

[13]Xavier Oberson, *International Exchange of Information in Tax Matters: To-*

wards Global Transparency, Edward Elgar Publishing, 2015.
[14] Xavier Oberson, *General Report, in Exchange of Information and Cross – border Cooperation between Tax Authorities*(*IFA Cahiers 2013, Vol. 98B*), IBFD Online Books, 2013.

二、中英文论文

(一)中文论文

[1]陈红彦、张耀斌:《刍议税收情报交换制度中纳税人权利保护和救济机制的完善》,载《国际税收》2015 年第 8 期。
[2]陈哲:《自动情报交换中我国纳税人权利保护的完善》,载《税收经济研究》2018 年第 3 期。
[3]崔晓静、熊昕:《国际税收自动信息交换法律制度的新发展》,载《法学》2014 年第 8 期。
[4]崔晓静:《美国海外账户税收合规制度及我国的应对之策》,载《法商研究》2013 年第 1 期。
[5]崔晓静:《〈多边税收行政互助公约〉修订及我国之应对》,载《法学》2012 年第 7 期。
[6]崔晓静:《从“瑞银集团案”看国际税收征管协调机制的走向》,载《法学》2010 年第 12 期。
[7]冯辉:《国际税收监管协作的新发展:以美国〈海外账户税收合规法〉的推行为中心》,载《环球法律评论》2014 年第 3 期。
[8]付慧姝:《完善国际税收情报交换中纳税人权利保护的法律思考》,载《企业经济》2011 年第 4 期。
[9]关保英:《论行政主体的利益注意义务》,载《江汉论坛》2019 年第 5 期。
[10]关保英:《行政相对人基本程序权研究》,载《现代法学》2018 年第 1 期。
[11]广西国家税务局课题组等:《纳税人权利保护的国际比较研究——基于国际税收情报自动交换新标准》,载《经济研究参考》2017 年第 35 期。
[12]国家税务总局国际税务司:《国际税收情报交换典型案例四则》,载《国际税收》2015 年第 8 期。
[13]洪小东:《改革开放四十年纳税人权利保护考察——基于“学术史”与“制度史”的双重视角》,载《理论月刊》2019 年第 1 期。
[14]华燕:《隶属到平权:现代行政法律关系的转型》,载《江西社会科学》2012 年第 11 期。

[15]李柯奇:《税务机关受理和处理依申请公开政府信息疑难问题探讨》,载《税务研究》2019 年第 10 期。
[16]李娜:《论我国税收情报交换立法的完善》,载《税务研究》2016 年第 4 期。
[17]李薇薇、郑友德:《欧美商业秘密保护立法新进展及对我国的启示》,载《法学》2017 年第 7 期。
[18]李帅:《论我国纳税人隐私权的构建与保护》,载《经济法学评论》2017 年第 2 期。
[19]梁若莲:《应对金融账户涉税信息自动交换　推进国际税收治理现代化》,载《国际税收》2015 年第 3 期。
[20]廖益新、赵凌:《构建与〈税务互助公约〉相适应的国内税收征管机制》,载《国际税收》2014 年第 11 期。
[21]林德木:《论国际税收情报交换程序中的纳税人的参与权》,载《税务与经济》2003 年第 2 期。
[22]刘译矾:《论委托人与辩护律师的关系——以美国律师职业行为规范为切入的分析》,载《浙江工商大学学报》2018 年第 3 期。
[23]缪慧频:《关于纳税人权利问题的若干思考》,载《税务研究》1994 年第 1 期。
[24]彭岳:《税收情报自动交换中的个人数据保护问题》,载《法学》2018 年第 1 期。
[25]邱冬梅:《税收情报自动交换的最新发展及我国之应对》,载《法学》2017 年第 6 期。
[26]邱冬梅:《晚近跨境税收情报交换规则的最新发展及对我国的回应之反思》,载《武大国际法评论》2013 年第 1 期。
[27]邵朱励:《金融隐私权与税收征管权的冲突与平衡》,载《现代经济探讨》2013 年第 5 期。
[28]汤洁茵:《税收征管与隐私权的冲突与制衡》,载《河北法学》2008 年第 12 期。
[29]滕祥志:《论〈税收征管法〉的修改》,载《清华法学》2016 年第 3 期。
[30]王霞、刘珊:《涉税信息共享中的信息利益冲突与平衡》,载《税务研究》2017 年第 6 期。
[31]许多奇、廉洁:《国际税收情报交换中的纳税人信息权保护》,载《税务研究》2018 年第 5 期。
[32]徐崇利:《跨政府组织网络与国际经济软法》,载《环球法律评论》2006 年第 4 期。

[33]叶莉娜:《金融机构税收情报披露和交换制度的演进与思考》,载《税务研究》2016 年第 2 期。

[34]易军:《民法基本原则的意义脉络》,载《法学研究》2018 年第 6 期。

[35]张春莉:《论公民行政参与》,载《学海》2003 年第 6 期。

[36]张守文:《论税收法定主义》,载《法学研究》1996 年第 6 期。

[37]张怡、王婷婷:《中美纳税人信息隐私权保护制度的比较及借鉴》,载《国际税收》2014 年第 5 期。

[38]朱晓丹:《自动信息交换的全球化时代到来了吗?——评析美国—瑞士签署执行 FATCA 协定》,载《国际税收》2013 年第 11 期。

[39]朱晓丹:《"魔方协定":瑞士在国际税收信息交换领域的又一里程碑》,载《涉外税务》2013 年第 2 期。

[40]彭錞:《论国家机关处理的个人信息跨境流动制度——以〈个人信息保护法〉第 36 条为切入点》,载《华东政法大学学报》2022 年第 1 期。

[41]邢会强:《个人税务信息保护与〈税收征收管理法〉修订》,载《广东社会科学》2023 年第 1 期。

(二)外文论文

[1]Achim Pross & Raffaele Russo, *The Amended Convention on Mutual Administrative Assistance in Tax Matters: A Powerful Tool to Counter Tax Avoidance and Evasion*, Bulletin for International Taxation, Vol. 66:7(2012).

[2]Adrian J. Sawyer, *A Comparison of New Zealand Taxpayers' Rights with Selected Civil Law and Common Law Countries—Have New Zealand Taxpayers Been Short - Changed,* Vanderbilt Journal Transnational Law, Vol. 32:5(1999).

[3]Algirdas Semeta, *The End of Bank Secrecy*, International Tax Review, Vol. 22:2 (2013).

[4]Alicja Brodzka, *Automatic Exchange of Tax Information in the European Union - The Standard for the Future*, European Taxation, Vol. 56:1(2016).

[5]Alicja Brodzka & Sebastiano Garufi, *The Era of Exchange of Information and Fiscal Transparency: The Use of Soft Law Instruments and the Enhancement of Good Governance in Tax Matters*, European Taxation, Vol. 52:8(2012).

[6]Alicja Majdańska & Pedro Schoueri, *Tax Compliance in the Spotlight: The Challenges for Tax Administrations and Taxpayers*, Bulletin for International Taxation, Vol. 71:11(2017).

[7]Ana P. Dourado, *Exchange of Information and Validity of Global Standards in*

Tax Law: *Abstractionism and Expressionism or Where the Truth Lies*, EUI Working Paper RSCAS, 2013.

[8] Anna – Maria Hambre, *Tax Confidentiality*: *A Legislative Proposal at National Level*, World Tax Journal, Vol. 9:2(2017).

[9] Anton Joseph, *Tax Information Gathering*, Derivatives & Financial Instruments, Vol. 19:3(2017).

[10] Arthur J. Cockfield, *Transforming the Internet into A Taxable Forum*: *A Case Study in E – Commerce Taxation*, Minnesota Law Review, Vol. 85:5(2001).

[11] Arthur J. Cockfield, *Protecting Taxpayer Privacy Rights under Enhanced Cross – Border Tax Information Exchange*: *Toward A Multilateral Taxpayer Bill of Rights*, UBC Law Review, Vol. 42:2(2010).

[12] Arthur J. Cockfield, *Big Data and Tax Haven Secrecy*, Florida Tax Review, Vol. 18:8(2016).

[13] Blaise Krähenbühl, *Personal Data Protection Rights within the Framework of International Automatic Exchange of Financial Account Information*, European Taxation, Vol. 58:8(2018).

[14] Bruno Peeters, *Towards a More Coordinated Approach of the Relation Between the Taxpayer and Tax Administrations*: *The European Taxpayers' Code*, EC Tax Review, Vol. 26:4(2017).

[15] Carlos Weffe, *The Right to Be Informed*: *The Parallel between Criminal Law and Tax Law, with Special Emphasis on Cross – Border Situations*, World Tax Journal, Vol. 9:3(2017).

[16] CFE ECJTask Force, *Opinion Statement ECJ – TF 2/2014 of the CFE on the Decision of the European Court of Justice in Sabou*(*Case C – 276/12*), *Concerning Taxpayer Rights in Respect of Exchange of Information upon Request*, European Taxation, Vol. 54:7(2014).

[17] Craig West, *References to the OECD Commentaries in Tax Treaties*: *A Steady March from "Soft" Law to "Hard" Law?*, World Tax Journal, 2(2017).

[18] Daniel J. Solove, *Digital Dossiers and the Dissipation of Fourth Amendment Privacy*, Southern California Law Review, Vol. 75(2002).

[19] Duncan Bentley, *The Rise of "Soft Law" in Tax Administration – Good News for Taxpayers?*, Asia – Pacific Tax Bulletin, Vol. 14:1(2008).

[20] Filip Debelva & Irma Mosquera, *Privacy and Confidentiality in Exchange of In-*

formation Procedures: Some Uncertainties, Many Issues, but Few Solutions, Intertax, Vol. 45:5(2017).

[21] Filip Debelva & Niels Diepvens, *An Analysis of the Scope of Article* 26 *OECD Model and Its Requirements: In Search for an Efficient but Balanced Procedure,* Intertax, Vol. 44:4(2016).

[22] Gyöngyi Végh & Hans Gribnau, *Tax Administration Good Governance*, EC Tax Review, Vol. 27:1(2018).

[23] Jeffery Owens, *Tax Transparency: The "Full Monty"*, Bulletin for International Taxation, Vol. 68:9(2014).

[24] Jeffery Owens, *The Role of Tax Administrations in the Current Political Climate*, Bulletin for International Taxation, Vol. 67:3(2013).

[25] Jeffery Owens, *Moving towards A New Transparent Tax World,* Bulletin for International Taxation, Vol. 64:12(2010).

[26] Jeffery Owens, *Moving towards Better Transparency and Exchange of Information on Tax Matters*, Bulletin for International Taxation, Vol. 63:11(2009).

[27] Jeffery Owens, *Taxpayers' Rights and Obligations*, Intertax, Vol. 18:11(1990).

[28] Jose Carrero & Alberto Seara, *The Taxpayer's Right of Defence in Cross-border Exchange of Information Procedures,* Bulletin for International Taxation, Vol. 68:9(2014).

[29] Kenneth Yim, *Has Hong Kong Succumbed to Pressure from the OECD?*, Derivatives & Financial Instruments, Vol. 18:6(2016).

[30] Luzius Cavelti, *Automatic Information Exchange versus the Withholding Tax Regime Globalization and Increasing Sovereignty Conflicts in International Taxation*, World Tax Journal, Vol. 5:2(2013).

[31] Lauri Finér & Antti Tokola, *The Revolution in Automatic Exchange of Information: How Is the Information Used and What Are the Effects?*, Bulletin for International Taxation, Vol. 71:12(2017).

[32] Maarten Zeeuw, *The Formulation of Taxpayer Rights and Obligations in a Developing Country,* Asia-Pacific Tax Bulletin, Vol. 14:1(2008).

[33] María Roch, *Tax Administration versus Taxpayer - A New Deal?*, World Tax Journal, Vol. 4:3(2012).

[34] Menita Flora, *Protection of the Taxpayer in the Information Exchange Procedure*, Intertax, Vol. 45:6(2017).

[35] Miranda Stewart, *Transnational Tax Information Exchange Networks*: *Steps towards A Globalized, Legitimate Tax Administration*, World Tax Journal, Vol. 4: 2(2012).

[36] Nevia Čičin – Šain, *New Mandatory Disclosure Rules for Tax Intermediaries and Taxpayers in the European Union – Another "Bite" into the Rights of the Taxpayer?*, World Tax Journal, Vol. 11:1(2019).

[37] Nevia Čičin – Šain, Tina Ehrke – Rable & Joachim Englisch, *Joint Audits*: *Applicable Law and Taxpayer Rights,* World Tax Journal, Vol. 10:4(2018).

[38] Niels Diepvens & Filip Debelva, *The Evolution of the Exchange of Information in Direct Tax Matters*: *The Taxpayer's Rights under Pressure*, EC Tax Review, Vol. 24:4(2015).

[39] Pasquale Pistone, *Coordinating the Action of Regional and Global Players during the Shift from Bilateralism to Multilateralism in International Tax Law*, World Tax Journal, Vol. 6:2(2014).

[40] Philip Baker, *Some Recent Decisions of the European Court of Human Rights on Tax Matters(and Related Decisions of the European Court of Justice)*, European Taxation, Vol. 56:8(2016).

[41] Philip Baker & Pasquale Pistone, *BEPS Action* 16: *The Taxpayers Rights to An Effective Legal Remedy Under European Law in Cross – Border Situations,* EC Tax Review, Vol. 25:5(2016).

[42] Piergiorgio Valente, *A European Taxpayers' Code,* Intertax, Vol. 45:12(2017).

[43] Richard G. Antón, *The Fragmentation of Taxpayers' Rights in International Dispute Resolution Settings*: *Healing Anxieties through Judicial Dialogue*, World Tax Journal, Vol. 10:1(2018).

[44] Roman Seer & Isabel Gabert, *European and International Tax Cooperation*: *Legal Basis, Practice, Burden of Proof, Legal Protection and Requirements*, Bulletin for International Taxation, Vol. 65:2(2011).

[45] Sergio Rocha, *Exchange of Tax – Related Information and the Protection of Taxpayer Rights*: *General Comments and the Brazilian Perspective,* Bulletin for International Taxation, Vol. 69:9(2016).

[46] Simons James, Kristina Murphy & Monika Reinhart, *The Taxpayers' Charter*: *A Case Study in Tax Administration*, Journal of Australian Taxation, Vol. 7:2 (2004).

[47] Steven A. Dean, *The Incomplete Global Market for Tax Information*, Boston College Law Review, Vol. 49:3(2008).

[48] Tony Anamourlis & Les Nethercott, *An Overview of Tax Information Exchange Agreements and Bank Secrecy*, Bulletin for International Taxation, Vol. 63:12 (2009).

[49] Xiaoqing Huang, *Ensuring Taxpayer Rights in the Era of Automatic Exchange of Information: EU Data Protection Rules and Cases*, Intertax, Vol. 46:3(2018).

[50] Xiaoqing Huang, *Automatic Exchange of Information and BRICS: Why and How Does It Affect Emerging Economies?*, Asia – Pacific Tax Bulletin, Vol. 23:4 (2017).

三、研究报告

[1] European Commission: Guidelines for a Model for A European Taxpayers' Code, Ref. Ares(2016) 6598744(24 Nov. 2016).

[2] European Commission, Communication from the Commission to the European Parliament and the Council: An Action Plan to Strengthen the Fight against Tax Fraud and Tax Evasion, COM(2012) 722 Final, 2012.

[3] G20: Global Plan Annex: Declaration on Strengthening the Financial System, London, 2009.

[4] G20: Declaration of the Summit on Financial Markets and the World Economy, Washington D. C, 2008.

[5] Global Forum on Transparency and Exchange of Information for Tax Purposes & Inter – American Development Bank: A Beneficial Ownership Implementation Toolkit, OECD Publication, Paris, 2019.

[6] Global Forum on Transparency and Exchange of Information for Tax Purposes: Automatic Exchange of Information Implementation Report 2018, OECD Publication, Paris, 2018.

[7] Global Forum on Transparency and Exchange of Information for Tax Purposes: The Framework for the Full AEOI Reviews: The Terms of Reference, OECD Publication, Paris, 2018.

[8] Global Forum on Transparency and Exchange of Information for Tax Purposes: Tax Transparency 2016, Report on Progress, OECD Publication, Paris, 2016.

[9] Global Forum on Transparency and Exchange of Information for Tax Purposes:

Exchange of Information on Request: Handbook for Peer Reviews 2016 – 2020 (Third Edition), OECD Publication, Paris, 2016.

[10] JAHGA: Enabling Effective Exchange of Information: Availability and Reliability – The Joint Ad Hoc Group on Accounts (JAHGA) Report, OECD Publication, Paris, 2010.

[11] League of Nations Fiscal Committee: London and Mexico Model Tax Conventions Commentary and Text, C. 88. M. 88. 1946. II. A, Geneva, 1946.

[12] League of Nations: Double Taxation and Tax Evasion: Report; C. 216. M. 85, 1927.

[13] League of Nations: Double Taxation and Tax Evasion Document F. 212, 1925.

[14] OECD: *Peer Review of the Automatic Exchange of Financial Account Information* 2023 *Update*, OECD Publishing, Paris, 2023.

[15] OECD: International Standards for Automatic Exchange of Information in Tax Matters: Crypto – Asset Reporting Framework and 2023 Update to the Common Reporting Standard, OECD Publication, Paris, 2023.

[16] OECD: Global Forum on Transparency and Exchange of Information for Tax Purposes: The Netherlands 2019 (Second Round): Peer Review Report on the Exchange of Information on Request, OECD Publication, Paris, 2019.

[17] OECD: Standard for Automatic Exchange of Financial Account Information in Tax Matters (Second Edition), OECD Publication, Paris, 2017.

[18] OECD: BEPS Action 13 on Country – by – Country Reporting: Peer Review Documents, OECD Publication, Paris, 2017.

[19] OECD: Secretary – General Report to G20 Finance Ministers, Chengdu, 2016.

[20] OECD: Secretary – General Report to the G20 Financial Ministers and Central Bank Governors, Washington D. C., 2016.

[21] OECD: Global Forum on Transparency and Exchange of Information for Tax Purposes Peer Reviews: Switzerland 2016: Phase 2: Implementation of the Standard in Practice, OECD Publication, Paris, 2016.

[22] OECD/G20: Transfer Pricing Documentation and Country – by – Country Reporting, Action 13: 2015 Final Report, OECD Publication, Paris, 2015.

[23] OECD: Action 13: Country – by – country Reporting Implementation Package, OECD Publication, Paris, 2015.

[24] OECD: Tax Administration 2015: Comparative Information on OECD and Oth-

er Advanced and Emerging Economies, OECD Publication, Paris, 2015.
[25] OECD：Global Forum on Transparency and Exchange of Information for Tax Purposes Peer Reviews：Liechtenstein 2015：Phase 2：Implementation of the Standard in Practice, OECD Publication, Paris, 2015.
[26] OECD：Keeping It Safe：The OECD Guide on the Protection of Confidentiality of Information Exchanged for Tax Purposes, OECD Publication, Paris, 2012.
[27] OECD：The OECD Privacy Framework, OECD Publication, Paris, 2013.
[28] OECD：Global Forum on Transparency and Exchange of Information for Tax Purposes Peer Reviews：Switzerland 2011：Phase 1：Legal and Regulatory Framework, Global Forum on Transparency and Exchange of Information for Tax Purposes：Peer Reviews, OECD Publication, Paris, 2011.
[29] OECD：Implementing the Tax Transparency Standards：A Handbook for Assessors and Jurisdictions (Second Edition), OECD Publication, Paris, 2011.
[30] OECD：Terms of Reference：To Monitor and Review Progress towards Transparency and Exchange of Information for Tax Purposes, OECD Publication, Paris, 2010.
[31] OECD：Tax Cooperation 2009：Towards A Level Playing Field - 2009 Assessment by the Global Forum on Transparency and Exchange of Information, OECD Publication, Paris, 2009.
[32] OECD：Sharing Knowledge of Developments and Reforms in Revenue Bodies and Meeting the Challenges of International Non - Compliance with Domestic Tax Laws, OECD Publication, Paris, 2006.
[33] OECD：Manual on the Implementation of Exchange of Information Provisions for Tax Purposes, OECD Publication, Paris, 2006.
[34] OECD：Tax Co - operation 2006：Towards a Level Playing Field, OECD Publication, Paris, 2006.
[35] OECD：Taxpayers' Rights and Obligations - Practice Note, OECD Publication, Paris, 2003.
[36] OECD：Improving Access to Bank Information For Tax Purposes, OECD Publication, Paris, 2000.
[37] OECD：Harmful Tax Competition：An Emerging Global Issue, OECD Publication, Paris, 1998.
[38] OECD：Tax Information Exchange between OECD Countries：A Survey of

Current Practices, OECD Publication, Paris, 1994.
[39] OECD：Taxpayers' Rights and Obligations：A Survey of the Legal Situation in OECD Countries, OECD Publication, Paris, 1990.
[40] OECD：Taxation and the Abuse of Bank Secrecy, Issues in International Taxation No. 1：International Tax Avoidance and Evasion：Four Related Studies, OECD Publication, Paris, 1987.
[41] OECD Working Party 1：Working Party N 1 of the Committee on Fiscal Affairs on Double Taxation, CFA/WP1(74)4(15 Nov. 1974).
[42] OECD Fiscal Committee：Final Report on the Article on Exchange of Information, FC(63)1(7 Feb. 1963).
[43] UN：Report of the Study Group of the International Law Commission. Fragmentation of International Law：Difficulties Arising from the Diversification and Expansion of International Law. A/CN. 4/L. 682, 2006.

四、法律、法规及规范性文件

(一)我国

[1]国家税务总局《关于纳税人权利与义务的公告》(已被修改)，国家税务总局公告2009年第1号。
[2]国家税务总局《关于印发〈国际税收情报交换工作规程〉的通知》，国税发〔2006〕70号。
[3]国家税务总局《关于印发〈纳税人涉税保密信息管理暂行办法〉的通知》(已被修改)，国税发〔2008〕93号。
[4]国家税务总局《关于加强年所得12万元以上个人自行纳税申报信息保密管理的通知》，国税发〔2007〕1248号。
[5]国家税务总局《关于印发〈税务稽查工作规程〉的通知》(已失效)，国税发〔2009〕157号。

(二)域外

[1] EU, EU Directive 2016/943 of the European Parliament and of the Council of 8 June 2016 on the Protection of Undisclosed Know – How and Business Information(Trade Secrets) Against Their Unlawful Acquisition, Use and Disclosure.
[2] EU, Regulation(EU) 2016/679 of the European Parliament and of the Council of 27 April 2016 on the Protection of Natural Persons with regard to the Processing of Personal Data and on the Free Movement of Such Data, and Repealing Direc-

tive 95/46/EC(General Data Protection Regulation).

[3] EU, Council Directive 2011/16/EU of 15 February 2011 on Administrative Co-operation in the Field of Taxation and Repealing Directive 77/799/EEC.

[4] EU, Council Directive 92/12/EEC of 25 February 1992 on the General Arrangements for Products subject to Excise Duty and on the Holding, Movement and Monitoring of Such Products, OJ L 76 of 23 March 1992.

[5] EU, Council Directive 79/1070/EEC of 6 December 1979 Amending Directive 77/799/EEC of 19 December 1977 concerning Mutual Assistance by the Competent Authorities of the Member States in the Field of Direct Taxation, OJ No. L 336 of 27 December 1977.

[6] EU, Council Directive 77/799/EEC of 19 December 1977 concerning Mutual Assistance by the Competent Authorities of the Member States in the Field of Direct Taxation, OJ No. L 336 of 27 December 1977.

[7] Germany, General Tax Code(Abgabenordnung).

[8] New Zealand, Tax Administration Act 1994.

[9] New Zealand, Inland Revenue Charter.

[10] U. S., Internal Revenue Code.

[11] U. S., Code of Federal Regulations.

[12] U. S., Defend Trade Secrets Act of 2016, Public Law No. 114 - 153(05/11/2016). S.1890.

[13] U. S., Freedom Act of 2015, Pub. L., No. 114 - 23, § 401, 129 Stat. 268.

[14] U. S., Judicial Redress Act 2015, H. R. 1428.

五、税收协定、协定范本及注释

[1] Multilateral Convention on Mutual Administrative Assistance in Tax Matters.

[2] OECD, Commentary on Article 26 of OECD Model Convention(1963).

[3] OECD, Commentary on Article 26 of OECD Model Convention(1977).

[4] OECD, Commentary on Article 26 of OECD Model Convention(2000).

[5] OECD, Agreement on Exchange of Information for Tax Matters & Commentary (2002).

[6] OECD, Commentary on Article 26 of OECD Model Convention(2005).

[7] OECD, Commentary on Article 26 of OECD Model Convention(2008).

[8] OECD, Commentary on Article 26 of OECD Model Convention(2010).

[9]OECD, Commentary on Article 26 of OECD Model Convention(2012).
[10]OECD, Commentary on Article 26 of OECD Model Convention(2014).
[11]OECD, Commentary on Article 26 of OECD Model Convention(2017).
[12]UN, Commentary on Article 26 of UN Model Convention(2001).
[13]UN, Commentary on Article 26 of UN Model Convention(2011).

六、司法判例

[1]CJEU, 22 Nov. 2017, Case T-670/16, Digital Rights Ireland Ltd. *v.* European Commission.
[2]CJEU, 5 Oct. 2015, Case C-362/14, Schrems *v.* Data Protection Commissioner.
[3]CJEU, Case T-738/16, La Quadrature du Net and Others *v.* European Commission.
[4]ECJ, 16 May 2017, Case C-682/15, Berlioz Investment Fund SA *v.* Directeur de l'administration des Contributions directes.
[5]ECJ, 22 Oct. 2013, Case C-276/12, Sabou *v.* The Czech Republic.
[6]ECtHR, 16 June 2015, Application no. 75292/10, *Othymia Investments BV v. The Netherlands.*
[7]High Court of New Zealand, 1 Sept. 2015, NZHC 2099, Chatfield & Co., Ltd. *v.* Commissioner of Inland Revenue.
[8]High Court of Singapore, 13 Sep. 2013, [2013] SGHC 173, Comptroller of Income Tax *v.* BJY and others.
[9]High Court of Austrilia, (1983) 153 CLR 52, Baker *v.* Campbell.
[10]High Court of Austrilia, (1976) 135 CLR 674, Grant *v.* Downs.
[11]The Netherland District Court for the District of Groningen, 28 May 2004, AWB 04/274 BESLU V05, Shipstores *v.* The State Secretary for Finance.
[12]US District Court for the District of Arizona, 11. Feb. 2015, CV-99-01794-PHX-JAT, Aloe Vera *v.* IRS.

七、其他

[1]二十国集团:二十国集团领导人杭州峰会公报(2016年9月6日),http://www.g20chn.org/hywj/dncgwj/201609/t20160906_3392.html。
[2]Article 29 Data Protection Working Party, *Letter from the Article 29 Working Party addressed to Mr. Zourek, Director General of Taxation and Customs U-*

nion regarding Foreign Account Tax Compliance Act(FATCA) (21 June 2012), https://ec. europa. eu/justice/article - 29/documentation/other - document/files/2012/20120621_letter_to_taxud_fatca_en. pdf.

[3] Article 29 Data Protection Working Party, *Letter from the Article 29 Working Party addressed to Mr. Zourek, Director General of Taxation and Customs Union, regarding Foreign Account Tax Compliance Act(FATCA) and Model Ⅱ agreements(01 Oct. 2012)*, https://ec. europa. eu/justice/article - 29/documentation/other - document/files/2012/20121001_letter_to_taxud_fatca_en. pdf.

[4] Australian Taxation Office, *Guidelines to Accessing Professional Accounting Advisers' Papers*(6 June 2019), https://www. ato. gov. au/tax - and - super - professionals/for - tax - professionals/your - practice/legal - practitioners/guidelines - to - accessing - professional - accounting - advisers - papers.

[5] European Commision, *Fighting Tax Evasion: EU and Switzerland Sign Historic Tax Transparency Agreement* (27 May 2015), https://ec. europa. eu/commission/presscorner/detail/en/IP_15_5043.

[6] European Commission, *First Annual Review of the EU - U. S. Privacy Shield*(18 Oct. 2017), https://ec. europa. eu/commission/presscorner/api/files/document/print/en/memo_17_3967/MEMO_17_3967_EN. pdf.

[7] Global Forum on Transparency and Exchange of Information for Tax Purposes, *The Africa Initiative: Engaging with African Countries on Tax Transparency and EOI*, https://www. oecd. org/tax/transparency/gf - african - initiative. pdf.

[8] G20, *London Summit - Leaders' Statement*(2 April 2009), https://www. imf. org/external/np/sec/pr/2009/pdf/g20_040209. pdf.

[9] Inter - American Center of Tax Administrations, *CIAT Tax Code Model*(April 1997), https://www. ciat. org/Biblioteca/DocumentosTecnicos/Ingles/1997_ciat_model_tax_code. pdf.

[10] OECD, *Signatories of the Multilateral Competent Authorities Agreement on the Exchange of Country - by - Country Reports(CbC MCAA) and Signing Dates* (30 April 2024), http://www. oecd. org/tax/automatic - exchange/about - automatic - exchange/CbC - MCAA - Signatories. pdf.

[11] OECD, *Process to Become A Party to the Amended Convention*, http://www. oecd. org/ctp/exchange - of - tax - information/Process_to_Become_a_Party_to_the_Amended_Convention. pdf.

后　记

本书是我在博士论文的基础上进一步修订而来的。于我而言,博士论文的写作过程更像是一场自我探索。博士入学后,由于我在本科和硕士的学习过程中没有较多接触国际税法,所以在博士论文选题之时尚未产生强烈的问题意识与研究偏好,更多的只是在大量的基础文献之间兜兜转转,心情也随之不断起伏。恰此时,我因参与廖老师相关课题开始接触到国际税收情报交换制度,并通过翻译国际税收透明度的相关文件逐步熟悉该领域,进而产生研究兴趣。随后,在廖老师的鼓励下,我选择国际税收情报交换制度作为博士论文选题的具体领域。在研究领域大体确定之后,下一步应当回答的内容便是具体的问题聚焦和研究思路。在最初的写作规划中,受国内学界对此领域既有研究路径的影响,我倾向于从增强税务机关信息获取能力的角度出发去寻找突破之路。然而,苦恼的是,彼时从这一角度展开论述的研究成果已经颇多,继续循此路径进行研究终难逃拾人牙慧的嫌疑,更遑论学术创新和知识贡献。在此之时,一个在该领域中长期存在但却被刻意或无意忽视的不合理现象逐渐进入我的视野,并最终成为本书的具体研究对象。也就是在当下各国实务界和理论界都不断呼吁加强纳税人保护的背景下,缘何在国际税收情报交换领域中纳税人保护问题的探讨“逆势而动”,并未得到相应的重视?同时,当将视野从国际税收情报交换扩大至国际税法的其他领域时,我发现随着国际税法规则的不断变动与更新,理论界和实务界的关注视角更多是聚焦于税务机关一侧,所思所言均为这些规则的变动会对税务机关/国家带来何种影响以及税务机关/国家应当如何因时而动,基于纳税人一侧的观察则是寥寥可数。鉴于此,我选择从征纳双方的纳税人一端入手,对于国际税收情报交换制度的发展和完善进行探讨,遂成本书。

从博士论文写作到修订成书的过程，横跨我的两个人生阶段。回顾从晓南湖畔到芙蓉湖畔再到晓南湖畔的经历，我的内心充满着喜悦和感激。求学之时，最为幸运的是，我一直能够身处国内顶尖的求学环境之中，并受到国内一流法学学者的教导。无论是厦门大学还是中南财经政法大学，二者均是我国法学教育的重镇，厦门大学更是拥有我国首个财税法学专业博士点和诸多深耕财税法学的老师。离开两所院校浓厚的学术氛围和丰富的学术资源，我的学习与提升将绝无可能。同时，我还有幸赴奥地利税法和国际税法研究所访学，能够近距离接触其他国家的一流学者，揣摩其研究视角、方法和观点，极大助力于自己的研究活动。工作之时，我有幸回到母校中南财经政法大学任教。这里的每一栋教学楼、每一个餐厅都承载着往昔的记忆，回到熟悉的环境，我的内心时常涌动着一种难以言喻的温暖和安宁。同时，身份的转换也让我满怀期待，希望能够与这个充满情感的地方共同成长。

在学习、生活和工作过程中，我首先要感谢我的两位引路人——廖益新教授和黎江虹教授。廖老师作为国内财税法学的巨擘，对于学术问题的理解和阐释高屋建瓴，举重若轻，无数次与廖老师的交谈过程使我常有茅塞顿开的感觉。感谢廖老师的长期关爱和谆谆教诲，使我能够不断体悟国际税法的精髓，并逐步树立更为宏大的学术目标和更为开阔的研究视野。同时，毕业后，廖老师还"扶上马，送一程"，对我的工作和研究情况时时叮咛，点点滴滴，历历于心。黎老师是我财税法学习和研究生涯的启蒙老师，她对于现实问题的观察既有敏锐的学术洞察力又始终饱含对于"人"的关怀。同时，在工作和生活中，黎老师对我更是百般照顾，处处关心。感谢黎老师的关怀和呵护，使我能够始终坚持学术初心和保有学术热情，一直铭记规则体系所应当呵护的宝贵价值，避免堕入繁杂技术规则的迷宫之中。

感谢厦门大学财税法教研室的朱炎生老师、李刚老师、蔡庆辉老师、邱冬梅老师、李晓辉老师和王宗涛老师。正因有各位老师的无私帮助，才使得我的学习过程走得更为顺畅，其间种种恩情，学生均铭记于心。感谢刘连泰老师、刘志云老师、彭莉老师、季烨老师、张泽平老师以及三位匿名的外审专家，对于我的博士论文提出诸多真知灼见，使得这篇文章的最终成稿不至于贻笑大方。感谢师母，对我生活多般照顾，更是在远赴欧洲时为我带来诸多生活用品,点滴恩情,牢记于心。感谢奥地利维也纳经济大学 Prof. Michael Lang、Prof. Jeffery Owens 和 Prof. Alexander Rust 在我远赴欧洲求学时为我提供优越的工作条件、宝贵的学术建议和资料馈赠。

感谢中南财经政法大学法学院的领导、师长和各位同事,为我的教学和科研工作提供了极大的便利,也为本书的出版提供资金支持。特别是陈柏峰院长、张学平书记、李俊老师、张宝老师、雷兴虎老师、樊启荣老师、万建华老师、徐伟功老师、资琳老师、徐强胜老师、侯卓老师、向前老师、吴京辉老师、王永强老师、陈虹老师等师长,对我常常提点,处处关怀,感念于心。

感谢宫廷、罗翔丹、洪菡珑、张晋邦、李佳飞、杨正宇、高乐鑫、胡宽、李皓兰、冯小川、余鹏峰、褚睿刚、王劲杨、杨光、苗壮、聂森等我在博士生涯中认识的同学和朋友,诸位的鼓励、支撑和陪伴,使得我的博士生涯有了诸多惬意。感谢孟思聪、张博翰、汪君、高文博、徐鹏、王星戈、汤雨辰、胡鑫、黄家强、苏毅等多年好友,时常问候,并于我在困顿之时提供物质帮助和精神支持。思聪和博翰更是与我经常讨论问题,人生在世,朋友永远是幸福生活不可或缺的部分。感谢王雅楠编辑对本书内容的修改,使本书能够提亮增色不少。

更要感谢我的家人。求学工作,我常年在外,未能对家人尽到应尽的责任。然而,他们总是尽可能地包容和理解我,并在物质和精神上给予我最大的支持,使我能够安心读书,潜心研究。在博士论文的写作中,我更是两度住院,是他们的悉心照料,让我感到温暖,并在病愈之后仍能继续坚定前行。我希望能够将此书献给他们,并在未来成为他们的后盾和铠甲。

李乔彧

2024 年,武汉